陕西省考古研究院田野考古报告　第 98 号

北周豆卢恩家族墓地发掘报告

陕西省考古研究院　编著

文物出版社

北京·2023

图书在版编目（CIP）数据

北周豆卢恩家族墓地发掘报告 / 陕西省考古研究院
编著. — 北京 : 文物出版社, 2023.10
　ISBN 978-7-5010-8171-4

　Ⅰ.①北… Ⅱ.①陕… Ⅲ.①墓葬(考古)—发掘报告
—咸阳—北周 Ⅳ.①K878.85

　中国国家版本馆CIP数据核字（2023）第167752号

北周豆卢恩家族墓地发掘报告

编　　著：陕西省考古研究院

责任编辑：黄　曲
助理编辑：蔡睿恺
责任印制：张　丽

出版发行：文物出版社
社　　址：北京市东城区东直门内北小街2号楼
邮　　编：100007
网　　址：http://www.wenwu.com
经　　销：新华书店
印　　刷：宝蕾元仁浩（天津）印刷有限公司
开　　本：889mm×1194mm　1/16
印　　张：17.25　插页1
版　　次：2023年10月第1版
印　　次：2023年10月第1次印刷
书　　号：ISBN 978-7-5010-8171-4
定　　价：280.00元

Field Archaeological Report No.98, Shaanxi Academy of Archaeology

Report on Doulu En Family Cemetery of Northern Zhou Dynasty

(With an English Abstract)

by

Shaanxi Academy of Archaeology

Cultural Relics Press

Beijing · 2023

目　录

插图目录

北周豆卢恩家族墓地发掘报告

彩版目录

第一章 概 述

第一节 墓地所在区域自然环境与地理位置

咸阳市，地处陕西关中盆地西部，地势北高南低，呈阶梯状，高差显著，界限清晰。以泾河为界，西北部是黄土高原南缘一部分，西南部则为黄土丘陵沟壑区，亦属渭河盆地、关中平原之一部。因在九嵕山南，渭水以北，古以山南水北谓之阳，山水俱阳，故称咸阳[1]。

广义的咸阳原指西起武功漆水河、东至西安高陵区马家湾泾渭二水交汇处之间的黄土台塬区。狭义的咸阳原大致是指西到兴平、东到高陵、北接泾阳、南达渭河北岸的东西长45千米的区域范围。咸阳原南临渭水，北隔泾河与九嵕山相望，中部为地势较为平坦的台塬地，地势自西北向东南倾斜，东西狭长，南北较窄，泾河在北，渭河在南，形成"两水夹一塬"的地形地貌。气候属暖温带大陆性季风型半湿润气候。年平均气温13℃，最热月7月平均气温26.1℃，最冷月1月平均气温–1.2℃。年平均日照时数2095.7小时，日照率48%，平均无霜期218天。年平均降水量526.5毫米，最大年降水量855.2毫米，最小年降水量255.8毫米，干旱指数为1.61。受北部山区影响，风向多以东北风向为主。[2]

原高土厚，适宜农耕，又因隔渭河与长安城相望的优越位置，也是古代帝王、贵族的理想葬地。"原南北数十里，东西二三百里，无山川陂湖，井深五十丈。亦谓之毕陌，汉氏诸陵并在其上。"[3]秦又称"池阳原"，汉称"长平阪"。因五座汉朝帝陵，即高帝刘邦长陵、惠帝刘盈安陵、景帝刘启阳陵、武帝刘彻茂陵、昭帝刘弗陵平陵及其附属陵邑，该区域也俗称"五陵原"。北朝、隋唐时期出土的大量墓志则多称此区域为"毕原""石安原""洪渎川""洪渎原"等，而以"洪渎原"称谓居多。

豆卢恩家族墓地位于咸阳原核心位置，区域原属咸阳市渭城区辖地，是原咸阳市重要组成部分，咸阳原主体部分今分别划属西安西咸新区空港新城和秦汉新城管辖。（图一）

---

[1]史念海主编，何清谷校注：《三辅黄图校注》，第1页，三秦出版社，1995年。

[2]咸阳市渭城区地方志编纂委员会：《咸阳市渭城区志》，陕西人民出版社，1996年。

[3][唐]李吉甫：《元和郡县图志》，第13页，中华书局，1983年。

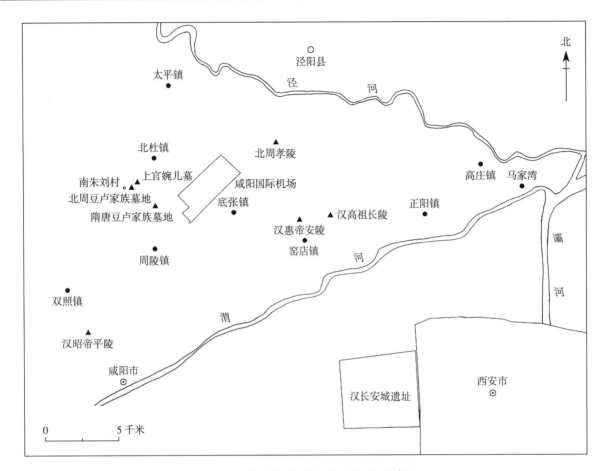

图一　豆卢恩家族墓地地理位置示意图

第二节　墓地所在区域历史沿革

早在史前时期，这里已经有人类活动，如仰韶时期的聂家沟遗址、客省庄二期文化（陕西龙山文化）的柏家嘴遗址等都是人类在这一区域早期活动的遗存。

夏代，区境为有邰氏封地，东南部为有扈氏管辖地，北部为畎夷等原始氏族部落，属禹贡九州之雍州。

商殷时期，这里有邰、豳、程、犬方等方国。

西周时，建有毕（郢）国。

东周时，属于秦，称渭阳。秦自公元前350年，都城经九次迁徙后，从栎阳定都咸阳，这一区域成为政治、经济、文化繁荣之地达144年之久。公元前221年，秦统一六国，设郡县，此区域归内史统辖。秦末，"项籍为从长，杀子婴及秦诸公子宗族。遂屠咸阳，烧其宫室，虏其子女，收其珍宝货财，诸侯共分之。灭秦之后，各分其地为三，名曰雍王、塞王、翟王，号曰三秦。"[1]这就是三秦之地的由来。

汉初，刘邦恢复被项羽焚毁的咸阳，取名新城。"故咸阳，高帝元年更名新城，七年罢，属长安。武帝元鼎三年更名渭城。"[2]东汉中有改属，但总体属右扶风辖地。

三国时，属魏国，咸阳的版图分布在扶风、冯翊、新平诸郡内，今咸阳原当属雍州扶风郡和京兆郡辖地范围内[3]。

西晋时，该区域分置于始平国、京兆郡及扶风国范围内[4]。

东晋时，北方为五胡十六国时期，包括该区域的关中地区先后被319年匈奴人刘曜建立的"前赵"、329年羯族人石勒建立的"后赵"、351年氐族人苻坚建立的"前秦"以及384年羌人姚苌建立的"后秦"控制。后赵石勒灭前赵，将灵武县更名为石安县（今咸阳市东北窑店镇北）。十六国前秦皇始二年（352年）置咸阳郡，治所在长陵城（今咸阳市东北15千米的怡魏村附近）。

北魏太平真君七年（446年），延置前秦苻坚咸阳郡置，区境属雍州所辖[5]。

北周建德中，移治今泾阳县，为咸阳郡治。

隋初，废除郡制，置州、县两级地方政区，后又改州为郡。隋开皇三年（583年）并入泾阳县[6]。

唐武德元年（618年），分泾阳、始平置咸阳县，关中设京畿道，区域为京畿道京兆府统属[7]。

北宋时，在陕甘置永兴军路，境内有京兆府（辖今咸阳大部区域）。金代延置北宋设置，仍属京兆府辖区[8]。

元代皇庆元年（1312年），改安西路，置陕西行中书省，境内有奉元路，辖区囊括今咸阳市区。

明代洪武四年（1371年），将咸阳迁到渭水驿（大致在今秦都区），改奉元路为西安府，统辖咸阳区域。清代，除将乾州、邠州改省直隶州外，仍延明旧制。

1912年，省以下的地方政区改为道、县两级，咸阳归关中道管辖。

1950年5月，咸阳分区改为咸阳专区。1969年，咸阳专区改名咸阳地区。1984年，咸阳市改为省辖市。2014年1月，国务院正式批复设立西咸新区。咸阳原为空港新城和秦汉新城分属。本报告所叙豆卢恩家族墓地即在空港新城范围内。

---

[1]［汉］司马迁：《史记》，第275页，中华书局，1959年。

[2]［汉］班固：《汉书》卷二十八，第1546页，中华书局，1962年。

[3]谭其骧主编：《中国历史地图集》第三册，中国地图出版社，1982年。

[4]谭其骧主编：《中国历史地图集》第三册，中国地图出版社，1982年。

[5]［北齐］魏收：《魏书》，第2608页，中华书局，1974年。

[6]［唐］魏徵：《隋书》，第809页，中华书局，1973年。

[7]［宋］欧阳修、宋祁：《新唐书》，第962页，中华书局，1975年。

[8]［元］脱脱：《宋史》，第2144页，中华书局，1977年。

第三节　墓地发掘缘起与经过

豆卢恩家族墓地位于咸阳渭城区北杜镇南朱村村东约 200 米处，是西咸新区空港新城一处前置储备用地，编号 KGTC-2019-006，位置北依致平大街，东邻广德路。地块平面呈南北长、东西窄的长方形，面积 74665 平方米。2019 年 11 月由陕西省考古研究院组队对分布其中的古墓葬进行发掘。

发掘工作始于 2019 年 11 月 19 日，结束于 2020 年 4 月底，期间因春节假期及武汉疫情停工月余。区域内发掘古墓葬共 41 座，其中汉墓 5 座、十六国墓 1 座、北周墓 4 座（即本报告所言豆卢恩家族墓地）、唐墓 5 座，余皆为明清及其以后的晚期墓葬。（图二）

豆卢恩家族墓地的全面揭露大体经过三个阶段。第一阶段是墓葬本体的发掘，豆卢恩墓（M3）和豆卢整与乙弗静志合葬墓（M4）的发掘皆开始于 2019 年 11 月 21 日，豆卢昊墓（M9）和豆卢隽墓（M8）的发掘则始于稍后的 11 月 29 日。11 月 27 日，陆续在 M3 墓道和南部祭祀坑中出土豆卢恩墓神道碑首和碑趺，加之 12 月初豆卢昊墓志的出土，我们初步判断这是一处珍贵的北周时期豆卢氏家族墓地。当时墓地的其他设施并未在前期考古钻探资料中体现出来，但既然是家族墓地，那么就应该有围沟或墙垣等相关的设施遗存。第二阶段在继续对墓葬进行发掘的同时，考古队组织专业钻探人员重新仔细钻探，寻找与墓地相关的其他遗迹。考古复探工作始于 2019 年 12 月 11 日，12 月 20 日结束，历时 10 天，最终找到与 4 座墓葬配属的墓地兆沟，其中南侧兆沟已经超出本项目用地范围。2020 年 1 月 13 日，随着豆卢恩墓发掘的结束，豆卢氏家族墓地发掘即告一段落。第三阶段主要是对墓地兆沟的全面揭露，发掘始于 2020 年 3 月 10 日，直至 4 月 10 日结束，历经 30 余天。田野发掘结束后，随即展开对豆卢氏家族墓地出土文物的修复、整理以及数字采集工作，为报告的编写提供了前提保证。

第四节　报告编写体例与说明

墓地及遗迹按照国家文物局新规以最小堆积单位区分遗迹的原则，以汉语拼音首字母命名，如祭祀坑、埋藏坑均以 K 表示，加数字以示不同遗迹如 K1、K2 等；柱洞则以 ZD 加数字区分，如 ZD1、ZD2 等；兆沟以 G 表示，前加英文字母 E、N、W、S，分别对应东、北、西、南 4 个方向，代表 4 条兆沟。

单座墓作为独立一章，依次介绍墓葬形制、葬具与葬式、壁画位置分布以及随葬品（附表一、二）。章节排序上按照墓主人身份长前幼后顺序，即豆卢恩、豆卢昊、豆卢整夫妇、豆卢隽，逐一详细介绍。需要指出的是，虽然 4 座墓中大部分壁画已经脱落无存，但作为反映全面信息的一部分，本报告仍将能观察到的壁画布设位置尽量予以采集并记录。

除豆卢恩墓出土有神道碑首外，其余 3 座墓均出土有墓志，共计 4 方，因此墓葬年代和

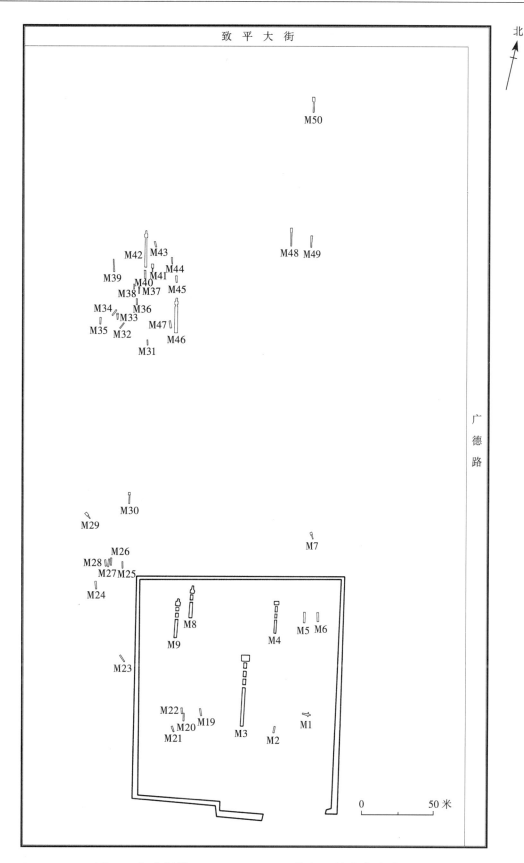

图二 空港新城 KGTC-2019-006 储备用地墓葬分布图

（图内 M1 为十六国墓，M3、M4、M8、M9 为北周墓，M5、M6、M22、M42、M46 为汉墓，M30、M39、M48、M49、M50 为唐墓，余皆为明清时期墓）

墓中随葬品时代较为明确。其中豆卢昊、乙弗静志、豆卢隽又于建德六年（577 年）十一月十五日同一天葬至墓园之内，且随葬品大多为陶俑，相同度高，因此前后文使用统一名称对冠服相同的陶俑定名。陶俑首先按冠（即首服）的类型加以区分，若冠类型相同，则再结合冠服特征和俑的身形动作做具体定名，如小冠深衣俑与小冠裤褶俑、风帽俑与高帽屋风帽俑即循此规则。所有立俑的宽度均取俑上半身的最宽处作为测点，厚度同理。

除豆卢整与乙弗静志合葬墓（M4）外，其余墓陶俑不作型式区分。豆卢整与乙弗静志合葬墓（M4）存在北周和隋代两次埋葬情况，较为特殊，随葬陶俑、陶器风格易于辨析，故以型区分，其中北周的归入 A 型，隋代的归入 B 型，头冠为同一时代同型而服饰、身形不同的则以亚型区分，标本具体名称则前后文做一致命名。

需要特别强调的概念是，本书所谓俑均特指具有人形面貌的偶像，余皆不以俑名之，而分别以镇墓兽、陶塑家畜家禽、模型明器归其类。

第二章 墓 园

第一节 地层堆积

墓园所处位置地形平坦，落差较小，地层堆积也较简单，以西兆沟（WG）中间剖面为例（图三），仅3层堆积单位：第1层为灰褐色耕土，厚约0.25米，土质疏松，包含塑料制品、建筑垃圾等现代杂物；第2层为扰土，厚约0.3米，略硬，内含砖、瓦碎块及少量瓷片，多为隋唐以后遗存，距地表深0.55~0.6米；第3层为红褐色的垆土层，剖面可以观察到大量白色菌丝，结构密实，易于分辨。其下为原生黄土，含少量料姜石颗粒。本报告所述之兆沟和墓葬均开口于第2层下，打破垆土层。

第二节 墓园兆沟

共4条。兆沟均开口于第2层下，距地表深约0.55~0.6米。开口平面呈长方形，整体看，沟两壁并不规整，且下部宽窄不等，底部高低不平，横剖面略呈梯形，内填浅褐色五花土，底部有少量淤土，土质疏松，无包含物。东兆沟（EG）南北长约146、上口宽1.4~1.8、底宽0.4~0.8、深2.1~2.6米；北兆沟（NG）东西长约131、上口宽1.5~1.8、底宽0.5~0.7、深1.8~2.5米；西兆沟（WG）南北长约136、上口宽1.8~2.9、底宽0.5~2.5、深1.8~2.5米；南兆沟（SG）上口宽2.0~4.4、底宽0.5~2.6、深2.2~3.2米。南兆沟（SG）西段自西向东55

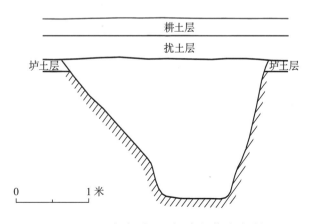

图三　西兆沟（WG）地层堆积与剖面

米处曲尺形向南拐约 10 米，继续向东 30 米停断，平面看南侧围沟向外形成了一个"凸"字形平台，东段自东向西 7.5 米停断，因此在墓园东南角留下了一个长达 38.6 米的巨大缺口，整个墓园的兆沟并未完全连通。兆沟周长 515.5 米，围合面积约 20900 平方米（含凸出部分）。（图四；彩版一）

第三节　墓园布局

应用国家 2000 大地坐标系对墓园进行测量，以坐标北和墓园南北中轴线做测量方向基准，墓园方向为 350°，即北偏西 10°。

豆卢恩墓大体位于整个墓园东西向的中心区域，南北向略偏北，其墓道最南端正对墓园南凸的平台中心区域，距离南兆沟约 53 米，墓室北壁距离北兆沟约 46 米。

整个墓园以豆卢恩墓为轴心，两侧分布着规模大小不同的三座墓。豆卢恩墓室西壁水平

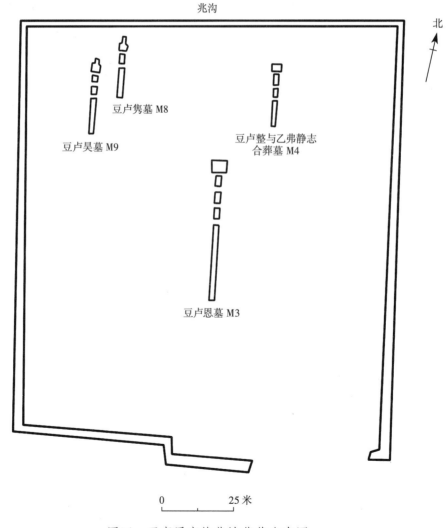

图四　豆卢恩家族墓地墓葬分布图

向西约 41 米，再向北 31 米即为其子豆卢昊的墓室；水平向东 21 米，再向北 31 米即为其四子豆卢整与乙弗静志合葬墓墓室；豆卢昊墓室东壁水平向东约 6 米，再向北约 5 米即为豆卢昊长子豆卢隽墓墓室。

依据墓志提供的信息，豆卢昊比豆卢整年长 4 岁，居于豆卢恩墓西北方向，豆卢整墓则居于豆卢恩墓东北方向，而豆卢隽墓则位于豆卢昊墓东北方向。以墓葬平面布局观察，豆卢恩家族墓的分布若"树"状结构排列，而豆卢恩墓犹如这棵"树"的"主干"，儿孙墓则若"树枝"依附于"主干"两侧。

发掘结果表明，墓园范围内除这 4 座北周墓外，尚有早于墓园的汉代和十六国时期墓葬各 1 座，其余则为明清或者更晚时期墓葬。从绝无唐墓分布其中的情况研判，豆卢恩家族墓地自北周建成后，隋唐时期当一直存续，其废弃时间当在唐以后乃至更晚的时间段内。

第三章　豆卢恩墓（M3）

第一节　地面遗迹与遗物

豆卢恩墓编号 M3，GPS 坐标测点位于墓道西南角，为北纬 34°26′27.89″、东经 108°42′53.12″，海拔 486 米。为一长斜坡墓道多天井单室土洞墓，平面呈"甲"字形。坐北朝南，方向 175°。水平全长 48 米，墓底最深处距地表 12.7 米。可分墓上遗迹（包含封土、柱洞、近现代祭祀坑、扰坑）和地下墓葬本体两部分。（图五）分述如下：

一、封土

封土平面略呈南北稍长的方形，南北长 30、东西宽 23 米。对封土四边解剖可知，封土残存于扰土下，距地表约 0.3 米，从剖面看，封土仅存一层，堆积厚约 0.2 米，土质坚硬，经夯打，但夯筑痕迹不清晰。封土覆盖范围较大，最南覆盖到第一天井南侧约 0.1 米处，北边线距墓室北壁约 8.3 米，东、西两侧以墓道为轴心，东、西各覆盖约 9.8 米，即除墓道外，封土基本覆盖了墓葬主体。

二、柱洞

柱洞（ZD）共计 8 处。柱洞内均填五花土，夹杂红褐色垆土和料姜石颗粒，土质疏松，规律地分布于一至三号天井两侧，推测应是筑墓设施所留的遗存。其中 ZD1 和 ZD2 分别位于第一天井东、西两侧，距离天井边缘约 0.3 米，形状不规整，平底，ZD1 长 0.85、宽 0.4、深 0.3 米，ZD2 长 0.7、宽 0.3、深 0.75 米。ZD3、ZD4 和 ZD5、ZD6 分别位于第二天井东、西两侧，4 处柱洞平面呈扇形分布。ZD3 和 ZD5 形制较为规整，平面呈南北向长方形，平底，位于第二天井偏南位置，距离天井边缘约 0.3 米，均长 0.75、宽 0.3、深 0.75 米。ZD4 和 ZD6 位于第二天井偏北位置，距离天井边缘约 1.05 米，平面均呈圆形，平底，直径约 0.4、深 0.6 米。ZD7 和 ZD8 分别位于第三天井东、西两侧中部位置，距离天井边缘约 0.85 米，平面略呈圆形，直径约 0.65、深 0.27 米。

三、其他遗迹

晚于墓葬的祭祀坑、埋藏坑和扰坑共计 4 处，自南向北依次编号 K1、K2、K3 和 K4。

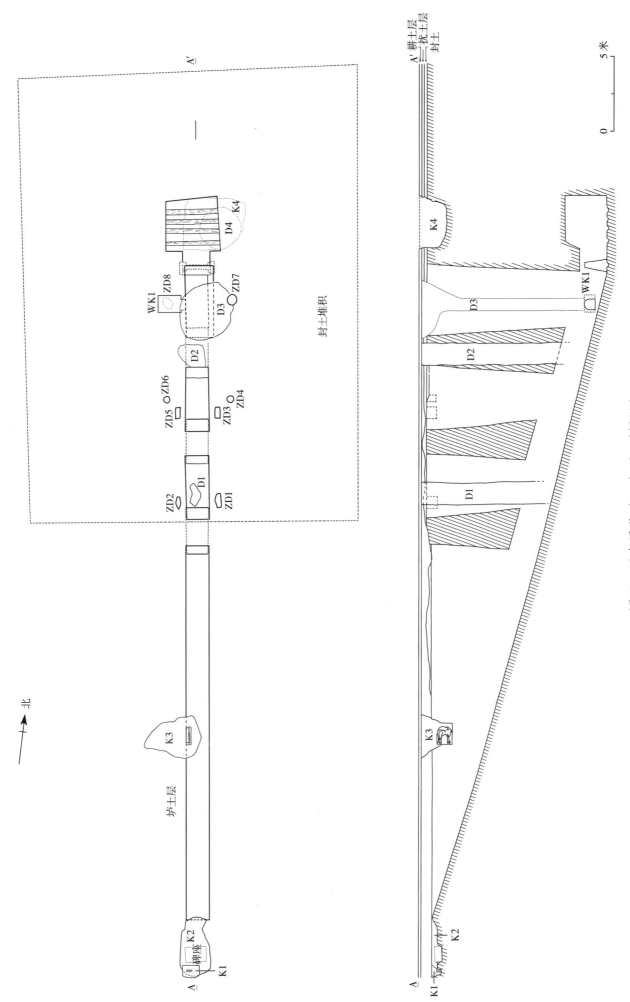

北

A'

碑座
K1

K2

炉土层

K3

ZD2
ZD1
D1

ZD5 OZD6
ZD3 O
ZD4
D2

WK1 ZD8
D3
ZD7
D4
K4

封土堆积

A

A' 耕土层
扰土层
封土

K4

D3

D2

D1

WK1

K3

A 耕土层
扰土层
封土
K1 每土

K2

0   5 米

图五 豆卢恩墓（M3）平、剖视图

　　祭祀坑（K1），位于 M3 墓道南端略偏西 3 米处，北邻 K2，且上口打破 K2。平面呈东西向长方形，四角规整，壁面粗糙，平底。长 1.05、宽 0.75 米，底部距地表深 0.65 米。坑内北侧偏西竖立 1 块边长为 33、厚 6 厘米的方砖，在方砖向南一面隐约可见上有书写的朱红字迹，但字体脱落较甚，已不能辨认，仅可知字体较小，字首向上。方砖南侧东、西两边竖立 4 块长 29、厚 1.5 厘米的板瓦，均保存完整，板瓦表为素面，内饰细布纹。板瓦南侧置一陶制香炉，香炉前后均模印有云纹、龙纹，以器形看应为明代晚期遗物。由位置判断 K1 应是晚期祭祀 M3 墓主而设立的祭台。（图六）

　　碑趺埋藏坑（K2），紧邻 M3 墓道南端，其上口南侧被 K1 打破。开口于第 2 层扰土下，距地表深 1.05 米。平面形状不规则，壁面及底面凹凸不平。内填较疏松的灰褐色五花土，含零星草木灰、碎瓷片。南北长 3.3、东西宽 1.05~1.9 米，底面最深处距地表 1.7 米。坑内中部东西向放置青石碑趺 1 件，正面向下，略侧置。（图六；彩版三，2）

　　碑首埋藏坑（K3），南侧边线距 M3 墓道最南端 12.2 米，并打破 M3 墓道西壁，东侧位于墓道内。开口于第 1 层耕土下。平面形状不规整，壁面粗糙，底面呈东深西浅的锅底状，内填五花土，质疏松，含白釉和黑釉碎瓷片，东西约长 3.5、南北最宽处 2.5 米，底面最深处距地表 1.6 米。坑内紧贴墓道西壁出土青石碑首 1 块。（图七；彩版三，1）

　　扰坑（K4），叠压于墓室顶部偏东，开口于现地表。平面近似椭圆形，东西长 3.7、南北宽 3.1 米，底面微凹，最深距现地表 1.75 米。应为盗洞坍塌所致的现代坑。

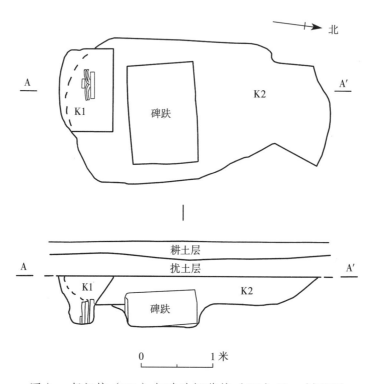

图六　祭祀坑（K1）与碑趺埋藏坑（K2）平、剖面图

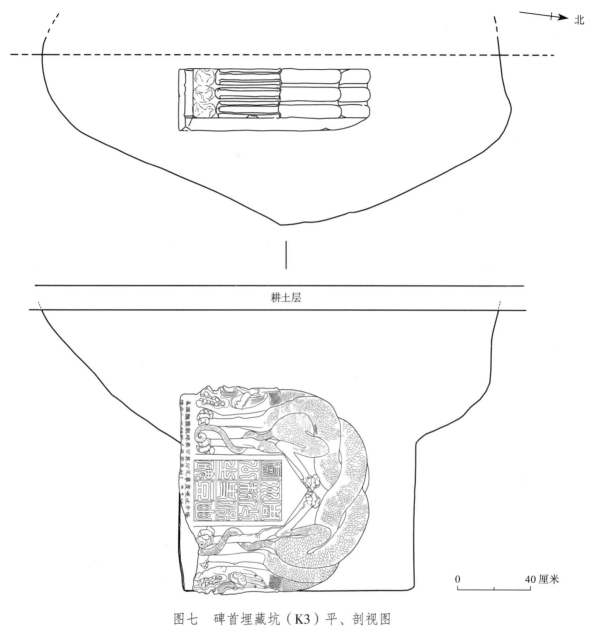

北

耕土层

0　　　　　　40 厘米

图七　碑首埋藏坑（K3）平、剖视图

四、祭祀坑和埋藏坑出土物（附表三）

1. 碑首　1 件。

标本 K3：1，青石质。出土时碑首侧置，上首向北，阳面向东，上有 6 条交错的螭形纹，两侧垂下 6 个螭首，略有残缺。碑额圭高 62、宽 38 厘米，打磨光滑，阳刻篆文三行 12 字，为"周少保幽州刺史豆卢公之碑"。底部正文残留带有阴刻暗线格的隶书刻 32 字，字径约 3 厘米，字体清晰，横向首排 17 字保存完整，横向二排余 15 字残缺，底部呈不规则断裂。碑首阴面与正面纹饰大体相同，唯碑圭留白无刻字。碑首存高 104、宽 110、厚 28 厘米。（图八；彩版五八，1）

2. 碑趺　1件。

标本 K2：1，青石质。整体略呈覆斗形，通体素面，正面及侧面均打磨光滑，背面粗糙，并粘有白灰浆。盝顶以下部分横宽 135、高 43、阔 100 厘米；盝顶，顶面宽 120、阔 83 厘米，斜刹宽 13 厘米；顶面中部有树碑榫槽，槽长 65、宽 30、深 15 厘米。（图九；彩版五八，2）

依据碑首和碑趺出土位置所测得的数据，结合现收藏于咸阳博物馆的豆卢恩碑，可知原豆卢恩碑通高 332、下宽 135、上宽 110、厚 24 厘米。（图一〇、一一）

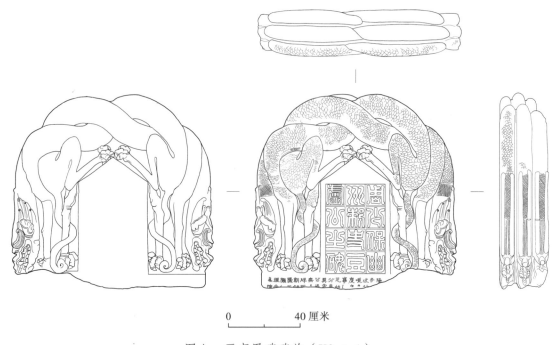

0　　　　　　40 厘米

图八　豆卢恩碑碑首（K3：1）

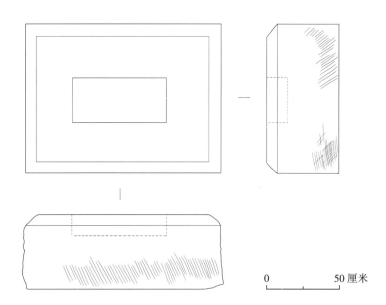

0　　　　　　50 厘米

图九　豆卢恩碑碑趺（K2：1）

3. 陶香炉　1件。

标本 K1：3，泥质灰陶。合模制作。体略呈长方形，方口，方唇。香炉足均以弧形勾连。正、背两面勾连云纹之间饰回首蜷曲的龙形纹，两侧素面磨光。器长 12.4、宽 7.3、高 8.4厘米。（图一二）依据造型、纹饰分析，经文物专家鉴定，其时代为明代嘉靖至万历年间，因此 K1 祭祀坑上限应不早于这个时间段。

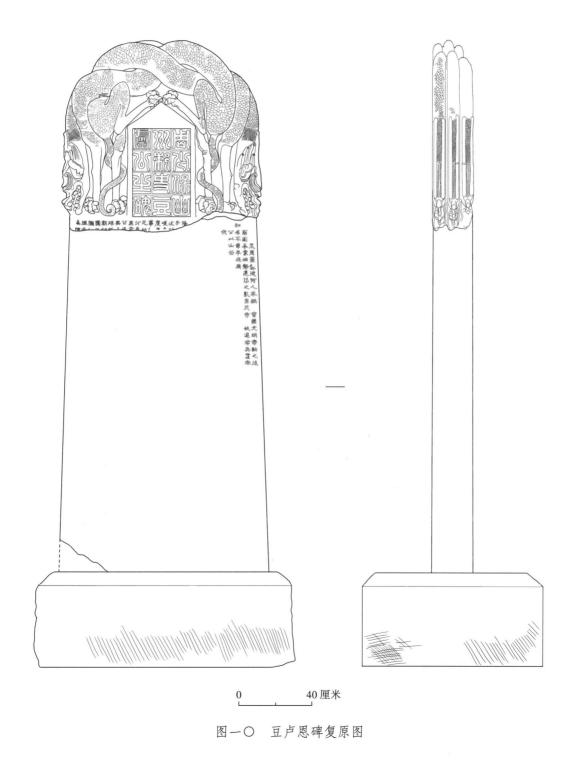

0　　　　40厘米

图一〇　豆卢恩碑复原图

0 　　　　　 40 厘米

图一一　豆卢恩碑拓本合成图

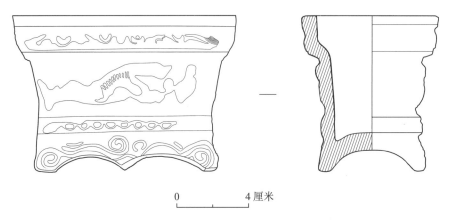

0 　　　　 4 厘米

图一二　祭祀坑 K1 出土明代陶香炉（K1：3）

第二节　墓葬形制

豆卢恩墓由墓道、过洞、天井、壁龛、封门、甬道和墓室七部分组成。（见图五；彩版二，1）

一、墓道

位于该墓最南端，开口于第 2 层下，距现地表深 0.8~0.9 米。平面呈南北向长方形，南侧略宽。墓道东、西壁面收分不明显，平整、较光滑，其中西壁上口中段被 K3 打破；北壁则自上而下内收，收分幅度均匀。墓道底面为 17° 斜坡，局部见较薄踩踏硬结面。墓道内填灰褐色五花土，土质干硬，未见明显夯打迹象，含零星黑色草木灰及白灰颗粒。墓道开口长 25.04 米，底面坡长 25.7 米，宽 1.4~1.5 米，北侧最深处距地表 8.3 米。由墓道至墓口处，东、西壁面由底面向上约 1.75 米范围内分布有壁画。

二、过洞

共 3 个，位于墓道与三个天井和甬道之间。第一过洞进深 2.8、宽 1.5、高 1.9 米，第二过洞进深 2.7、宽 1.4、高 2.2 米，第三过洞进深 3.25、宽 1.5、高 1.8 米。均为斜向拱顶土洞，顶部略有坍塌，壁面光滑，底面与墓道底为同一坡度，斜坡约为 17°。过洞内花土淤实，淤层明显，土质略硬，包含物有蜗牛壳、白灰颗粒和少量砖块。

三、天井

共 3 个。与墓道同开口于第 2 层下，距现地表深 0.8 米。平面略呈南北向长方形，形制规整，上口大、底面小，南、北两壁内收分较大，剖面呈"斗"形。壁面光滑平整，填土易于剥离。天井内填土与墓道填土一致，土质干燥，未经夯筑。第一天井位于第一、二过洞之间，上口长 4.25、下口长 3.25、宽 1.45 米；第二天井位于第二、三过洞之间，上口长 4.25、下口长 3、宽 1.45 米，其北壁多被盗洞（D2）破坏；第三天井南邻第三过洞，北侧为甬道，上口长 4.75、下口长 3.75、宽 1.4 米；由于被盗洞（D3）破坏，第三天井东壁及南壁大多坍塌。

四、壁龛

共 2 个，分别位于第三天井下东、西两侧中部。由于被盗洞（D3）破坏，东侧壁龛损毁殆尽，仅对残存的西侧壁龛进行了发掘。西侧壁龛（WK1）平面呈"甲"字形，形制保存较好，口部窄，拱顶土洞；龛内呈长方形，平顶，壁面平整，均为白灰墙面，地面平整，白灰刷饰。壁龛内花淤土填实，淤层明显，略硬，含蜗牛壳、白灰颗粒及料姜石少量，因被盗扰无随葬器物出土。西壁龛进深 1.7、高 0.7 米，外宽 0.65、内宽 1.05 米，壁龛底面高出斜坡通道 0.2~0.45 米。

五、封门

位于甬道南侧。甬道东、西壁面及底部均有凹槽，盗扰破坏严重。东、西壁凹槽上窄下宽，深约0.25、宽0.3~0.75、高1.4米。底面凹槽局部平铺残砖，应为固定调整封门用，底面凹槽深0.1米，约宽0.25~0.5米不等。据此残留遗迹推测，该封门应为木封门，已毁坏残朽，具体尺寸已不可知。

六、甬道

介于第三天井和墓室之间。拱顶土洞结构，顶部及壁面多有坍塌，平底。甬道内填土杂乱，淤层可见，含朽木灰、残砖、骨末少量。进深1.45、宽1.9、高1.9米。

七、墓室

位于该墓葬最北端。拱顶土洞结构，平面略呈方形，顶部局部坍塌，东壁被盗洞（D4）打破，保存较差。从发掘可观察到，墓室顶部、壁面均有白灰面，惜多已脱落，原应分布有壁画，壁画痕迹无存。墓室进深3.5、南宽3.7、北宽3.5、高2.8米，墓底距现地表深达12.7米。墓室填土杂乱，湿度较大，夹杂灰白色朽木灰、骨末和器物残块。

0　　　　　20厘米

图一三　豆卢恩墓（M3）墓道东壁
仪卫图摹本

第三节　葬具与葬式

墓室底部有4条东西走向的凹槽，剖面呈半圆形，凹槽内灰白色朽木灰较多，推测此遗迹应为棺枕木。凹槽南北间距0.25~0.5米，长3.5~3.75、宽0.25~0.3、深0.1米。（见图五）

由于被盗扰，棺的质地、规格已不可知，推测应为木棺。遗骸无存，仅在业经盗扰的甬道及墓室填土中发现有零星骨末，墓主葬式不详。

第四节　壁画遗迹分布

发掘表明，豆卢恩墓原墓道、墓室都应有壁画，但剥落殆尽，几无所存。所有壁画无地仗层，即在修整平整的墙面上直接刷白灰作画，以朱红色颜料做边框兼壁画单元隔断，边框与墓道底面平行，白色墙面上黑线勾勒作画，红色颜料填充做主色。所绘壁画，仅在墓道东壁残留有仪卫图一幅。（图一三；彩版四）

该仪卫图残留幅面高约100、宽60厘米。仪卫首、足残失剥落。据残留痕迹观察，仪卫面南而立，下颌针髯尽显，身着圆领宽袖长袍，腰束黑带斜佩剑，双手拢于胸前，身形生动。其图先以黑线勾勒人物造型，线条流畅洗练，再以赭红渲染衣袍。

墓道西壁及墓室壁画的分栏界格布局因保存较差，已无法分辨；墓道东壁稍好，尚能隐约辨别出有11处壁画分栏分布情况，从南至北依次编号1号至11号（图一四）。第二过洞与第三过洞应该也有壁画分布，但剥落较甚，分栏界格已无法判明。所有分栏均以赭红色双线分界，各分栏界格的规格尺寸见表（表一），所有统计数据均以现仍实际残留的测量获得。墓道部分的壁画幅宽在3米左右，过洞分作两栏，壁画幅宽在1米左右。

表一　豆卢恩墓墓（M3）道东侧壁画界栏统计表

界栏	南高/米	北高/米	宽/米
1	0.5	1.4	4.4
2	1.45	1.6	3.3
3	1.65	1.75	3.1
4	1.75	1.85	3.2
5	1.9	2	3.3
6	1.95	2	3.2
7	2.05	2	3.3
8	1.62	1.6	1
9	1.55	1.6	1.4
10	2	2	2.8
11	1.6	1.8	3

第五节　随葬品

豆卢恩墓被盗扰严重，随葬品几无所存，仅出土6件，均出自于墓室扰动过的填土中（附表四）。

一、陶俑

3件，其中风帽俑2件、骑马俑1件。

1. 风帽俑　2件，其中1件头部残。坐姿。皆泥质灰陶。半模制作，扁平背，实心。

标本M3：2，头戴红色风帽（亦称鲜卑帽），帽屋低平。面部广额圆脸，深目高鼻，嘴角外咧，脸部具胡人特征。着红色广袖及膝袍服，袒胸，下穿白色大口裤。双手合拱于胸前，手腕部位有一孔，原持物不存。高12、宽4、厚2.5厘米。（图一五；彩版二一，4）

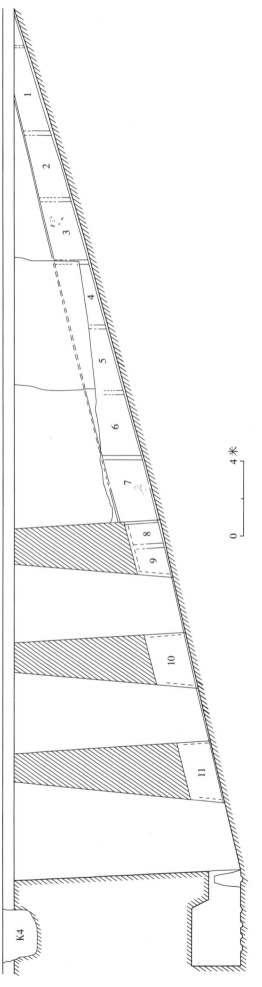

图一四 豆卢思墓（M3）墓道东侧壁画位置分布图

0 _____ 4 米

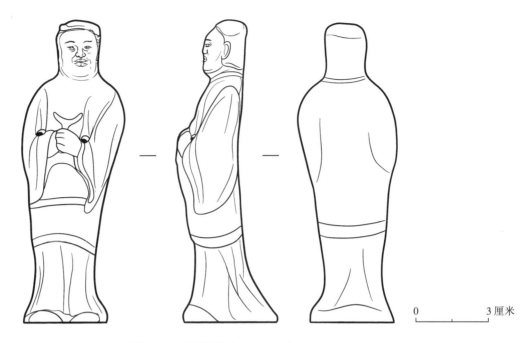

0　　　3厘米

图一五　风帽俑（M3：2）

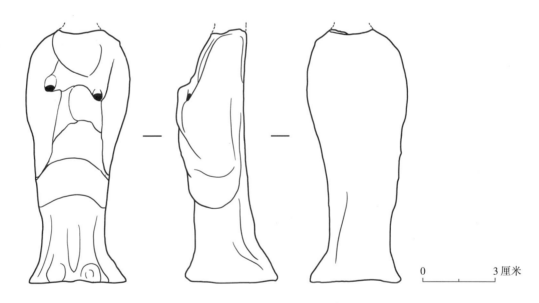

0　　　3厘米

图一六　风帽俑（M3：6）

标本 M3：6，头部残缺。身着红色交领广袖及膝袍服，袒胸，下穿白色大口袴。双手合拱于胸前，手腕部位有一孔，原持物不存。残高 9.9、宽 4、厚 2.5 厘米。（图一六）

2. 骑马俑　1 件。

标本 M3：3，泥质灰陶。模制。失骑俑，仅见骑俑足与小腿。马呈站姿，颔首，嘴微张，目圆睁，双耳直立。鞍鞯俱全。宽尾下垂，尾梢微翘。四肢粗壮，前腿直立，后腿微曲。通体施白彩，彩绘脱落严重，依稀可见。体长 15、通高 11 厘米。（图一七；彩版三一，6）

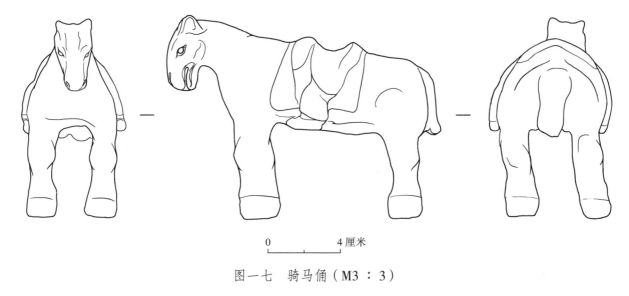

0 _____ 4 厘米

图一七　骑马俑（M3∶3）

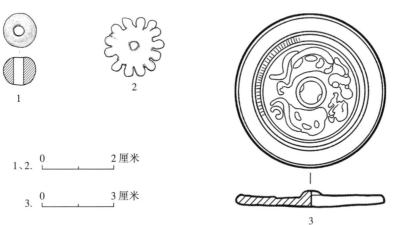

1、2. 0 _____ 2 厘米

3. 0 _____ 3 厘米

图一八　豆卢恩墓（M3）出土器物

1. 玛瑙珠（M3∶4）　2. 鎏金葵形铜饰（M3∶5）　3. 铜镜（M3∶1）

二、玛瑙珠

1 件。标本 M3∶4，淡绿色。扁圆，中有穿孔。直径 0.9、高 0.75 厘米。（图一八，1；彩版五七，1）

三、铜器

1. 鎏金葵形铜饰　1 件。

标本 M3∶5，薄片状，葵形，由 13 个半圆形小花瓣组成，中间有一圆形小孔。直径 1.7 厘米。（图一八，2；彩版五七，2）

2. 铜镜　1 件。

标本 M3∶1，圆形，圆纽，素缘底座。镜背面边缘凸起。内有 2 周凸弦纹，弦纹间饰 1 周竖线纹，其内饰有龙虎纹。直径 6.2、纽径 0.8、缘厚 0.4 厘米。（图一八，3）

第四章　豆卢昊墓（M9）

第一节　墓葬形制

豆卢昊墓，编号 M9。GPS 坐标测点位于墓道西南角，为北纬 34°26′29.19″、东经 108°42′52.90″，海拔 487 米。系一座长斜坡墓道两天井双室土洞墓，整体平面略呈"中"字形。坐北朝南，方向 175°，水平全长 24.7 米，墓底距地表深 7.5 米。由墓道、过洞、天井、封门、甬道和墓室（分为前、后室）六部分组成。（图一九；彩版二，2）

一、墓道

位于该墓葬最南。平面呈南北向长方形，南宽北略窄，口小底大，东、西两壁自开口至底部逐渐外扩，其壁面光滑规整。底面自南向北下斜呈坡状，坡度约 20°，过渡均匀，局部可见较薄踩踏硬结面。水平开口长 11.8、宽 1.2~1.65 米，北侧底宽 1.35 米，斜坡长 12.15 米，最深处距地表 4.9 米。内填灰褐色五花土，质硬，未经夯打，内含零星草木灰、少量残陶片。

二、过洞

共 2 个。均为土洞结构，顶部坍塌严重，具体形状不明。壁面光滑。底面与墓道同底同坡度。内为花土淤实，淤层明显，土质较硬，包含蜗牛壳、植物根系。

第一过洞南邻墓道，北面与第一天井相接。进深 1.5、宽 1.3 米，推测高约 2.1 米。

第二过洞位于第一和第二天井之间。进深 1.6、宽 1.2 米，推测高约 2.05 米。

三、天井

共 2 个，上下贯通，自南向北分别编为一号和二号天井。平面均呈南北向长方形，开口处向下约 1.0 米处保存较差，多坍塌，原始状况不详。天井内五花土填实，土质干燥，较硬，未夯，含蜗牛壳、植物根系。接近墓道底部区域保存较好，壁面规整平滑。

第一天井南接第一过洞，北侧相连第二过洞。长 2.3、宽 1.2 米。

第二天井介于第二过洞与甬道之间，东、西两壁平滑，可见有白灰刷饰，推测原应有壁画，惜脱落殆尽。长 2.65、宽 1.15 米。

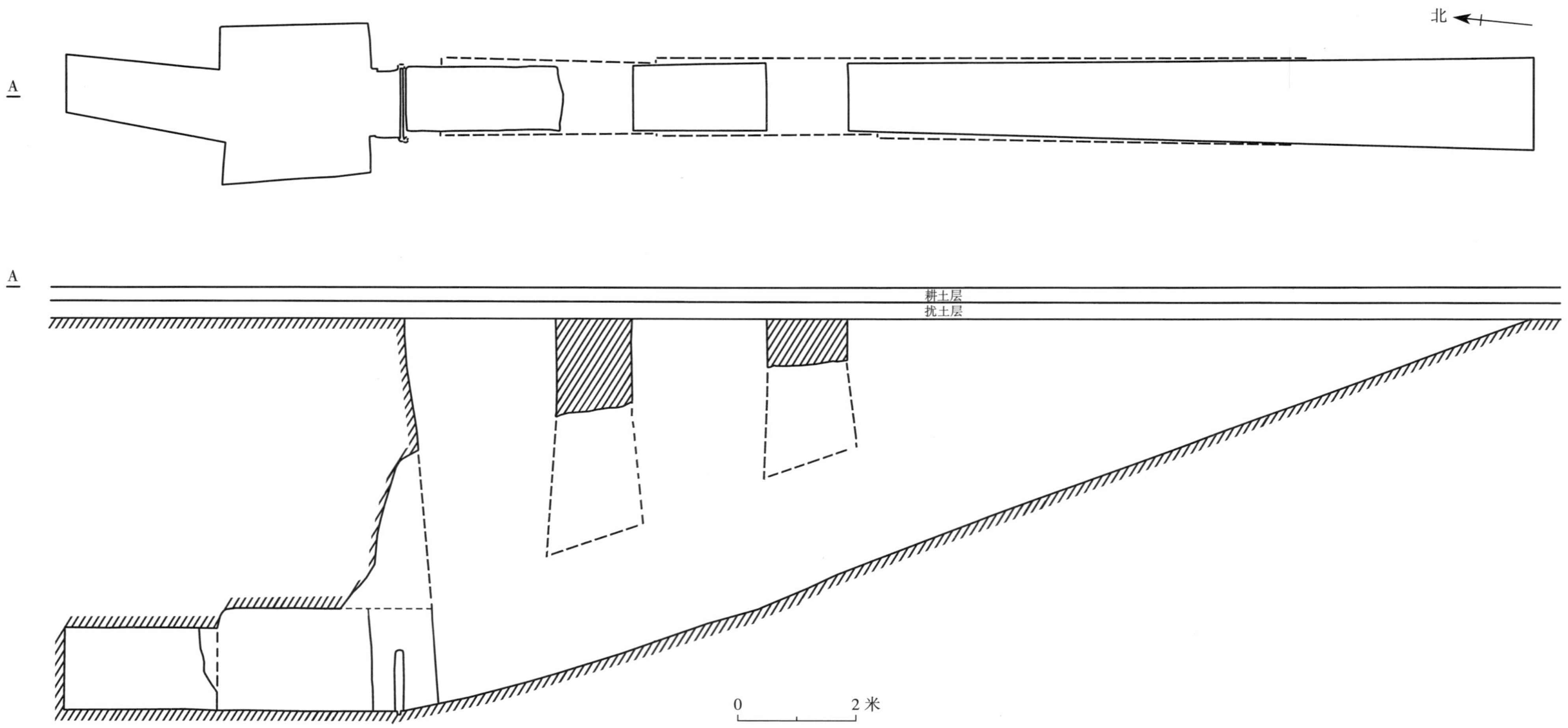

图一九　豆卢昊墓（M9）平、剖视图

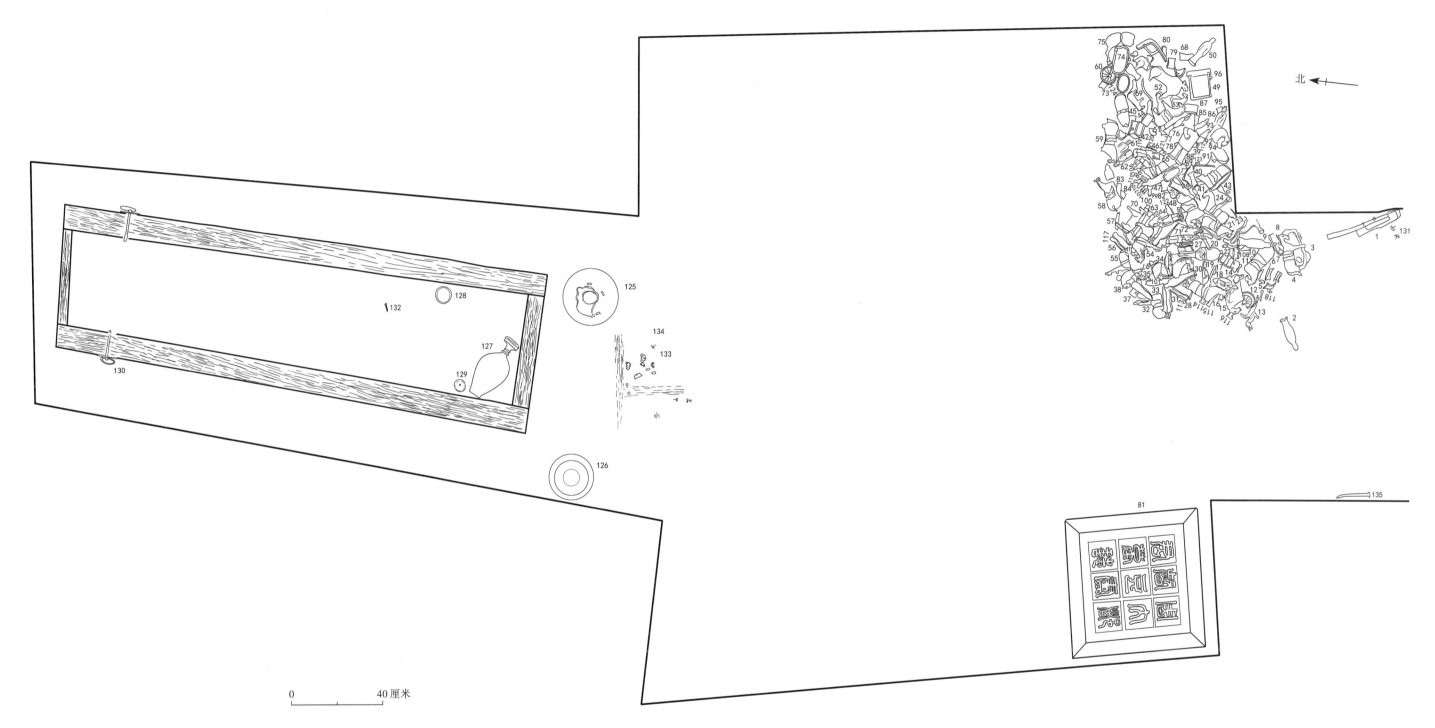

图二〇　豆卢昊墓（M9）随葬器物平面分布图

1. 铁锁　2、5~9、11、18、22、23、28~30、35、36、39~41、46、47、50、61~64、68、71、72、76~78、80、83~87、90、91、94、98~100、102~107、109、110、112~117、119~123. 立俑　3、66. 镇墓兽　4、10、14~17、19~21、24~27、31~34、37、38、43、48、51、53~56、58、59、65、74、101、111. 骑马俑　12、60、124. 车轮　13、57、96. 猪　42、45. 仓　44. 灶　49. 车　52、67、82. 牛　69、70. 驴　73. 井　75. 骆驼　79、95. 磨　81. 青石墓志　88. 鸡　89、92. 羊　93、118. 狗　97. 马　108. 劳作俑　125. 六系盘口青瓷罐　126. 重领罐　127. 细颈盘口壶　128. 辟雍砚　129. 铜镜　130. 铁棺环　131. 铁泡钉　132. 铜挂件　133. 玉组佩　134. 铜泡钉　135. 四棱铁钉（未标质地者均为陶质）

四、封门

从甬道南口位置残留的遗迹观察，在该部位东、西两壁及底面清理出原生土上制作的凹槽，推断应是原安装木封门的遗迹，从此区域填土内凌乱出土的铁锁、铁泡钉来看，也符合此处原为木封门的推测。东、西壁凹槽高 1.1、宽 0.15、深 0.1 米，底面凹槽长 1.4、宽 0.05、深 0.05 米。

五、甬道

位于第二天井和墓室之间。土洞结构，顶部均已坍塌，两侧直壁部分残留多显不平，有白灰刷饰，脱落较甚，原当有壁画。壁画尽数剥落。底面平整。甬道内填花淤土，土质略硬，含较多朽木灰、残陶片等。进深 0.5、宽 1.15、推测高度约 1.7 米。

六、墓室

分为前、后两室，整体平面略呈"凸"字形。

前室南接甬道，北与后室相连。平面近似方形，拱顶土洞结构，近墓口处顶部已坍塌。前室填花杂土，淤层明显，包含有原生黄土和剥落的带颜料的残块。壁面保存较好，平整光滑，有白灰墙面，四角及壁面中部有红色颜料残留，大部已脱落，应是壁画的残留。墓室底部较平整，与甬道为同一平面。进深 2.6、宽 2.7、洞高 1.8 米，底部距地表深 7.5 米。

后室位于该墓葬最北端，与前室相连略向东斜。南宽北窄，拱顶土洞结构，洞口部坍塌，东、西两直壁约 1.2 米高处起拱。壁面平整光滑，有白灰曾刷在修整平整的壁面上，当是壁画残留，保存较差，已无绘画痕迹。底面与前室为同一平面。后室内有少量填土，均为淤积土，含朽木灰迹、骨末。进深 2.75、宽 1.0~1.3、洞高 1.45 米。

第二节　葬具与葬式

一、葬具

后室中部略偏北置木棺 1 具，南北向放置，局部有红褐色朽木渣，明显可见棺痕，南侧相对略宽。由于水浸淤积，木棺被抬高约 0.4 米，长约 2.11、宽 0.6~0.68 米，依据出土的棺环推测，板厚约 0.1 米，高度不明。（图二〇）

二、葬式

棺内墓主遗骨无存，仅见碎骨块、骨末，葬式不详。从木棺南面略宽的情况分析，推测墓主头向南。

第三节　壁画遗迹分布

发掘表明，豆卢昊墓原墓道、墓室都应有壁画，但剥落殆尽，唯残留的壁画分布的界栏隐约可见。所有壁画无地仗层。在前、后室的四壁都布设有壁画，可观察到的前室壁画画幅宽度在 0.58~2.1 米，后室壁画的画幅宽度在 1~1.32 米，可见画幅高度约在 0.7~1.3 米。（表二；图二一）

表二　豆卢昊墓（M9）墓室壁画分布统计表

界栏	宽度 / 米	高度 / 米	位置
1	0.68	1.3	前室南壁东侧
2	1.14	1.2	前室东壁
3	1.21	1.3	前室东壁
4	0.42	1.3	前室北壁东侧
5	1	0.8	后室东壁
6	1.2	0.9	后室东壁
7	1.32	0.92	后室西壁
8	1.1	0.7	后室西壁
9	0.7	1.3	前室北壁西侧
10	2.1	1.1	前室西壁
11	0.58	1.3	前室南壁西侧

* 测量数据均以壁画最高点为准

第四节　随葬品

随葬品总计出土 135 件（组），以陶质器物为大宗，其中服饰各异的陶俑 95 件，占比达 70% 以上，瓷器仅出土 1 件，另有少量金属器、玉器及青石墓志 1 方。大部分随葬品放置在前室东南区域，墓志则置于前室西南角，墓志上首朝南。（图二〇；彩版五；附表五）

一、陶俑

该墓共出土各类彩绘陶俑 95 件，从大的形态来看，可分为立俑、骑马俑和劳作俑三类。立俑依据冠服及外形的差异，又可细分有镇墓武士俑、小冠袴褶俑、小冠深衣俑、风帽俑、笼冠俑、胡人俑、平云髻女立俑等几种。骑马俑大体可分为鼓吹奏乐和具装甲骑俑二种。劳作俑仅一件。陶俑皆为泥质灰陶，有合模制作与半模制作两种，烧成后表面通体施以彩绘，

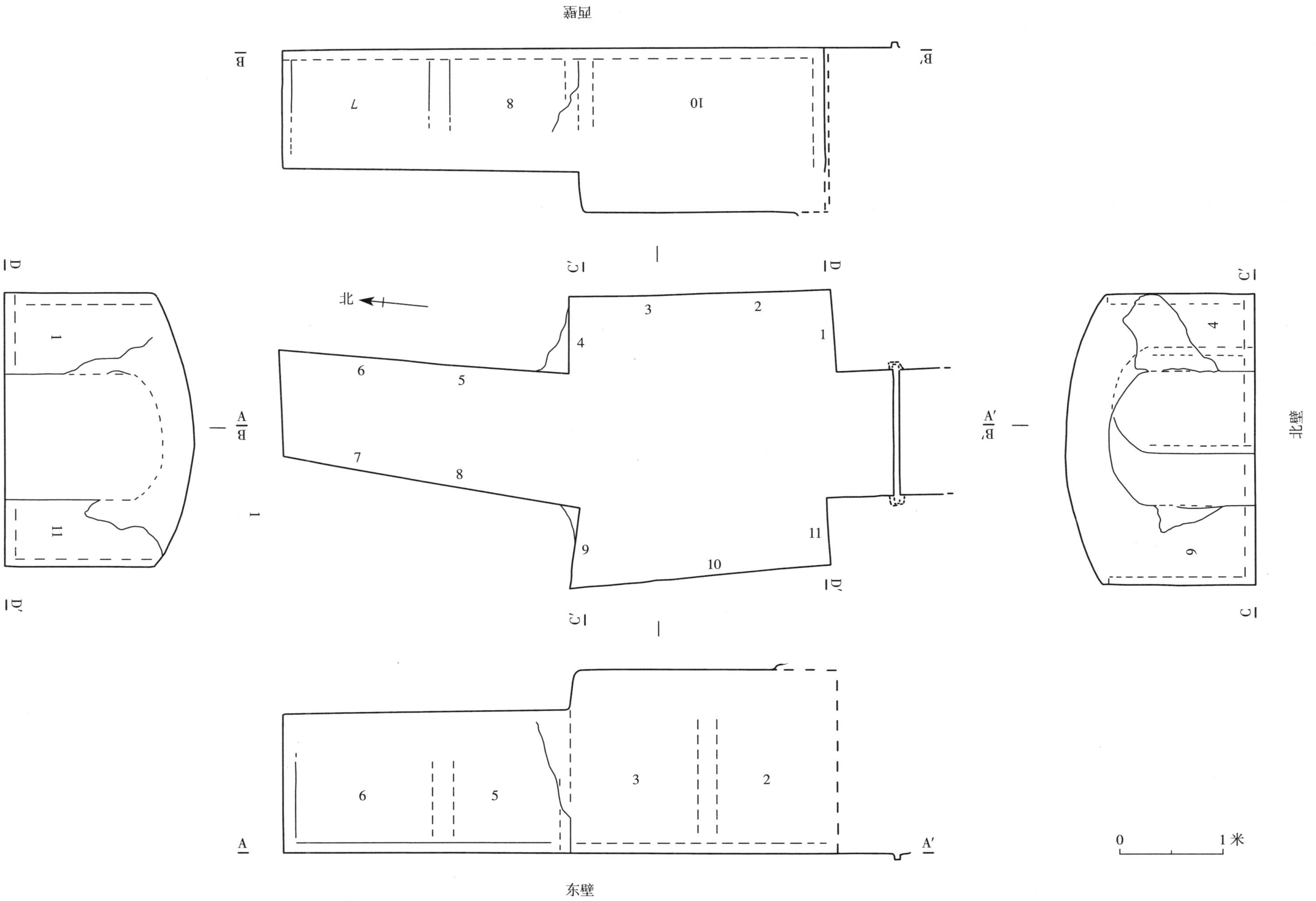

图二一　豆卢昊墓（M9）墓室壁画分布位置图

色彩种类有红、白、粉、黑、橘等。（彩版六，2）

1. 镇墓武士俑　1件。

标本 M9：39，立姿。泥质灰陶。半模制作，背部扁平，实心。头戴兜鍪，中有脊，顶部有凸起的橘红色圆缨，顿项长可及肩，原以黑线绘出盔帽片及护颈（顿项）部分甲片，现多不清晰。兜鍪前额正中冲角突出，覆盖眉心。面庞方正，五官突出，面施红彩，再在其上以黑线描绘出粗弯眉、眼珠、胡须等，隆准阔鼻翼，大嘴丰唇，唇涂红彩。内着窄袖衫，外穿甲衣。甲衣由披膊、身甲两部分组成，披膊仅护肩及上臂，身甲为裲裆，腰束带。披膊、身甲均施米黄色彩，并以黑线绘鳞状甲片。左手曲置胸前，右手贴胯握拳，手中均有孔贯通，原持物不存。面部、双手、腰带均施红彩，肘部施有橘红色彩。高27.9、宽10.5、厚5.5厘米。（图二二；彩版一四，4）

2. 小冠袴褶俑　20件。立姿。皆泥质灰陶。半模制作，背部扁平，实心。多见红袍服，冠发黑色勾画。

标本 M9：28，头戴黑色小冠。脸形方圆，五官清晰，黑线描绘出粗弯眉，大眼，高鼻，大耳，口涂红彩。身着红色交领左衽短褶，领口低开，露出胸膛，腰间系带，下着袴褶，袴上残留白彩，膝部系缚，袴脚委积于地，露出鞋尖。双手握拳对置于胸前，拳心有孔，原持物不存。面、颈脖、胸口、双手施有粉彩。高15.3、宽4.5、厚2.8厘米。（图二三；彩版一九，3）

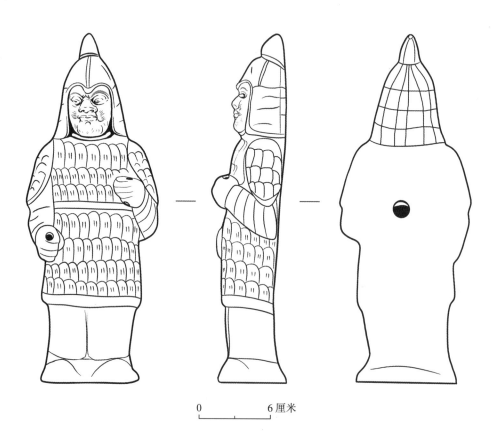

0　　　6厘米

图二二　镇墓武士俑（M9：39）

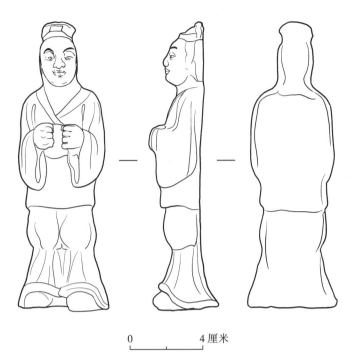

0 4厘米

图二三 小冠袴褶俑（M9：28）

标本 M9：62，头戴黑色小冠。脸形方圆，五官清晰，黑线描绘出粗弯眉，大眼，高鼻，大耳，口涂红彩。身着交领左衽短褶，领口低开，露出胸膛，腰间系带，下着大口袴褶，膝部系缚，袴脚委积于地，露出鞋尖。双手握拳对置于胸前，拳心有孔，原持物不存。通体施白彩，面、颈、胸口、双手涂粉彩。高15.2、宽4.5、厚3厘米。（图二四；彩版二〇，1）

标本 M9：76，头戴黑色小冠。脸形方圆，五官清晰，黑线描绘出粗弯眉，大眼，高鼻，大耳，口涂红彩。身着红色交领左衽短褶，领口低开，露出胸膛，腰间系带，下着大口袴褶，膝部系缚，袴脚委积于地，露出鞋尖。双手握拳对置于胸前，拳心有孔，原持物不存。面、颈脖、胸口、双手施有粉彩。高15、宽4.5、厚3厘米。（图二五；彩版一九，4）

标本 M9：100，头戴黑色小冠，冠前有簪。脸形方圆，五官清晰，黑线描绘出粗弯眉，大眼平视，高鼻，大耳，唇涂红彩。身着红色交领短褶，领口低开，露出胸膛，腰间系带，下着大口袴，膝部系缚，袴脚委积于地，露出鞋尖。双手握拳对置于胸前，拳心有孔，原持物不存。面、颈脖、胸口、双手施有粉彩。高15.2、宽4.5、厚3厘米。（图二六；彩版二〇，2）

3. 小冠深衣俑 10件。立姿。皆泥质灰陶。半模制作，背部扁平，实心。冠发原彩绘剥落较甚，多见橘红袍服，袴裳尚残留有打底的白彩。

标本 M9：68，头戴小冠。脸形方圆，五官清晰，以黑线勾勒弯眉，细眼前视，高阔鼻，大耳，口涂红彩，嘴角上扬，略带微笑。身着红色交领左衽广袖袍，袍长过膝，领口低开，胸微袒露，腰系博带，下穿白色曳地裳，足尖外露。双手交拢于腹前，左、右肘部各有一不贯穿的孔，原持物不存。面、脖颈、双手涂有粉彩。高15.2、宽4.5、厚2.5厘米。（图二七；彩版一六，1）

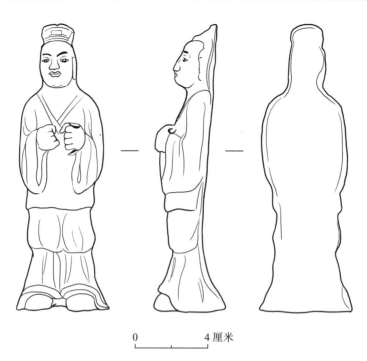

0　　　　4厘米

图二四　小冠袴褶俑（M9∶62）

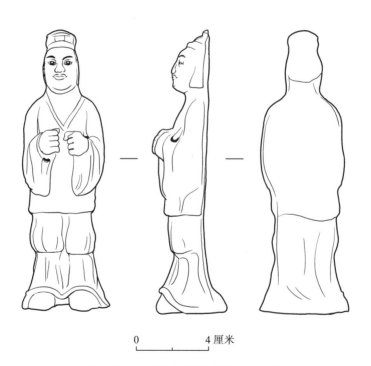

0　　　　4厘米

图二五　小冠袴褶俑（M9∶76）

标本 M9∶83，头戴小冠。脸形方圆，五官清晰，以黑线勾勒弯眉，细眼，高阔鼻，大耳，口涂红彩，嘴角上扬，略带笑意。身着红色交领左衽广袖袍，袍长过膝，领口低开，胸膛微袒，腰系博带，下穿白色曳地裳，足尖外露。双手交拢于腹前，左、右肘部各有一不贯穿的孔，原持物不存。面、脖颈、双手涂有粉彩。高 15.8、宽 4.5、厚 2.5 厘米。（图二八；

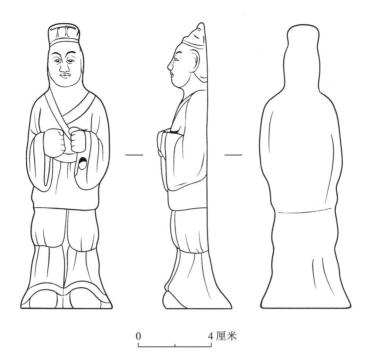

0　　　　　4厘米

图二六　小冠袴褶俑（M9：100）

0　　　　　4厘米

图二七　小冠深衣俑（M9：68）

彩版一六，2）

　　4. 高帽屋风帽俑　8件。立姿。皆泥质灰陶。半模制作，背部扁平，实心。侧视背面略呈"弓"字形。色彩剥落较甚，可看到长袍彩绘红色。

　　标本 M9：2，头戴高帽屋圆顶风帽，帽裙披至颈部，帽顶较高。脸形长方，五官清晰，

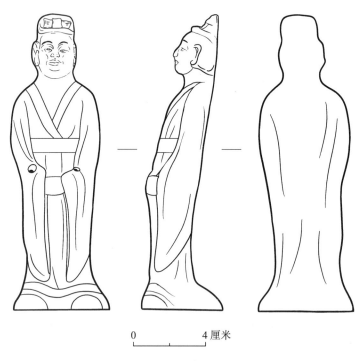

0　　　　　4厘米

图二八　小冠深衣俑（M9：83）

浓眉，大眼，高鼻梁，红唇。内穿橘红色圆领衫，长至膝下，腰系带，外披黑袍，与风帽相连，下穿大口袴，脚蹬圆头鞋。双手握空拳对置于胸前，原持物不存。面、手部施粉彩。高16、宽5.6、厚2.5厘米。（图二九；彩版二三，4）

标本 M9：9，头戴高帽屋圆顶风帽，帽裙披至颈部，帽顶较高。脸形长方，五官清晰，浓眉，大眼，高鼻梁，红唇。内穿橘红色圆领衫，长至膝下，腰系带，外披黑袍，与风帽相连，下穿白色大口袴，脚蹬圆头鞋。双手握空拳对置于胸前，原持物不存。面、手部施粉彩。高15.8、宽5、厚2.5厘米。（图三〇；彩版二三，5）

5.风帽俑　10件。立姿。皆泥质灰陶。半模制作，背部扁平，实心。烧成后着色。

标本 M9：30，头戴风帽。方圆脸，五官清晰，粗弯眉，杏眼，高阔鼻，口涂红彩，略带笑意。内着红色圆领衫，外着红色交领左衽广袖袍，袍长及膝。下着大口袴，脚蹬圆头鞋。双手握空拳对置于腹前，原持物不存。面、颈脖、袴口、双手处可见打底白彩。高14.4、宽4.5、厚2.5厘米。（图三一；彩版二一，3）

标本 M9：107，头戴风帽。方圆脸，五官清晰，粗弯眉，杏眼，高阔鼻，口涂红彩，略带笑意。内着红色圆领衫，外着红色交领左衽广袖袍，袍长及膝，下着白色大口袴，脚蹬圆头鞋。双手握空拳置于腹前，原持物不存。面、颈脖、双手可见打底白色粉彩。高14.7、宽5、厚2.5厘米。（图三二；彩版二二，4）

6.笼冠俑　9件，其中3件残缺。形制、大小略同。立姿。皆泥质灰陶。半模制作，背部扁平，实心。烧成后着色。

标本 M9：71，头戴长方形黑色笼冠，冠下可见黑色平巾帻颜题。脸形方圆，五官清晰，

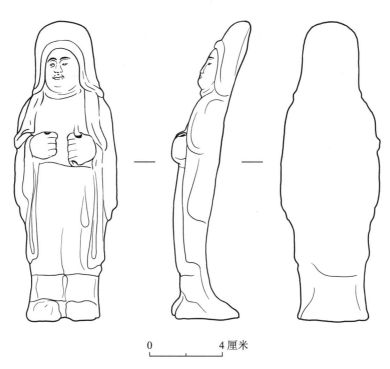

0　　　　　4厘米

图二九　高帽屋风帽俑（M9∶2）

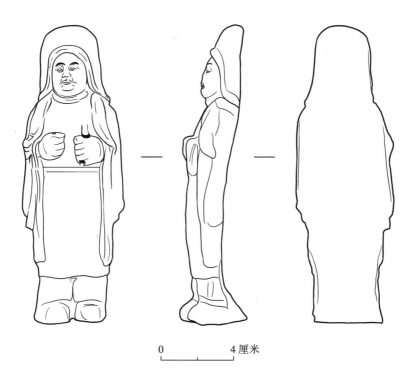

0　　　　　4厘米

图三〇　高帽屋风帽俑（M9∶9）

粗弯眉，圆眼，高鼻，阔口，嘴角微向下，面带微笑。内穿圆领衫，外着红色交领左衽广袖袍，袍长及膝，下着大口袴，脚蹬圆尖头鞋。双手握空拳对置于腹前，原持物不存，左手略残。面、颈、双手原施有粉彩，大多剥落，长袍施朱红色彩。高15.8、宽4.5、厚3厘米。（图

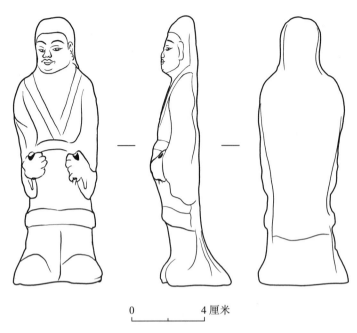

0　　　　4厘米

图三一　风帽俑（M9：30）

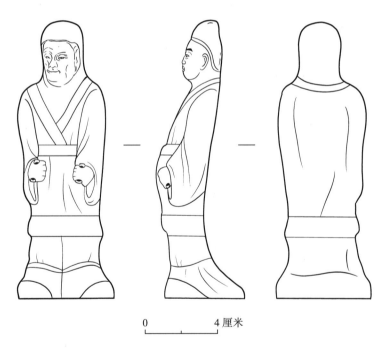

0　　　　4厘米

图三二　风帽俑（M9：107）

三三；彩版二五，2）

　　标本 M9：72，头戴长方形黑色笼冠，冠下可见平巾帻颜题。脸形丰腴，五官清晰，粗弯眉，圆眼，隆准，大口，唇涂红彩，嘴角下拉，神态庄肃。内穿圆领衫，外着红色交领左衽广袖袍，袍长及膝，下穿大口裤，足蹬圆尖头鞋，可见打底白色。双手握空拳对置于腹前，原持物不存。面、颈、双手所施粉彩几无所存，唯广袖袍红彩保存尚好。高15.5、宽4.5、

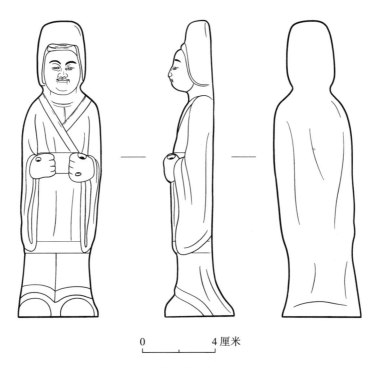

0　　　4厘米

图三三　笼冠俑（M9：71）

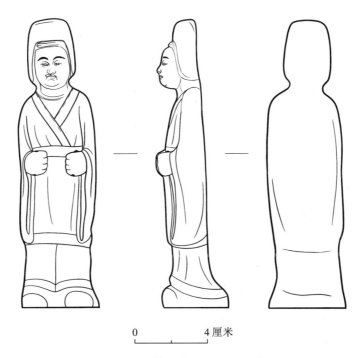

0　　　4厘米

图三四　笼冠俑（M9：72）

厚3厘米。（图三四；彩版二五，3）

　　7.胡人俑　2件，其中1件头部残缺。立姿。皆泥质灰陶。半模制作，背部扁平，实心。烧成后着色。

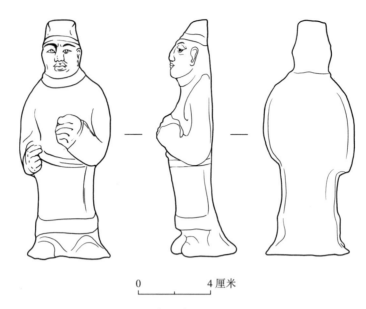

0　　　　4厘米

图三五　胡人俑（M9：11）

标本 M9：11，头戴方帽。长脸，蹙眉，眉凸起明显，双眼微闭，高鼻梁，鹰钩鼻，口涂红彩，双唇紧闭。身着橘红色圆领长袖长袍，腰间系带。右手握拳置腹侧，左手曲肘握拳置胸前。高 12.6、宽 5、厚 3 厘米。（图三五；彩版三〇，1）

8. 平云髻女立俑　2 件。立姿。皆泥质灰陶。半模制作，背部扁平，实心。烧成后着色。

标本 M9：106，头梳平云髻。面庞丰腴圆润，面颊、颔部带靥[1]，五官清晰，以黑线绘出细弯眉，细眼，鼻梁高挺，大耳垂轮。内穿圆领衫，外着黑色交领左衽广袖襦衫，领口低开，束胸，衫长堆积于地。右手曲置握拳置于胸前，左手前伸于腹前，广袖下垂，一筒状物伸出广袖外。面、唇可见施有红彩，惜色彩剥落较甚。高 15、宽 4、厚 2.5 厘米。（图三六；彩版二九，3）

按：面靥，即酒窝，会使脸部表情更丰富。施于该处的装饰即妆靥，本为宫廷生活中的一种标志，后演化成妇女的一种特殊装饰。

标本 M9：115，头梳平云髻。面庞丰腴，面颊部左、右带靥，五官清晰，以黑线绘出细弯眉，细眼，鼻梁高挺，大耳垂轮，小口涂红彩。内穿圆领衫，外着黑色交领左衽广袖襦衫，领口低开，束胸，衫长堆积于地。右手曲肘握拳置于胸前，一筒状物伸出广袖外，置于腹前。面、颈脖、手施粉彩。高 15、宽 4、厚 2.5 厘米。（图三七；彩版二九，1）

9. 鼓吹骑马俑　20 件。奏鼓骑俑占大宗，计 14 件，2 件残损较甚，其中 1 件仅存马和人的腿足部，1 件失俑身。吹奏俑计 6 件，根据骑俑手持乐器不同，又可细分为吹笛、吹排箫、吹筚骑马俑三种，各 2 件。皆泥质灰陶。人半模制作，背部扁平，实心。烧成后着色。马合模制作，人和马黏合，其中马合模线抹平修整。吹奏骑俑均头带高顶风帽，奏鼓骑俑带平顶风帽。

吹笛骑马俑　2 件。

标本 M9：4，吹笛者跨骑于马上，头戴风帽。五官清晰，弯眉，圆眼，目视前方，隆准，

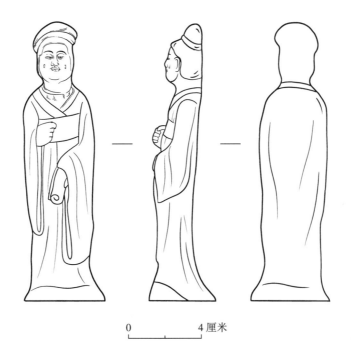

0　　　4厘米

图三六　平云髻女立俑（M9：106）

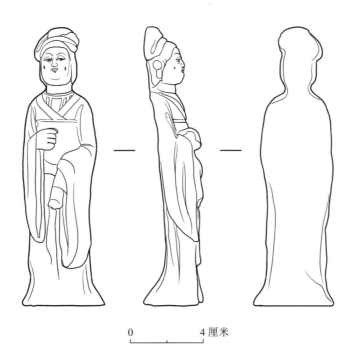

0　　　4厘米

图三七　平云髻女立俑（M9：115）

丰唇，脸施粉彩，剥落较甚。身着红色交领左衽广袖长袍，下着袴，脚蹬靴，踏于马镫之上，描绘颜色尽失。右手握拳置腹间，左手执一小笛置唇边作吹奏状。马挺颈勾首，口微张，双耳直立，鞍鞯俱全，四肢粗壮，直立于地，宽马尾下垂。马通体施红彩。马体长 15.8、通高 17.8 厘米。（图三八；彩版三二，2）

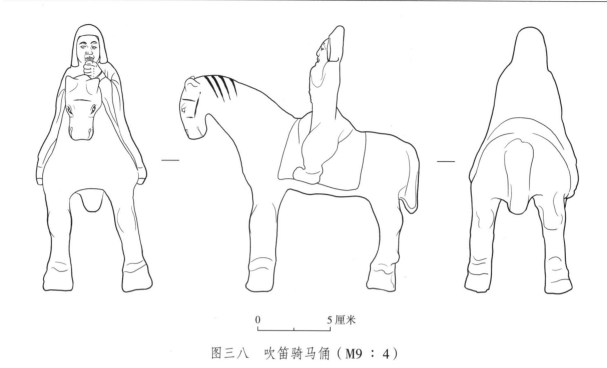

0 ——————— 5 厘米

图三八　吹笛骑马俑（M9：4）

标本 M9：34，吹笛者跨骑于马上，头戴风帽。五官清晰，弯眉，圆眼，目光前视，口涂红彩。身着红色交领左衽广袖长袍，下着袴，脚蹬靴，踏于马镫之上。右手握拳置腰间，左手执小笛置唇边，作吹奏状。马挺颈勾首，小耳上竖，低头，鞍鞯俱全，四肢粗壮，站立于地，宽尾下垂，尾梢微翘。隐约可见马体原施白彩，并以黑线会辔、缰、鞦、鬃毛等。马体长 16.5、通高 18.2 厘米。（图三九；彩版三二，1）

吹箫骑马俑　2 件。

标本 M9：33，吹排箫者跨骑于马上，头戴风帽。脸形方圆，五官清晰，弯眉，圆眼，高阔鼻，丰唇。身着红色交领广袖衫，腰系带，脚蹬靴。捧排箫置于胸前，作演奏状。排箫由 8 支长短不一的直音管合并而成，下方为弯弧形，左手侧音管较长，即排箫最低音位于左侧，排箫涂黑彩。乐手面、手部施粉彩，唇施红彩。马呈站立状，颔首，口微张，双耳直立，鞍鞯俱全，四肢粗壮，直立，宽尾下垂，贴塑于马臀部。马体通施白彩，白彩之上以黑线绘出络头、鬃毛、马眼、鞦带、攀胸，黑彩不显，依稀可见。马体长 16.8、通高 18 厘米。（图四○；彩版三三，2）

标本 M9：48，吹排箫者跨骑于马上，头戴风帽。脸形方圆，五官清晰，弯眉，圆眼，高阔鼻，丰唇。身着红色交领广袖衫，腰系带，脚蹬靴。捧排箫置于胸前，作演奏状。排箫由 8 支直音管合并而成，低音位于左手长音管侧，排箫涂黑彩。乐手面、手部施粉彩。马呈站立状，颔首，口微张，双耳直立，鞍鞯俱全，四肢粗壮，宽马尾下垂，贴塑于马臀部。马通体施朱红色彩，鞍鞯施橘红色彩，并以黑线绘出络头、鬃毛、鞦带、攀胸，黑彩脱落严重，依稀可见。马体长 17、通高 18.5 厘米。（图四一；彩版三三，1）

吹笳骑马俑　2 件。皆泥质灰陶，骑手和马分制后黏合，人为半模制作，背部削平修整，

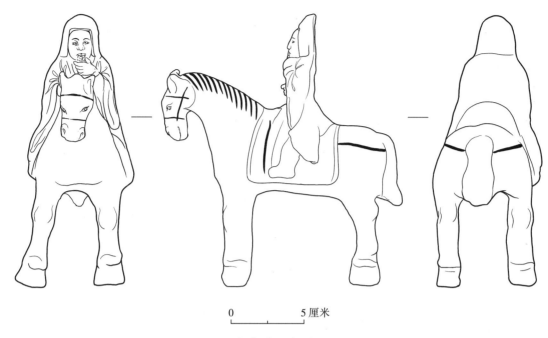

0　　　　　5厘米

图三九　吹笛骑马俑（M9：34）

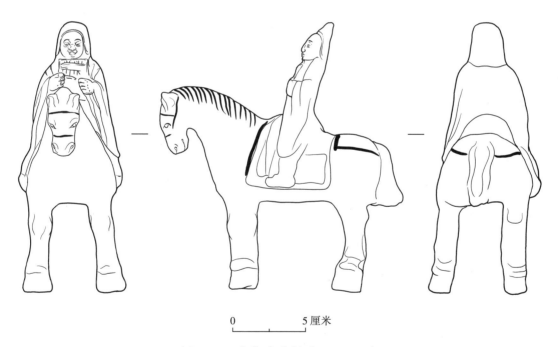

0　　　　　5厘米

图四〇　吹箫骑马俑（M9：33）

人马黏合后修饰上色。

标本M9：56，吹箫者跨骑于马上，头戴风帽。脸形方圆，五官清晰，弯眉，细眼，阔鼻，小嘴，丰唇。身着红色交领广袖长袍，腰间系带，脚蹬靴。双手握拳对置于腹中，其右手执一管状乐器至下颌处，应为胡笳。手、面部施粉彩。马作站立状，马背上有桥形鞍，四肢粗壮，宽尾下垂。马通体施朱红色彩，并以黑线绘出络头、鞍鞯边缘、鬃毛等，黑彩脱落严重，

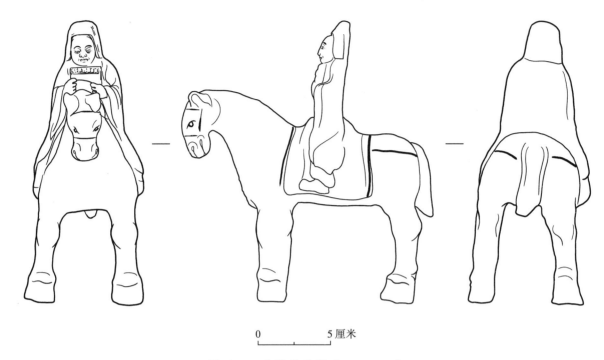

图四一　吹箫骑马俑（M9 ：48）

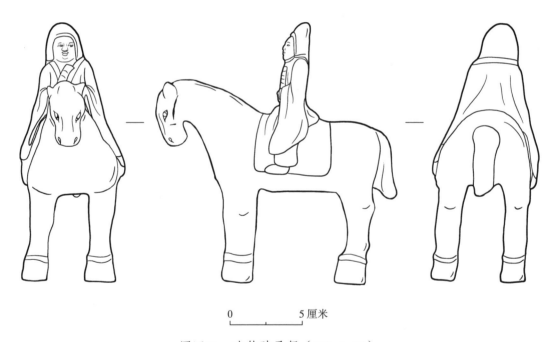

图四二　吹笳骑马俑（M9 ：56）

依稀可见。马体长 16.8、通高 17.3 厘米。（图四二；彩版三四，2）

　　标本 M9 ：65，吹笳者跨骑于马上，头戴风帽。脸形方圆，五官清晰，以黑线绘细弯眉，圆眼，隆准，鼻翼宽厚，小嘴，丰唇，面带微笑。身着红色交领广袖长袍，腰间系带，脚蹬靴。双手握拳对置于腹中，右手执一黑色胡笳至下颌处。手、面部施粉彩。马作站立状，挺颈勾

0 ——————— 5 厘米

图四三　吹笳骑马俑（M9：65）

首，马背上有桥形鞍，四肢粗壮，宽尾下垂，尾梢微翘。马身通施红彩，黑线绘制的络头、鞦带等隐约可见。马体长16.8、通高18厘米。（图四三；彩版三四，1）

奏鼓骑马俑　14件。皆泥质灰陶。人半模制作，实心。马合模制作，体中空。大、小两只鼓（大鼓为建鼓，小鼓为鼗鼓）合模制作，然后进行整体黏合、着色等。

标本M9：54，鼓手跨骑于马上，头戴红色风帽，双耳外露。脸微方圆，五官清晰，以黑线勾绘细弯眉，圆眼，高鼻，大耳，口涂红彩。身穿红色交领广袖衫，下身穿裤，脚蹬靴。双手握置于腹前，右手中有孔，原应执鼓槌，左手执小鼓，左腿前插一圆饼形大鼓。人通体施红彩，脸、颈、手部施粉彩。马作站姿，颔首，口微张，双耳直立，马左侧颈根部有一孔，鞍鞯俱全，四肢粗壮直立，宽尾下垂，尾梢上翘。马通体施白彩，以黑线绘制马的络头、攀胸、鞦带、鬃毛，彩绘大多脱落。马体长16.8、通高19.5厘米。（图四四；彩版三五，2）

标本M9：58，鼓手跨骑于马上，头戴红色风帽，双耳外露。脸略方圆，五官清秀，以黑线勾绘细弯眉，圆眼，高鼻，大耳，口涂红彩。身穿红色交领右衽广袖衫，下身穿裤，脚蹬靴。双手握置于腹前，右手中有孔，原应执鼓槌，左手执小鼓，左腿前插一圆饼形大鼓。人通体施红彩，脸、颈、手部施粉彩。马作站姿，颔首，口微张，双耳直立，马左侧颈根部有一孔，鞍鞯俱全，四肢粗壮，前腿直立，后腿微曲，宽尾下垂，尾梢上翘。马通体原施白彩剥落殆尽，以黑线绘制络头、攀胸、鞦带、鬃毛，彩绘大多脱落。马体长16.8、通高19.5厘米。（图四五；彩版三五，1）

10. 具装甲骑马俑　12件。皆泥质灰陶。与其他骑马俑制作方式相同，武士半模制作，马合模制作，然后黏合，再着色，以黑线绘制武士兜鍪、马甲、鞍鞯等。

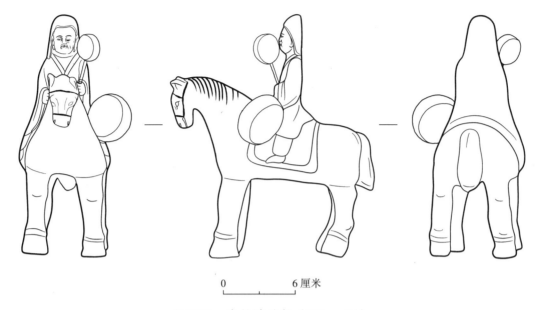

图四四　奏鼓骑马俑（M9：54）

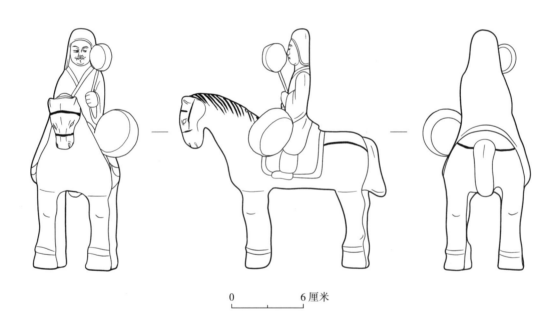

图四五　奏鼓骑马俑（M9：58）

标本 M9 ： 14，武士跨乘于马上，头戴白色兜鍪，顶部有凸起的橘红色圆缨。顿项长可及肩，上施鳞状甲片，兜鍪前额正中有冲角，覆盖眉心。五官清晰，脸形方圆，以黑色绘出弯眉，细眼，高阔鼻，口涂红彩。身着铠甲，甲片呈长方形，甲衣分为披膊、身甲两部分，披膊仅护肩及上臂，明显为双层，身甲为无袖及膝袍状，背部扁平。下身着袴。右手握空拳挽袖至肘，原持物不存，左手曲肘弯曲前伸置于马鞍上。人通体施白色底彩，面部、颈、双手施粉彩。马呈站立状，头小体肥，颔首，嘴微张，双耳直立，马项有连弧边护颈，鞍鞯俱全，四肢粗壮，宽尾下垂。马通体亦施白彩，鞍鞯施橘红色彩，马腹边缘和腿施有朱红色彩，

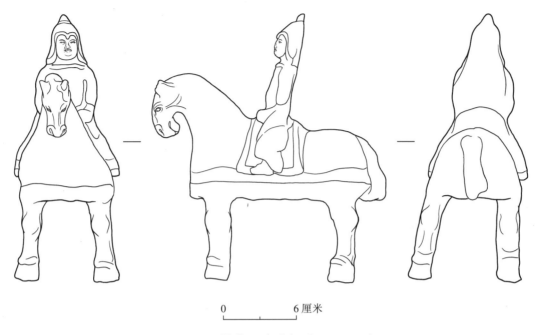

0　　　　　6厘米

图四六　具装甲骑马俑（M9：14）

原应有黑线勾勒的马甲，惜多已脱落。马体长 19.2、通高 21.6 厘米。（图四六；彩版三七，1）

标本 M9：26，武士跨乘于马上，头戴兜鍪，可见白色粉底，顶部有凸起的圆缨。顿项及肩，黑线绘出胄和护颈的拼对接缝。武士面容清秀，五官清晰，眉眼用黑线勾勒，细长眼，隆准，阔口，口涂红彩。武士面、颈均施粉彩。身着铠甲，可见甲衣、披膊、护肩及护腕等，身甲为无袖及膝袍状。背部扁平。下身着袴。双手曲肘握拳放置于马鞍上，原持物不存。马呈站立状，头小体肥，颔首，嘴微张，双耳直立，马项有相连边护颈，鞍鞯俱全，四肢粗壮，宽尾下垂。武士及马体大部色彩已失，唯马首处隐约可见黑线勾勒的长条状护甲，马甲下边缘施朱红色彩，马腿则施深红色彩。马体长 19.8、通高 22.5 厘米。（图四七；彩版三七，2）

标本 M9：38，武士跨乘于马上，头戴兜鍪，顶部有凸起的橘红色圆缨。顿项长及肩上，正、背两面均用黑线绘出胄和护颈的鳞状甲片。武士面容方正威严，五官清晰，黑线绘粗弯眉，圆眼，阔鼻，胡须明显，口涂红彩。身着红色铠甲，甲片呈长方形，甲衣由披膊、身甲两部分组成，披膊仅护肩及上臂，身甲为无袖及膝袍。背部扁平。下身着红色袴，双手握拳放置于马鞍上，左手中空，原持物不存。武士面、颈、手部施粉彩。马呈站立状，头小体肥，颔首，双耳直立，马项有连弧边马甲，鞍鞯俱全，四肢粗壮，马尾下垂。马通体施白色底彩，以黑线绘出鞍鞯边缘及马体鳞状甲片，鞍鞯施橘红色彩，马腹边缘施朱红色彩。此件甲骑具装俑是所出土同类俑中线条描绘较好的，所憾者马嘴残缺。马体长 20.1、通高 22.2 厘米。（图四八；彩版三七，3）

11. 劳作俑　1件。此件为踏碓俑。

标本 M9：108，泥质灰陶。模制，俑、碓分制后组合。女俑身形丰满壮实，头梳高髻，

0　　　　　　6厘米

图四七　具装甲骑马俑（M9：26）

0　　　　　　6厘米

图四八　具装甲骑马俑（M9：38）

方圆脸，眉目漫漶不清，隐约可见高鼻梁，唇涂红彩。身着红色左衽宽袖长袍，胸微袒露。右手提袍裙，下露履，左腿抬起作踏碓状。右臂微曲而下垂，手放于大腿上，左臂缺失。碓由架、杵、臼三部分构成，碓架与底板连为一体，底板近端有圆形臼窝，中原应置有碓杵，碓杵缺失。碓体施白彩，以红彩勾勒出边缘。俑高16.3厘米，碓架高6.6、宽7、长10.5厘米。（图四九；彩版三一，1）

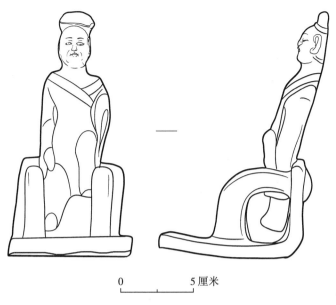

图四九　踏碓俑（M9：108）

二、陶镇墓兽

共 2 件。皆泥质灰陶。合模制作。身形姿态近似，面神各异。外饰彩绘。与镇墓武士俑一并组成镇墓组合。

标本 M9：3，作趴卧姿势。兽面，大嘴微张，獠牙外露，长鼻、吻前伸似猪，大圆眼凸出，目视正前方，大圆耳向后紧贴。从额头到颈部有凸起的鬃毛。四肢蜷曲，匍匐而卧，足有三趾爪，尾贴下垂。颇具憨态。通体施白色底彩，上再涂红彩。体长 19、宽 10.2、高 8 厘米。（图五〇；彩版四〇，1）

标本 M9：66，作趴卧姿势。兽面，大嘴微张，獠牙外露，鼻长且阔，大耳。头微扬，圆眼视前上方，头生双角，盘于头顶。四肢蜷曲，匍匐而卧，足有三趾爪。有尾，尾垂于身下。通体施红彩和橘红色彩，并以黑线绘有胡须、鬃毛。体长 17.4、宽 9.8、高 6.5 厘米。（图五一；彩版四〇，2）

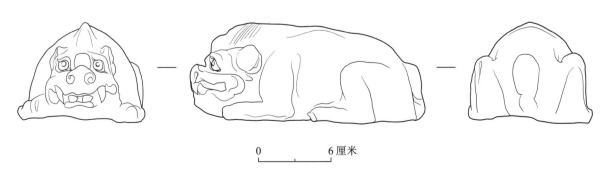

图五〇　镇墓兽（M9：3）

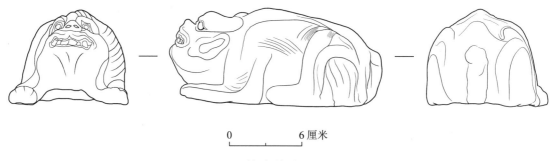

0 ────── 6厘米

图五一　镇墓兽（M9：66）

三、陶塑家畜家禽

共 15 件。皆泥质灰陶。合模制作。烧成后通体施以彩绘。

1. 骆驼　1 件。

标本 M9：75，站立状。昂首挺颈，目平视前方，口微张。双峰耸立，驼峰之间驮有长囊，囊上用黑线所绘线条隐约可见。骆驼四肢关节凸出，粗壮有力，前腿直立，后腿微曲，驼蹄宽大分叉，着地稳健，尾弯曲贴于后臀一侧。通体施朱红色彩。体长 22.8、高 23 厘米。（图五二；彩版四一，1）

2. 马　1 件。

标本 M9：97，颔首而立，双耳直立，嘴微张。四肢壮硕，塑造的马腿关节凸出、马蹄高大，前腿直立，后腿微曲，宽尾下垂，尾梢微翘。鞍鞯俱全，下边缘饰流苏。隐约可见原施白彩。此马应为"诞马"，亦称"但马"，即供墓主人备乘之马。体长 22.5、高 20 厘米。（图五三；彩版四一，3）

3. 牛　3 件。

标本 M9：52，昂首站立，体态雄健。阔鼻，大口，圆眼，头顶生一对倒"八"字形尖角，圆形双耳紧贴向后。四肢粗壮，关节凸出，偶蹄分瓣，前腿直立，后腿微曲，宽尾下垂。眼、鼻孔、嘴部涂有朱红色彩，体表原彩绘尽行剥落。体长 19.8、高 16.4 厘米。（图五四；彩版四一，6）

标本 M9：67，昂首站立，体态健硕。阔鼻，大口，圆眼，头顶生一对倒"八"字形尖角，椭圆形双耳向后紧贴。四肢粗壮，关节凸出，牛蹄高厚，前腿直立，后腿微曲，宽尾下垂。通体施朱红色彩，眼、鼻、口、耳均涂有鲜红色彩。体长 19.5、高 17 厘米。（图五五；彩版四三，1）

标本 M9：82，该标本为牛车组合中的拉车牛。体态健硕。昂首，阔鼻，大口，圆眼，头顶生一对尖角，尖角外撇，椭圆形双耳向后紧贴。四肢粗壮，关节凸出，牛蹄高厚，左前腿微曲，后腿直立，腹微凸，宽尾下垂。嘴带辔头，颈负厄，厄与两侧长辕相连，辕尾有插孔。彩绘剥落无存。体长 17.1、高 14.7 厘米。（图五六；彩版四八）

4. 驴　2 件。

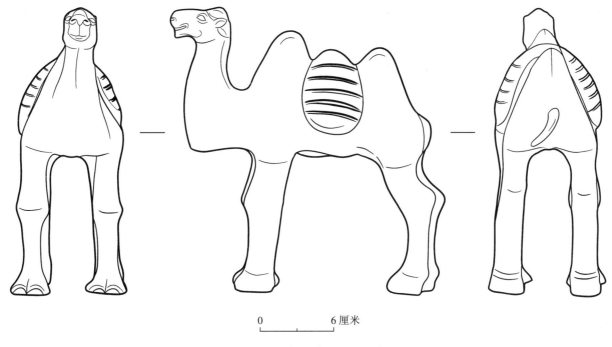

0　　　　　　6厘米

图五二　骆驼（M9：75）

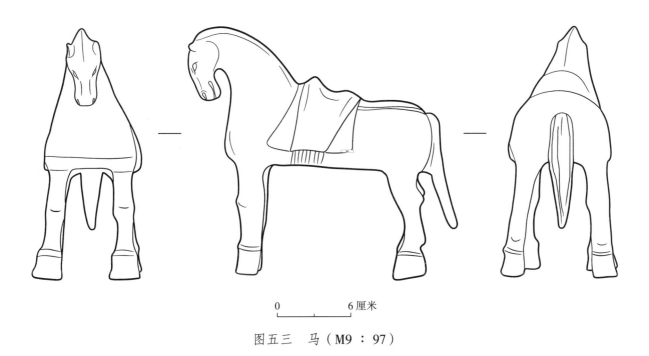

0　　　　　　6厘米

图五三　马（M9：97）

标本 M9：69，体中空。低首凸额，脸细长，圆形鼻孔，嘴微张，目前视，双耳紧贴于头部。三腿直立于地，右前腿微曲，颇具动感，四肢细高，臀肥硕，宽尾下垂。通体彩绘剥落殆尽，脸部隐约可见用黑线描绘的鬃毛。体长 14、高 10 厘米。（图五七；彩版四三，3）

标本 M9：70，体中空。低首凸额，脸细长，圆形鼻孔，嘴微张，目前视，双耳紧贴于头部。三腿直立于地，右后腿微向前迈，颇具动感，四肢细高，臀肥硕，宽尾下垂。通

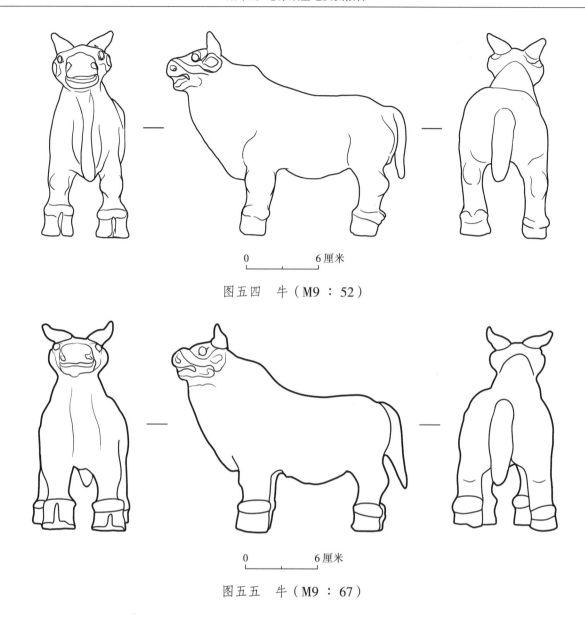

图五四　牛（M9：52）

图五五　牛（M9：67）

体彩绘剥落殆尽，脸部隐约可见黑线描绘的鬃毛。体长14、高9.2厘米。（图五八；彩版四三，4）

5. **羊**　2件。

标本M9：89，站立状。平首，尖圆嘴，以朱红彩点缀小圆眼，双耳下耷。四肢、尾粗短。通体彩绘剥落殆尽。体长11.5、高6厘米。（图五九；彩版四四，2）

标本M9：92，站立状。平首，以红彩点缀出小圆眼，双耳下耷。四肢粗短，腹微下垂，宽尾部分残缺。从剥落面看，通体先涂白色底彩，再施以深红色彩。体长11.5、高6.5厘米。（图六○；彩版四四，1）

6. **猪**　3件。形体略同。

标本M9：13，站立状。体中空。制作拙朴。鼻、吻部较长，双耳下耷。颈、背部鬃毛凸起，腹下垂，四肢粗短，尾部残缺。通体彩绘剥落较甚，隐约可见打底白彩。体长10.5、

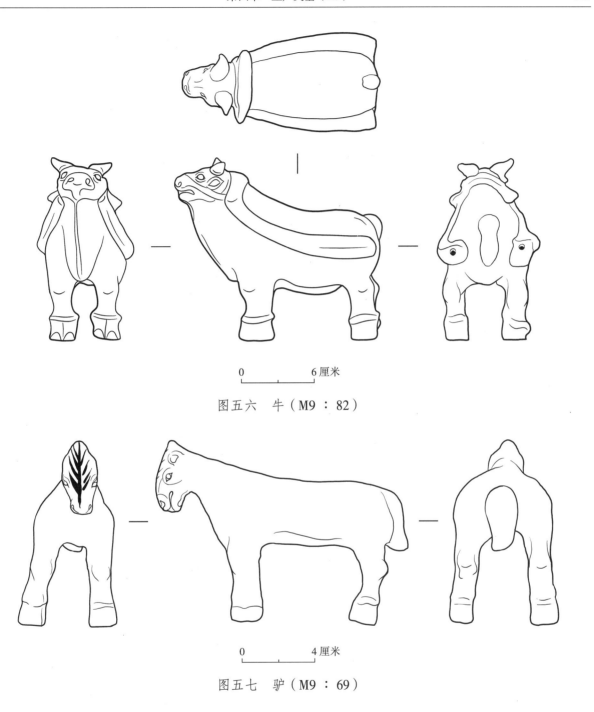

图五六　牛（M9：82）

图五七　驴（M9：69）

高 6.5 厘米。（图六一；彩版四四，6）

标本 M9：57，站立状。体中空。制作拙朴。鼻、吻部较长，头稍垂，双耳下耷。颈、背部鬃毛凸起，腹部下垂，四肢粗短，尾部残缺。通体彩色剥落殆尽，鼻眼之间隐约可见残留的红彩，打底白彩斑驳。体长 10.8、高 6.5 厘米。（图六二；彩版四四，7）

7. 狗 2 件。形制略同。

标本 M9：93，制作拙朴，蹲踞状。头微仰，双耳下耷，眼、鼻、嘴漫漶不清。胸前挺，前腿直立，后腿蹲踞。通体先涂有白色底彩，再施以深红色彩，惜色彩多已剥落。高 8.8

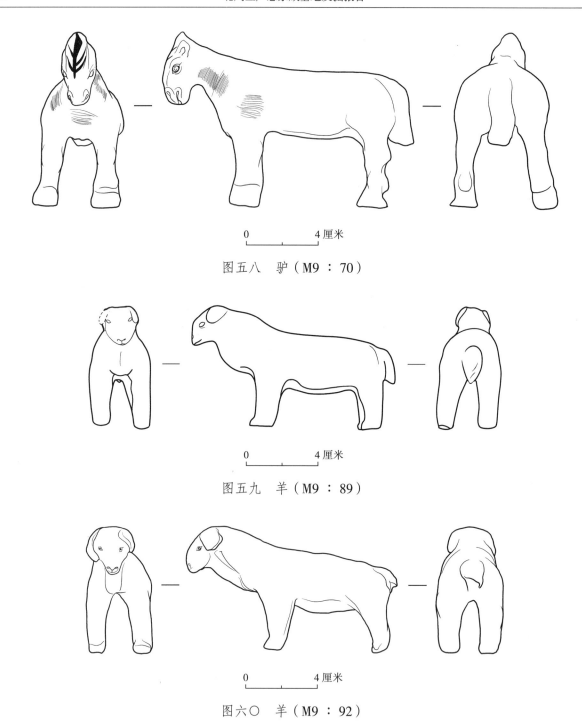

图五八　驴（M9：70）

图五九　羊（M9：89）

图六〇　羊（M9：92）

厘米。（图六三，1）

　　标本 M9：118，蹲踞状。头微仰，双耳下耷，眼、鼻、嘴轮廓不显。胸前挺，前腿直立，后腿蹲踞。通体施红彩。高 8.8 厘米。（图六三，2；彩版四五，3）

　　8. 鸡　1 件。

　　标本 M9：88，卧姿。高冠，尖喙，鼓腹中空，宽尾下垂，翅尾模刻出曲线棱。头颈、上背部施朱红色彩，背中部施有白彩。体长 8.2、高 4.5 厘米。（图六四；彩版四五，6）

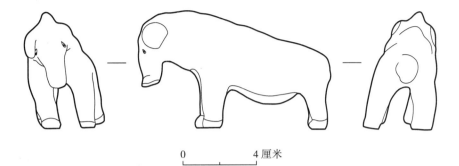

图六一　猪（M9：13）

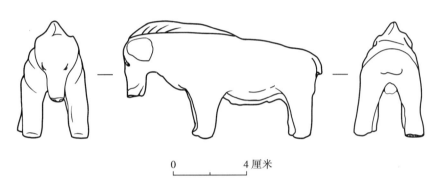

图六二　猪（M9：57）

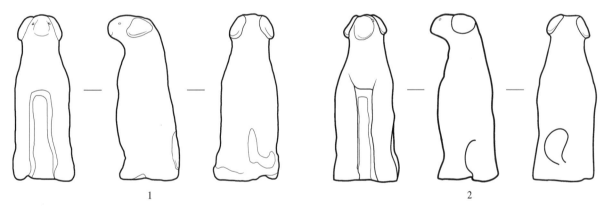

图六三　狗（M9：93、118）

1. M9：93　2. M9：118

图六四　鸡（M9：88）

四、陶质生活模型明器

共8件（组）。皆泥质灰陶。手工制作，车轮、仓应为模制，完成烧制后再着色彩绘。主要器形有车、车轮、仓、井、灶、磨。

1. 牛车组合　1组4件。

标本 M9：136，由牛、车舆、车轮组成。从车的模型观察，车轴、车棚应为非陶质有机物，已经腐朽不存。牛的形制见标本 M9：82，此不赘述。车舆（M9：49）呈方形，两侧车帮顶端有长方形插孔，车后侧亦有两孔，车舆内涂满朱红彩绘。轮（M9：12、60）圆形，十九辐共毂。南北朝时以牛车为贵，故高等级北周墓中牛车较为常见。此车为敞篷车，便于远望，"辂车者远望之车"（《释名·释本》），即指这种车。车舆长13.2、宽14.4、高9.6厘米，车轮直径13厘米。（图六五；彩版四八）

2. 车轮　1组2件。形制、大小相同。

标本 M9：124，圆形。中间为笠形轮毂，十九辐共毂。直径13厘米。（图六六；彩版四七，6）

3. 仓　2件。形制、大小近似。

标本 M9：42，平面呈长方形。卷棚顶，四面出檐，一面开拱形小窗，无门。整体施白色底彩，用红彩描出屋脊、瓦垄、窗框、角柱。顶长8.1、宽6.9厘米，底长7.2、宽5.4厘米，窗高1.8、宽2.2厘米。（图六七，3；彩版四六，1）

标本 M9：45，平面呈长方形。卷棚顶，四面出檐，一面开拱形小窗，无门。整体施白色底彩，用红彩描出屋脊、瓦垄、窗框、角柱。顶长8.1、宽6.5厘米，底长8、宽5.4厘米，窗高2、宽2厘米。（图六七，1；彩版四六，2）

4. 井　1件。

标本 M9：73，井栏为"井"字形，四边各出两头抹角，中为圆形井，井身为直筒方形，无底。表面施有白彩，栏、框角施有朱红色彩，俯看井栏以红彩绘制成"井"字形。底径6、口径4、高5.5厘米。（图六七，2；彩版四六，3）

5. 磨　2件。形制近似。

标本 M9：79，台座呈圆筒状，无底，顶小底大。顶有一大一小两扇磨盘，上扇有中隔，两侧各有一磨眼。表面施白彩，红彩勾边。底径9.3、高6厘米。（图六七，6；彩版四六，10）

标本 M9：95，台座呈圆筒状，无底，顶小底大。顶有一大一小两扇磨盘，上扇有中隔，两侧各有一磨眼。表面彩绘尽失。底径9.6、高6厘米。（图六七，5；彩版四六，11）

6. 灶　1件。

标本 M9：44，由灶台和火墙组成。灶台平面呈马蹄形，上置釜一口。釜为敞口，平沿，斜直腹，圜底。火墙正视呈"山"字形，斜沿两侧制成双向阶梯状，底部正中开一拱形火门。通体施白彩，以红彩勾涂灶边。釜口径6.3厘米，火墙宽12厘米，火门宽4、高4.5厘米，

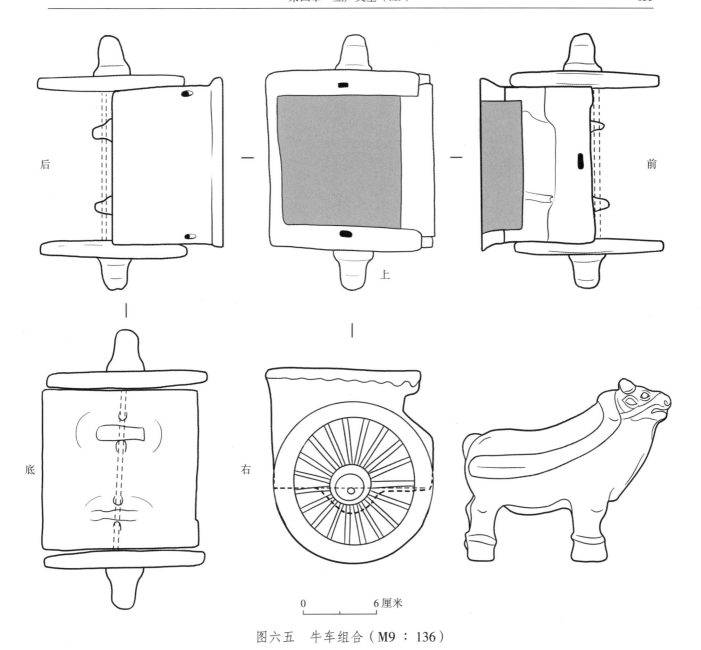

后

上

前

底

右

0　　　　　6厘米

图六五　牛车组合（M9：136）

灶体长 8.5、通高 11 厘米。（图六七，4；彩版四七，1）

五、陶瓷生活用器

共 4 件。陶器器形有辟雍砚、细颈盘口壶和重领罐。瓷器为六系盘口罐。

1. 辟雍砚　1 件。

标本 M9：128，泥质灰陶。造型独特。质地坚硬细腻。轮制，足为贴塑。圆盘状，直口，平沿，浅腹，底中部一圆台向上凸，为砚芯。腹下部附有五珠足。沿面饰 1 周凹槽，腹上部饰 2 周凹槽。口径 12.3、砚芯直径 6.5、足高 4、通高 5.2 厘米。（图六八，1；彩版五一，2）

按：辟雍本天子讲学之所，东汉蔡邕《明堂丹令论》中解释为："取其四面环水，圆如

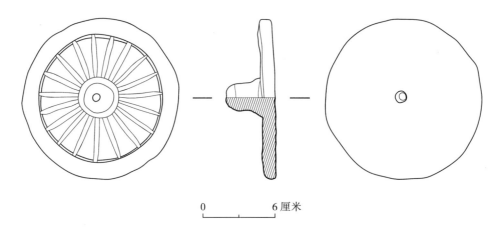

0　　　　6厘米

图六六　车轮（M9：124）

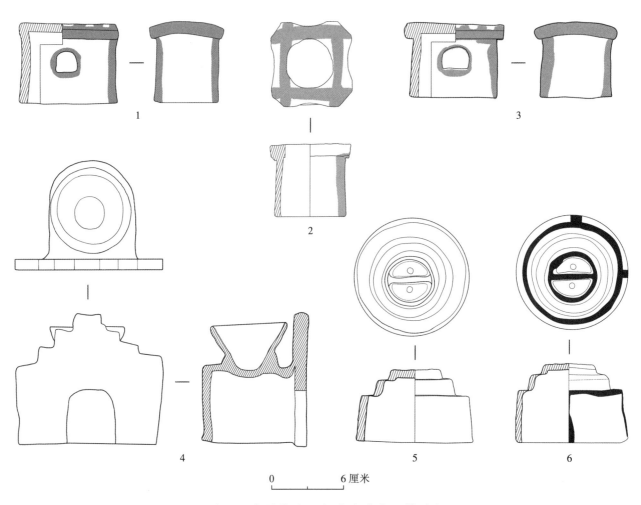

0　　　　6厘米

图六七　豆卢昊墓（M9）出土陶生活模型明器

1、3.仓（M9：45、M9：42）　2.井（M9：73）　4.灶（M9：44）　5、6.磨（M9：95、M9：79）

璧。后世遂名璧雍。"南北朝时期的陶瓷工匠们，模仿辟雍设计出的辟雍砚，有很高的艺术造诣和观赏性。这种砚始于魏晋，南北朝时期此类带足圆盘的砚最为流行，这也是隋唐时期辟雍砚的前身。魏晋时期多三足或四足的盘砚，南北朝时期变化为五足到十足不等的珠足砚、辟雍砚。本次出土的这件珠足辟雍砚即具有这一时期辟雍砚的典型特征。

0　　　　　8厘米

图六八　豆卢昊墓（M9）出土陶瓷生活用器

1. 陶辟雍砚（M9：128）　2. 细颈陶盘口壶（M9：127）　3. 重领陶罐（M9：126）　4. 六系青瓷盘口罐（M9：125）

2. 细颈盘口壶　1 件。

标本 M9：127，泥质灰陶。器表有明显的烟炱痕。轮制。盘口，方唇，细长颈，圆肩，弧腹向下斜内收，凹底。颈部饰 2 道瓦槽形纹。口径 7.6、腹径 14、底径 6、高 24 厘米。（图六八，2；彩版五三，1）

3. 重领罐　1 件。

标本 M9：126，泥质灰陶。轮制。双领之间有凹槽，内领圆唇微敛、外领圆唇直口，内领略高于外领。圆肩，鼓腹向下斜内收，平底微内凹。器表肩及腹上部饰数周暗弦纹。口径 14.8、腹径 18.6、底径 9.3、高 17 厘米。（图六八，3；彩版五一，1）

4. 六系盘口罐　1 件。

标本 M9：125，瓷胎。盘口残，窄平沿，方唇，细长颈，溜肩，圆鼓腹，下腹内收，平底微内凹。肩部粘贴手制的横向方形系耳 6 个，耳中有半月形孔。系两两相对。盘口外壁饰凸棱 1 周。器表施青釉，外釉至下腹，内釉至颈中部，釉面有细小冰裂纹。外壁下腹露胎处有轮制修坯时的砂粒划痕。口径 16、腹径 24、底径 12.5、高 36 厘米。（图六八，4；彩版五一，3）

六、玉器

共 1 组。

玉组佩　1 组 27 件。

标本 M9：133，由 20 枚规格不同的湖蓝色玛瑙珠、2 件四孔云形玉佩、2 件两孔玉璜、1 件单孔梯形玉珩和 2 件水滴形玉坠组成。原玉质优良，因埋藏过久，钙化严重，已呈"鸡骨白"状，原玉色难以判断。依据出土，做两种复原形状。（图六九；彩版五六）

玛瑙珠　20 件。质地纯净，利用透光可以观察到珠子呈湖蓝色。各珠大小不一，各有等差，经测量，有三种规格，珠子由大到小直径有 0.75、0.65、0.5 厘米，对应孔径分别为 0.25、0.2、0.15 厘米。（图七〇，1）

玉坠　2 件。形制、大小近似，呈水滴状。素面。短径 1、长径 1.4 厘米。（图七〇，2）

玉璜　2 件。形制、大小相同，半壁状弧形。素面。宽 2.1、高 1.35 厘米。（图七〇，3）

玉珩　1 件。平面近梯形，顶部略呈弧形，有一小穿孔，底边微弧近直线。上宽 2.6、下宽 3.3、高 2.8、厚 0.3 厘米。（图七〇，4）

四孔云形佩　2 件。形制相同，大小有别。白色。顶部做成三弧状，肩部各凸起二乳尖，下部呈四连弧状，上部有 1 个小穿孔，下部有 3 个穿孔。素面无纹饰。大者宽 2.9、高 1.9 厘米，小者宽 2.4、高 1.55 厘米。（图七〇，5）

七、金属器

共 7 件（组）。

包括铜器和铁器两类，铜器有镜、挂件、泡钉，铁器有锁、棺环、泡钉、钉。

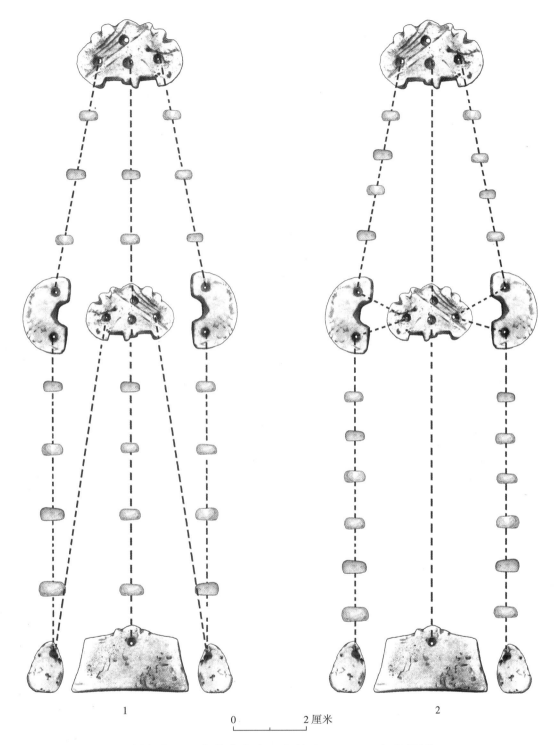

图六九 豆卢昊墓出土玉组佩（M9：133）复原图

1. 铜镜 1件。

标本 M9：129，桥形纽，圆形纽座，镜背面边缘凸起。纽座以外有明堂图案，再外为两周凸弦纹，弦纹之间为锯齿纹。直径 5.6、纽径 1.1、缘厚 0.5 厘米。（图七一，1；彩版五七，3）

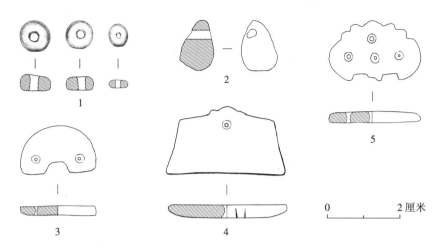

图七〇　豆卢昊墓（M9）出土玉组佩组件

1.玛瑙珠　2.玉坠　3.玉璜　4.玉珩　5.四孔云形佩（小）

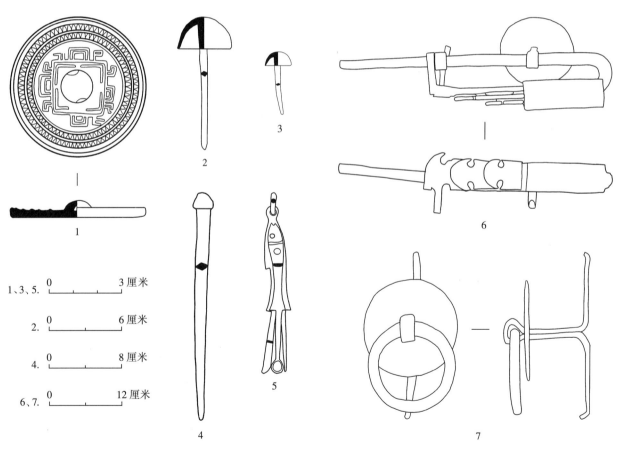

图七一　豆卢昊墓（M9）出土金属器

1.铜镜（M9：129）　2.铁泡钉（M9：131-1）　3.铜泡钉（M9：134-1）　4.四棱铁钉（M9：135-4）　5.铜挂件（M9：132）　6.铁锁（M9：1）

7.铁棺环（M9：130-1）

2. 铜挂件　1组3件。

标本M9：132，由挖耳勺、斜角刀、尖锥3件合为一组。手柄鱼形状，鱼头部有一鱼眼形圆孔，眼后有一铆钉，铆钉贯穿至耳勺。尖锥后端一小圆孔，与一圆环套于一起，成为一套组合器具。耳勺、斜刀均长6.7厘米，尖锥长6.6厘米。（图七一，5；彩版五五，4）

3. 铜泡钉　1组33枚。形制、大小基本相同。

标本M9：134-1，圆帽形，帽中有方锥形钉，钉尖锐。泡径1.2、长2.5~3厘米。（图七一，3；彩版五五，1）

4. 铁锁　1件。

标本M9：1，锈蚀残损较甚。表面呈长条形，一端伸出锁芯，锁芯截面呈圆形，锁芯上面有两个锁环，锁环紧扣两个门环，门环大部分残缺。通长45、宽15厘米。（图七一，6；彩版五四，1）

5. 铁棺环　1组4件。形制相同，皆锈蚀严重。

标本M9：130-1，由底板、环和环纽三部分组成。底板圆形，正中穿孔，安装环纽。环纽系铁条，弯曲成形，上挂截面呈圆形的铁环。底板直径15、环外径14.4厘米。（图七一，7；彩版五四，3）

6. 铁泡钉　1组24枚。形制基本相同，大小有微小差别，皆残，锈蚀较甚。

标本M9：131-1，半球形盖，盖内顶部有一截面为方形的钉子，下端尖锐。盖径长4.5、钉残长5~8厘米。（图七一，2；彩版五四，5）

7. 四棱铁钉　1组8枚。形制近似，大小略有区别。皆锈蚀较甚。

标本M9：135-4，钉帽形似三角形，钉身呈四棱状，钉尖较为尖锐。帽径1.8~2.5、钉长18.5~26厘米。（图七一，4；彩版五四，4）

八、墓志

豆卢昊墓志　标本M9：81，青石质。一方两石，正方形，志盖、志石等大。志盖盝顶，四刹素面无纹饰。志盖顶面呈方形，高、阔皆47厘米，底面高、阔皆58厘米，志盖厚9厘米。志石高、阔皆58、厚9厘米。（图七二；彩版五九，1）

志盖顶面划粗阳线方格，阳刻篆书"周大都督豆卢君墓志"，3行，每行3字。四刹及四侧素面，打磨光滑。墓志正面细线阴刻暗线方格，字阴刻于方格正中竖排，楷书，共25行，满行26字，共计586字。现将墓志志文逐录于后：

大周大都督豆卢府君墓志铭

君讳昊，字元鸿，冯翊频阳人也。晋骑将军开府仪同三司虔之后，燕烈祖景昭皇帝俊之胤。远祖胜，历官镇军将军、长乐太守。慕容炜之败也，始改姓豆卢。昔张辽以聂壹为先，法雄乃齐君之裔。本乎因难，无待司商。祖苌，柱国、少师、浮陵公，雅操虚冲，衿情夷畅。父恩，使持节、少保、沃野公，状貌魁梧，神荣峻整。君麒麟千里，腰裹绝群。乱物清风，映林鲜景。神捡高韵，总弘农之二杨；沉敏端方，兼沛国之三武。至王国之介弟，推毂西河，召为

大周大都督豆卢灵府君墓誌铭

君讳昊字元鸿冯翊频阳人也晋骠骑将军开府仪同三司庞之後荷
烈祖景昭皇帝俊之乱逮祖历迁姓豆灵昔以晶盖为先法始改官镇军将军长乐太守慕容本乎回难之
敗也待诏尚书迁姓豆灵昔张逯以晶盖为先法始改姓豆灵昔张逯以晶盖为先难
映林鲜公状皃弸国少师浮陵公雅操垄冲衿慔慕崇节
国之不弟推载西河台少保沈野君麒麟国之三揚沈敦端方戴武登王
任於是左有朱门贵游屏章华荣者散骑而係司空之谢痾兒骗骑人
多寒素夫有书优游终日濁賢清圣岸情长霄言之谢德元年表解所
之涌洞藝雄不关风凰之灵一言一咲见清濁之灵浮漂幽无春秋
宽房下移唯斯知之诚见生民之傑者矣粤以连德六年十一月十
五日薨于洪濆川博宜在兹石鄒命族渡关而古所謂技革出誚由拳旦池瑶劍膑空浮香逯散是
慈石鄒命族渡关而古所謂技革出誚由拳旦池瑶劍膑空浮香逯散似
繁燕召逾回魏命族渡关而高门世禄既朱其轄尓衮斯服偐
遭思畫诚史蹟迹有佚政心无官情桂冠亦务散带凌林一杯美酒退趋習曲
鸣琴刷宗遠气子敦抚心方嗍其羽遂泠崴峨山崃风紫落旋潔凉新松
林空業草碑霜濃遥野証野崴山崃引槐周箫韵川高增一薛
追田水骑巴颜今来宸室诶悲畫天陛歌引槐周箫韵川高增一薛
妻莫多妻氏

息男英字钟期年十五

图七二　豆卢昊墓志（M9：81）拓本

雍州主簿，后除大都督。建德元年，表解所任。于是左琴右书，优游终日。浊贤清圣，岸帻长宵。古之谢病免归，人多寒素，未有朱门鼎贵，屏弃华荣。若散发而系司空，第五之方骠骑，公侯子孙，唯斯而已。安兹知足，复见于君。旌命行臻，奄从末化。春秋卅有四，建德三年六月十日卒于家。君识度员通，风标散朗，幽无不洞，艺靡不闲。止代树于知微，观素丝而叹染。是非一贯，无浮竞之情；宠辱不移，罕风尘之虑。一言一笑，见清澜之亹亹；不朝不野，览胜气之滔滔。古所谓拔萃出类，生民之杰者矣。粤以建德六年十一月十五日葬于洪渎川。博罗夜从，由拳旦沉。宝剑腾空，浮香远散。是以铭兹石椁，永播英猷，其辞曰：

系燕启胤，因魏命族。涉关而右，高门世禄。既朱其辐，亦衮斯服。像留后素芳，传史牍之子。笃生不坠，其名如璧之润，如金之贞。退趍习礼，进思尽诚。迩有从政，心无官情。桂冠世务，散带濠林。一杯美酒，数曲鸣琴。嗣宗逸气，子敬栖心。方翩其羽，遽此湮沉。岁缠柞辂，律次黄钟。林空叶尽，草碎霜浓。遭回野径，亏蔽山峰。风萦落施，雾染新松。昔日游田，小骑已愿。今来臣室，从悲画天。陆歌引挽，周箫韵川。高坟一掩，直去三千。

妻莫多娄氏　息男英字钟期年十五

第五章　豆卢整与乙弗静志合葬墓（M4）

第一节　墓葬形制

豆卢整与乙弗静志合葬墓，编号 M4。GPS 坐标测点位于墓道西南角，为北纬 34°26′30.66″、东经 108°42′54.01″，海拔 487 米。系一座长斜坡墓道二天井单室土洞墓，整体平面呈"甲"字形。坐北朝南，方向 179°。水平全长 19.9 米，墓底距地表深 6.9 米。由墓道、过洞、天井、封门、甬道和墓室六部分组成。（图七三；彩版二，3）

一、墓道

位于该墓葬最南端，开口于扰土层下，距地表深 0.6 米。平面呈南北向长方形，南宽北窄，口小底大，东、西两壁自上而下略外扩，东壁外扩明显，北壁则内收，幅度较大，壁面光滑。底面坡度约 21°，坡面平整，局部见较薄踩踏硬结面。墓道开口长 9.52、南宽 1.28、北宽 1.2、坡长 10.08 米。墓道内填灰褐色五花土，土质干燥，较硬，未见明显夯打痕迹，填土包含植物根系、零星草木灰。

二、过洞

共 2 个。均为拱顶土洞式，顶部有不同程度坍塌，淤土填实。壁面光滑，无壁画迹象。洞底与墓道同底同坡度。

第一过洞介于墓道和第一天井之间。进深 1.72、宽 1.2、洞高 2 米。

第二过洞位于两天井之间。进深 1.5、宽 1.24、洞顶复原高约 2.04 米。

三、天井

共 2 个。均上下贯通，平面呈南北向长方形，竖穴土圹结构。天井内填灰褐色五花土，较硬，未夯，土质均匀，未见有盗扰痕迹，含少量草木灰。

第一天井介于第一、二过洞之间，开口边线清晰，南壁向下逐渐内收，壁面平整光滑，无壁画迹象。长 2.1~2.3、宽 1.16 米。

第二天井南邻第二过洞，北侧与甬道相接，开口处向下约 1.0 米四壁坍塌，活土面积较大，无淤土，应为填土内陷形成。井北壁内收明显，壁面无壁画迹象。长 2.2~2.4、

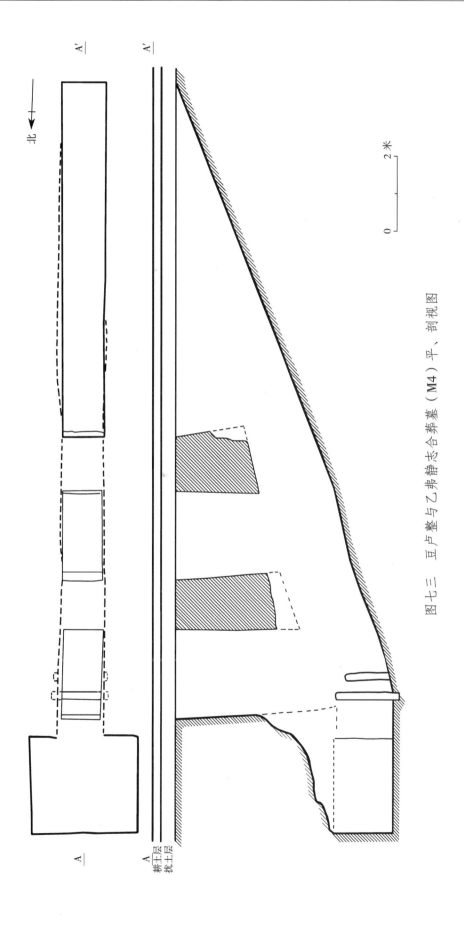

北↓

A'

A'

A

A

耕土层
扰土层

0　　　　　　2 米

图七三　豆卢整与乙弗静志合葬墓（M4）平、剖视图

宽 1.12 米。

四、封门

从残留迹象观察，共有 2 处封门，均位于第二天井偏北位置，皆应为木封门，已残朽无存。南侧（靠近墓道一端）封门有土槽，仅在东、西壁可见，土槽高约 1.28、宽 0.2、深 0.08 米。北侧（靠近甬道一端）封门，东、西两壁及底面均可观察到残留的封门土槽，东、西两壁土槽高 1.84、宽 0.24、深 0.2 米。

两道封门的出现，推测有可能是因为两位墓主人卒葬时间不同造成的，即有一个门建造于北周建德六年（577 年），另一门建造于隋开皇九年（589 年）。

五、甬道

位于封门北侧，并与墓室相连。土洞结构，顶部坍塌，原始形状不明，两侧壁面也有多处坍塌，底面平整。花土淤实，填土中可见陶片、白灰墙皮碎屑、骨末、朽木灰等。进深 1.04、宽 1.36、高约 1.64 米，底面距地表深 6.9 米。

六、墓室

位于该墓葬最北端。应为拱顶土洞结构，平面近似方形。顶部多有坍塌，从墓室四角观察，拱顶应为东西向起筑。四壁平整光滑，局部垮塌损毁，墓室四壁均可见白灰刷面，无地仗层，四角残留有红色壁画分栏，脱落较甚，壁画具体内容已不可知。墓室地面平整，与甬道底面为同一平面。进深 2.56、宽 2.88、洞高约 1.6 米。

第二节　葬具与葬式

由于该墓室经破坏扰动，葬具具体情况已无从知晓。但据墓室西侧残存朽木灰迹观察，葬具应为木棺。由于水浸淤积，木棺规格、数量、葬式均无从获知。

第三节　壁画遗迹分布

发掘表明，在墓室四壁原应都绘制壁画，惜多已剥落损毁，经仔细观察，尚能辨别出壁画布设位置和分栏。所有壁画无地仗层。可见的壁画画幅最高高度约在 1.4、幅宽约 1.2 米。（表三；图七四）

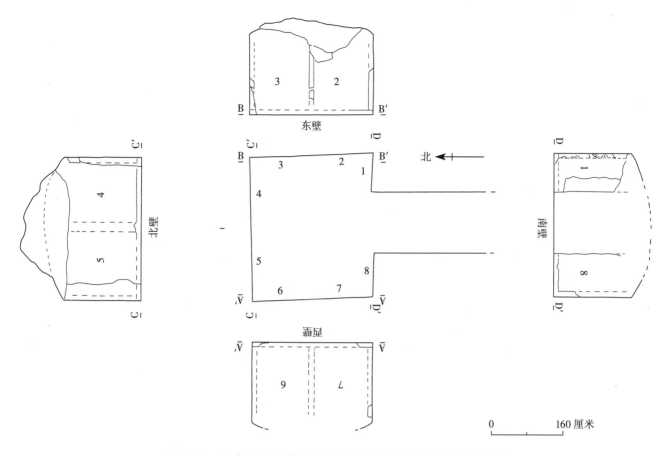

图七四　豆卢整与乙弗静志合葬墓（M4）壁画分布位置图

表三　豆卢整与乙弗静志合葬墓（M4）墓室壁画分布统计表

界栏	宽度（米）	高度（米）	位置
1	0.72	1.48	南壁东侧
2	1.2	1.4	东壁
3	1.2	1.42	东壁
4	1.28	1.4	北壁
5	1.36	1.44	北壁
6	1.14	1.42	西壁
7	1.16	1.48	西壁
8	0.78	1.5	南壁西侧

* 测量数据均以壁画最高点为准。

第四节　随葬品

随葬品总计出土 142 件（组），以陶质器物为大宗，其中服饰、形态各异的陶俑 103 件，占比达 72% 以上，其余还有镇墓兽、陶塑家畜家禽、生活模型明器、生活用器等，瓷器仅出土 1 件水盂，另有少量金属质器及青石墓志 2 方。大部分随葬品放置在墓室东南角，墓志则分别置于甬道和墓室入口处。（图七五；彩版八；附表六）

一、陶俑

该墓共出土各类彩绘陶俑 103 件，从整体形态来看，可分为立俑、骑马俑和劳作俑三类。立俑依据冠服及外形的差异，又可细分有镇墓武士俑、小冠袴褶俑、风帽俑、笼冠俑几种，骑马俑大体可分为鼓奏和具装甲骑俑两种，劳作俑因劳作方式不同也有不同类型。陶俑有泥质灰陶和泥质红陶之分，有合模制作与半模制作两种，烧成后表面通体施以彩绘，色彩种类有红、白、黑、橘红色等。因该墓随葬了北周和隋代两套风格差异明显的陶俑系列，所以极易分辨：北周陶俑多半模制作，背部扁平，实心，制作较为粗疏拙朴；隋代陶俑则以合模制作，背部多有凸雕的冠服，做工相对更为生动细腻，不同于北周仅使用彩绘绘制的方法处理背面。

1. 镇墓武士俑　4 件。立姿。依据陶质陶色和制作方式的差异，可分二型：

A 型　2 件。皆泥质灰陶。半模制作，背部扁平，俑体中空。表施彩绘，仅以彩绘描绘出冠服的背部形态。

标本 M4：69，头戴兜鍪，冲角挡于眉宇之间，两侧护耳下垂至肩。方圆脸，粗眉，圆眼，隆准阔鼻翼，厚唇，唇涂红彩，面部施白色底彩，上涂有粉彩。身着白色筒袖铠，内穿红衣，肩装筒袖，腰间束带，下穿白色大口缚袴，微露脚尖。左手握拳曲置于腰间，手中空，右臂下垂，右手握空拳稍提至胯部，双手原持物不存。铠甲和兜鍪护耳底色为白色，用黑线绘出长条形甲片。俑体中空，腰后开小圆孔，孔径 1.5 厘米。俑高 26.5、宽 10.5、厚 6.5 厘米。（图七六；彩版一四，1）

标本 M4：70，头戴兜鍪，前沿上翻，两侧护耳下披及肩至颈，在颌下相连。方脸，施有粉彩，形象威严。粗弯眉，圆眼圆睛，阔鼻，厚嘴唇，口微张，唇涂红彩。身着明光铠，颈下居中部位纵束两条甲绊，并在胸腰之间系结，然后左右横束，一直绕到后背。肩部有披膊，腰间束带。下穿白色大口缚袴，微露脚尖。左手持盾，盾若蕉叶状，上部及下部涂灰色并施有黑色横线纹。右手握空拳曲置于腰间，原持物不存。铠甲和兜鍪护耳底色为白色，用黑线绘出长方形甲片，以红色点缀。俑体中空，背部有一直孔，孔径 1.5 厘米。俑高 26、宽 10.5、厚 5.5 厘米。（图七七；彩版一四，2）

B 型　2 件。皆泥质红陶。形制相同。合模制作，空心。背部雕塑出甲胄式样，制成后再表施彩绘。

北←

50 厘米

0

图七五　豆卢整与乙弗静志合葬墓（M4）随葬器物平面分布图

1~4. 壶　5、6、11~15、18、20、26~28、32、34、36~38、40、41、43、44、50、51、55、56、58、63、69、70、72~80、83、89~93、95~97、100~103、106~109、115~135. 立俑　7、105. 铜镜　8、9. 青石墓志
10、19、22、24、25、29~31、39、42、45~47、49、52~54、57、60、62、64、65、81、86. 骑马俑　16、82、99. 仓　17. 房　21. 房　23、35、66. 镇墓兽　33. 骆驼　48. 细颈盘口壶　59. 罐
61. 马　67、68. 牛车组合　71、94. 灶　84、85、139. 碗　87. 青瓷水盂　88、114. 猪　98. 井　104、112. 狗　110、111. 鸡　113. 羊　136~138. 劳作俑　140. 铜钗　141. 铜钱　142. 泥串珠
（未标质地者均为陶质）

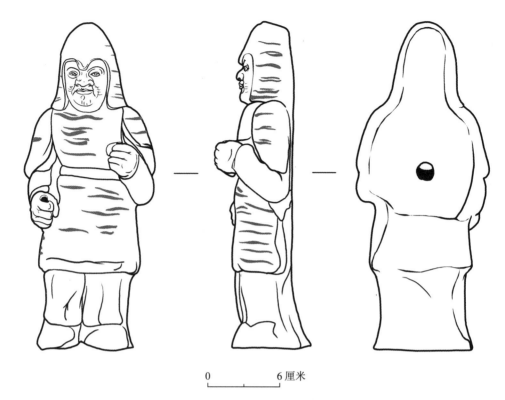

0 ————— 6厘米

图七六　A型镇墓武士俑（M4：69）

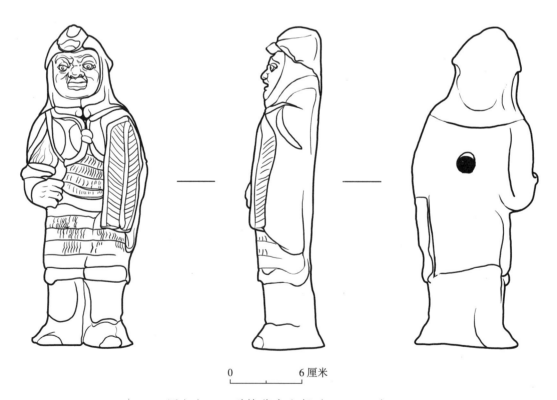

0 ————— 6厘米

图七七　A型镇墓武士俑（M4：70）

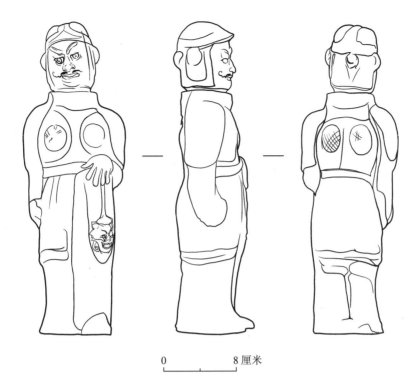

0 　　　　　8厘米

图七八　B型镇墓武士俑（M4：18）

标本 M4：18，体形高大。头向右微侧，头戴兜鍪，顶带脊，前附带冲角。在钵形兜鍪的左、右后方连接有顿项，下垂至颈。长方脸，五官清晰，以黑线绘出倒竖的八字利剑眉，环眼，隆准高挺，八字胡须上翘，红唇，嘴微张，面部表情庄肃。身披甲，颈部有圆形立领护颈，肩有披膊，胸前与后背各有一对椭圆形圆护，圆护上有黑线绘制的网格纹，甲长至膝上，以黑线绘有甲片、护镜，腰束黑带。下着袴褶，脚尖外露。右手握空拳下垂，原持物不存。左手按盾牌，盾牌中央起脊，正中为一面目狰狞之兽首。俑身隐约可见白色底彩，之上再施橘红色彩。俑高33.2、宽11、厚7.5厘米。（图七八；彩版一四，3）

标本 M4：20，体形高大，形象威武、雄健。头戴兜鍪，兜鍪脊明显，前有冲角，两侧护耳下垂至颈，护耳处钉有圆形甲泡。长方脸，倒八字利剑眉，环眼，隆准，阔口，唇微启。身穿甲，颈部有圆形立领护颈，肩有披膊，胸前与后背各有一对椭圆形圆护，腰束带，甲长至膝上。下着袴褶，脚蹬黑色圆头鞋。俑右手握空拳下垂，原持物不存。左手拿盾牌，盾牌中央起脊，正中为兽首，兽首面目狰狞，隐约可见所涂白色底彩，之上再施有橘红色彩。衣领、腰带、护镜施有朱红色彩，彩绘脱落严重，依稀可见。俑高33.2、宽11、厚8厘米。（图七九；彩版一五，3）

2. 小冠俑　36件。立姿。依据陶质陶色和制作方式的差异，可分二型：

A型　16件。其中4件残甚，失俑头。皆泥质灰陶。半模制作，背平，实心。头戴小冠，五官做细微修整，表施彩绘，仅以彩绘描画出冠服的背部形态。又结合服饰和手势差异可分两个亚型。

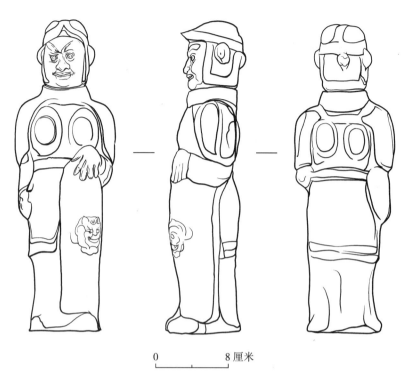

0 ⊢———⊣ 8厘米

图七九　B型镇墓武士俑（M4∶20）

Aa型　7件。均头戴小冠，身着交领广袖长袍，腰束带。两手交握于下腹前。

标本M4∶79，头戴小冠，冠前有扁方簪，以作固冠之用。脸形方圆，五官清晰，隆准，阔耳，面带微笑，目视前方，表情自然。上身着交领左衽广袖长袍，领口低开，腰束宽带，足履圆头外露。双手拢于袖中，置于下腹前，左、右手腕处各有一圆孔，原应有物插设其间。通体施白色底彩，正、背长袍均施朱红色彩，色彩略脱落，背部保存较好。高14.4、宽4.5、厚2.5厘米。（图八〇，彩版一六，3）

标本M4∶83，头戴小冠，冠前有扁方簪。脸形方圆，五官清晰，卧眉，长眼，高鼻梁，大耳，口涂红彩，面带微笑。上身着交领左衽广袖长袍，领口低开，腰系宽带，脚蹬圆头履。双手拢于袖中，置于下腹前，左、右近肘部各有一不贯穿的圆孔，原应有物插设其间。通身彩绘几失，唯余斑驳橘红色彩绘于袍服间，背部色彩脱落不存。高14.7、宽4.5、厚2.5厘米。（图八一；彩版一六，4）

标本M4∶128，头戴小冠，冠前有扁方簪。脸形方圆，以黑线绘有粗弯眉、细长眼，高鼻，大耳，口涂红彩，嘴角上扬，略带微笑。身着交领左衽广袖长袍，领口低开，露出胸腔，腰间系带，足尖外露。双手合拢于袖中，置于下腹前，左、右肘部各有一不贯穿的孔，原应有物插设其间。手、颈、面部施有粉彩，袍服正、背均施橘红色彩。高15、宽4.5、厚2.5厘米。（图八二；彩版一六，5）

Ab型　9件。均头戴小冠，身穿交领短襦，腰间系带，下着大口袴，膝部系缚。双臂握拳对置曲于胸前。

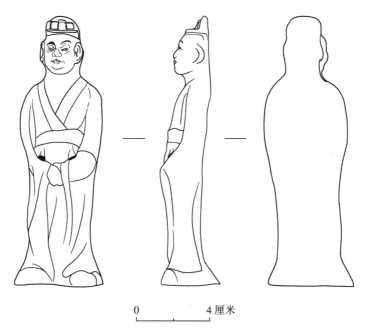

0 ——————— 4厘米

图八〇　Aa 型小冠俑（M4：79）

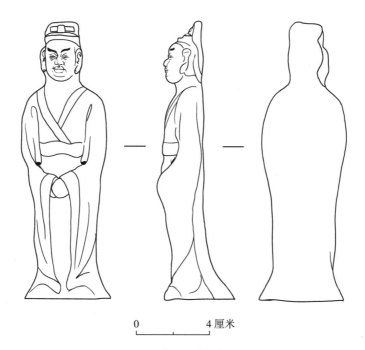

0 ——————— 4厘米

图八一　Aa 型小冠俑（M4：83）

　　标本 M4：56，头戴小冠，冠前有扁方簪。方额圆脸，弯眉，圆眼，隆准，丰唇，头微右倾。身穿交领左衽短褶，腰间系带，下着大口袴，膝部系缚，脚穿圆头鞋。双手握拳对置曲于胸前，手中有一不贯穿的孔，原持物不存。手、颈、脸部彩绘尽失，唯见短褶施红彩。高 15.6、宽 4.5、厚 2.5 厘米。（图八三；彩版二〇，3）

　　标本 M4：75，头戴小冠，冠前有扁方簪。方额圆脸，弯眉，圆眼，隆准，丰唇。身穿

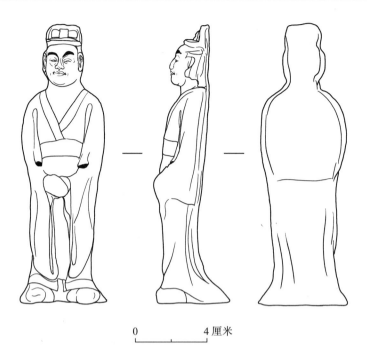

0 ――――――― 4厘米

图八二　Aa 型小冠俑（M4：128）

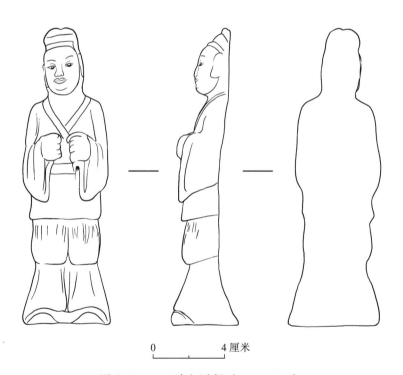

0 ――――――― 4厘米

图八三　Ab 型小冠俑（M4：56）

交领左衽短褶，腰间系带，下着大口裤，膝部系缚，脚穿圆头鞋。双手握拳对置曲于胸前，手中有一不贯穿的孔，原持物不存。彩绘尽失，灰胎外露，仅嘴唇和领口处隐约可见残余的红彩。高 14.6、宽 4.5、厚 2.5 厘米。（图八四；彩版二〇，4）

　　标本 M4：134，头戴小冠，冠前有扁方簪。方额圆脸，弯眉，圆眼外凸，隆准，丰唇，

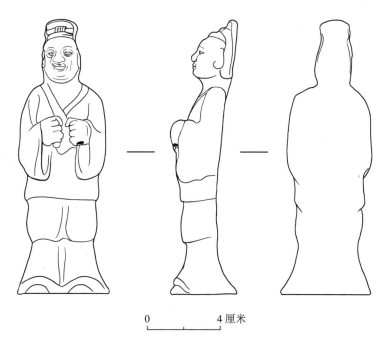

图八四　Ab 型小冠俑（M4∶75）

头微右倾。身穿红色交领左衽短褶，腰间系带，下着大口袴，膝部系缚，脚穿圆头鞋。双臂握拳对置曲于胸前，手中有一不贯穿的孔，原持物不存。侧观身形略后仰。色彩大多脱落，唯小冠及短褶绘红彩。高 15、宽 4.5、厚 2.5 厘米。（图八五；彩版二〇，5）

　　按：王国维《胡服考》曰："案袴褶即戎衣，兹别袴褶与戎衣为二者，盖自魏以来，袴褶有大口小口二种，隋时殆以广袖大口者为袴褶，窄袖小口者为戎衣，否则无便不便之可言矣。"[1] 斯言得矣。隋唐之世，盖以广袖大口为袴褶，而以窄袖小口为戎衣（即古袴褶），名同实异，古是今非，所以隋唐仪卫之官，多着大口袴，隋"左右卫……大将军，侍从则平巾帻，紫衫，大口袴褶……"[2] 以此类推，盖上文所言之 Ab 型小冠俑即具有仪卫性质的戎服，其身份也是兵士无疑，前文 M9 出土小冠袴褶俑与此同。

　　B 型　20 件。皆泥质红陶，合模制作。五官细微修整，烧制后着色彩绘。背部虽保留了A 型俑背部平坦的特征，然而已经有模刻的冠服式样，不纯以彩绘方式描摹。又结合服饰和手势差异进一步细分为两个亚型。

　　Ba 型　9 件。均头戴平帻小冠，身着及膝广袖短袍，腰束带，广袖贴于身两侧。两手拱举于胸腹之间，作俯首垂视状。

　　标本 M4∶11，体修长。头戴红色平帻小冠。脸形丰腴，面容清秀，弯眉，细长眼，高鼻梁，小嘴厚唇。上身内穿白色圆领衣，外着红色广袖及膝短袍，腰系博带，下着裳，脚着圆头履。双手拱举于胸腹之间，手中有一孔，原持物不存。脸部色彩剥落较甚，袍服施朱红色彩。通

－－－－－－－－－－

[1] 王国维：《观堂集林》卷二十二《胡服考》，第 1069 页，中华书局，1961 年。
[2]［唐］魏徵等撰：《隋书》，第 71 页，中华书局，1973 年。

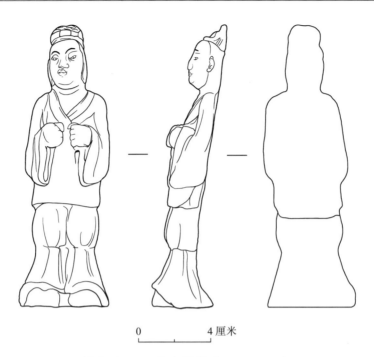

0 —— 4 厘米

图八五　Ab 型小冠俑（M4：134）

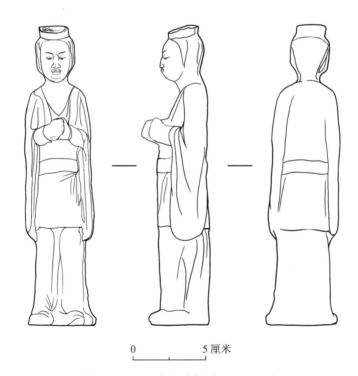

0 —— 5 厘米

图八六　Ba 型小冠俑（M4：11）

高 19.8、宽 4.5、厚 4.5 厘米。（图八六；彩版一九，1）

标本 M4：40，体修长，身稍前倾。头戴平帻小冠。脸形丰腴，弯眉，细长眼，隆准，阔耳，丰唇。上身内穿红色圆领衣，外着红色广袖及膝短袍，腰系博带，下着裳，脚穿黑色

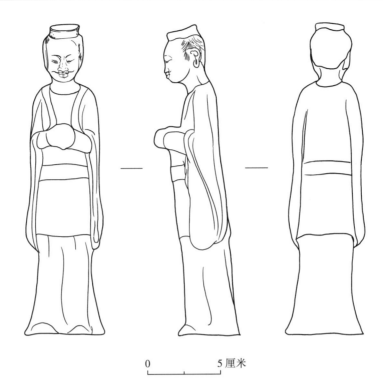

0　　　　　5厘米

图八七　Ba 型小冠俑（M4：40）

圆头履。双手拱举于胸前，手中有一圆孔，原持物不存。色彩尽皆剥落，冠、服个别部位隐约可见朱红色彩。高 20.8、宽 4.5、厚 4.5 厘米。（图八七；彩版一九，2）

　　标本 M4：96，体修长。头戴黑色平帻小冠。脸形丰腴，隆准，阔耳，丰唇。上身内着红色圆领衣，外着广袖及膝短袍，腰间系博带。下着裳，脚蹬圆头履。双手拱举于胸前，手中有孔，原持物不存。彩绘脱落严重，正面色彩仅依稀可见，背部可观察到冠、袍施朱红色彩。高 21.2、宽 4.5、厚 4.3 厘米。（图八八；彩版一八，2）

　　Bb 型　11 件。均头戴小冠，小冠与 Ba 型相比略有差异，冠前低后高的坡度略大。身着广袖圆领短袍，广袖当胸，垂于胸、膝之间，下着裳，脚穿黑色圆头鞋。双手拢于袖中，交抱于胸前。作俯首垂视状。

　　标本 M4：13，体修长，侧看身形稍前倾。头戴小冠。脸庞丰腴，长眼，隆准，丰唇，表情恭敬，略带庄严。身着红色广袖交领长袍，袍长及膝，下穿曳地裳，脚蹬尖头履。双手合抱于胸前，细观之，右袍袖略挡于左袍袖之前，左腕处有一不贯穿的孔，原持物不存。冠、袍均施朱红色彩，余皆脱落失色。高 15.4、宽 4、厚 3 厘米。（图八九；彩版一七，2）

　　标本 M4：28，体修长。头戴平帻小冠。方颐广额，长眼，隆准，丰唇，面部表情肃穆庄严。身着红色交领广袖袍，袍长及膝，下穿曳地裳。双手拢于袖内，合抱于胸前，左臂弯处有一插孔，原持物不存。冠服施朱红色彩，广袖边隐约可见橘红色彩。高 17、宽 4、厚 3 厘米。（图九〇；彩版一七，3）

　　标本 M4：120，头戴小冠。方颐广额，长眼，隆准，丰唇，表情安详庄重。身着红色

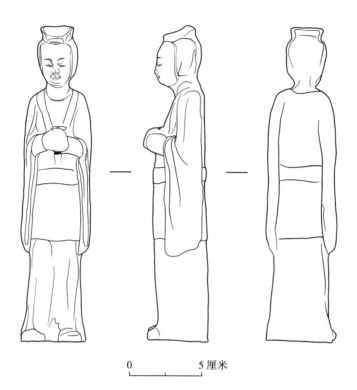

0　　　　　5厘米

图八八　Ba 型小冠俑（M4 ∶ 96）

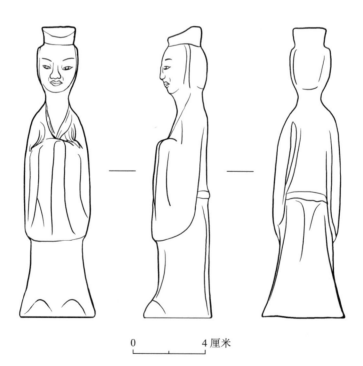

0　　　　　4厘米

图八九　Bb 型小冠俑（M4 ∶ 13）

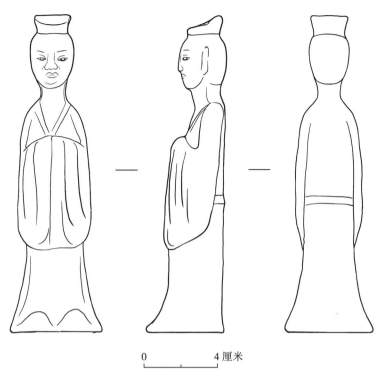

图九〇　Bb 型小冠俑（M4：28）

广袖交领长袍，袍长及膝，下穿曳地裳，鞋尖外露。双手合抱于胸前，右手袍袖略挡于左手之前，左腕处有一孔，原持物不存。冠、袍施朱红色彩，袍边隐约可见橘红色彩，左脚处可见黑线勾画的履头。高 15.6、宽 4、厚 3 厘米。（图九一；彩版一八，1）

3. 大冠俑　2 件。立姿。皆泥质红陶。合模制作。先修整烧制，再着色彩绘。

标本 M4：26，头戴介帻大冠，冠顶较高，覆盖整个头顶。长圆脸，五官漫漶不清，细观隐约可见。弯眉，长眼，高鼻，丰唇，面部祥和。身着交领右衽广袖长袍，广袖长垂至膝，下着大口袴，履头外露，左脚履头残损。双手交握于胸腹间。通体失彩较甚，仅交领处隐约可见残余的红彩。背视，则冠、带、袍轮廓清晰，冠背面呈倒梯形。高 17、宽 4.5、厚 3.5 厘米。（图九二；彩版二八，3）

标本 M4：27，头戴介帻大冠，冠顶较高，覆盖整个头顶。方额圆脸，面微颔，五官清晰，弯眉，长眼，高鼻，丰唇，嘴角上翘。身着交领右衽广袖长袍，广袖长垂至膝，下着大口袴，圆头足履外露。双手交握于胸腹间，中有插孔，原持物不存。通体失彩。背视，则冠、带、袍轮廓清晰，冠背面呈倒梯形，冠下可见黑色发饰。高 17、宽 4.5、厚 3.5 厘米。（图九三；彩版二八，4）

4. 风帽俑　20 件。立姿。依据陶质陶色和制作方式的差异，可分二型：

A 型　10 件。皆泥质灰陶。半模制作，平背。烧制成品后表施彩绘，个别保存较好的可以观察到背部以彩绘描绘出的冠服形态。又以风帽和袍服形制差异，可细分为两个亚型：

Aa 型　6 件。均头戴帽屋低平的风帽，上身着交领广袖长袍，腰束带，下穿袴褶。

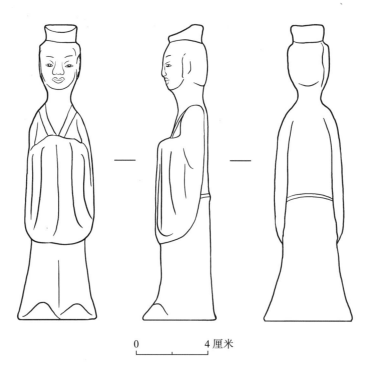

0 ————— 4厘米

图九一　Bb 型小冠俑（M4 ： 120）

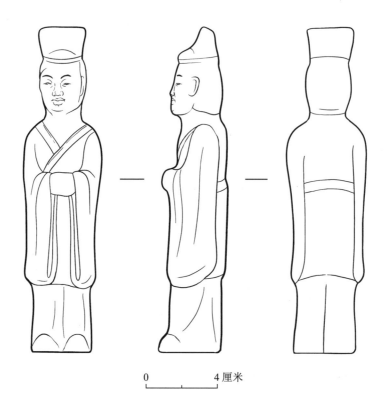

0 ————— 4厘米

图九二　大冠俑（M4 ： 26）

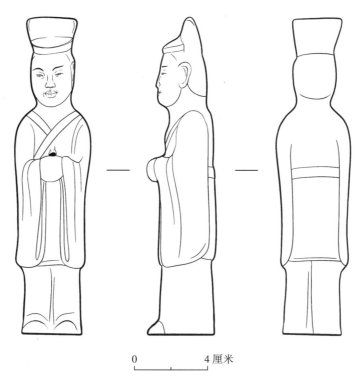

0　　　　　4厘米

图九三　大冠俑（M4：27）

　　标本 M4：73，体态壮硕。头戴红色风帽，帽屋低平。脸形方圆，卧眉，大眼，隆准，丰唇，口微张，作微笑状。上身着红色交领左衽广袖长袍，袍长及膝，腰束带，下穿袴褶，履头外露。双手曲肘握拳置于腹两侧，手中有孔，原持物不存。帽袍正、背均施朱红色彩。高 14.5、宽 4.5、厚 2.5 厘米。（图九四；彩版二二，1）

　　标本 M4：101，头戴红色风帽，帽屋低平。方圆脸，五官清晰，以黑线勾绘出眉眼，口涂红彩。身着交领红色广袖袍，领口低开，胸膛外露，袍长及膝，腰系带，下穿袴褶，履头外露。双手曲置于腹两侧，右手中有孔，左手残缺。整体色彩剥落较甚，脸部粉彩隐约可见，打底白彩外露，帽袍正、背均施红彩。高 14.2、宽 4.5、厚 2.5 厘米。（图九五；彩版二二，2）

　　标本 M4：102，头戴红色风帽，帽屋低平。方圆脸，五官清晰，黑线勾绘浓弯眉，长眼，阔鼻，面带微笑。身着交领红色广袖袍，领口低开，胸膛外露，袍长及膝，腰系带，下穿袴褶，履头外露。双手曲置于腹两侧，右手中有孔，左手残缺。脸部因粉彩剥落而斑驳，帽袍正、背均施红彩。高 14.2、宽 4.5、厚 2.5 厘米。（图九六；彩版二二，3）

　　Ab 型　4件。其中 1 件残缺俑头。头戴风帽，高帽屋圆顶。

　　标本 M4：63，头戴风帽，帽屋高圆，帽前有宽折边。方圆脸，五官清晰，浓眉，大眼，高鼻，丰唇。目视前方，神情专注。身着红色圆领长袍，披翻领外套，腰系带，下着大口袴，脚蹬尖头鞋。双手握空拳置于胸前，原持物不存，左拳残损。失彩较甚，可见长袍原施橘红色彩。高 14.6、宽 5、厚 2.5 厘米。（图九七；彩版二四，1）

　　标本 M4：74，头戴风帽，帽屋高圆，帽前有折沿。长圆脸，五官清晰，弯眉，大眼，

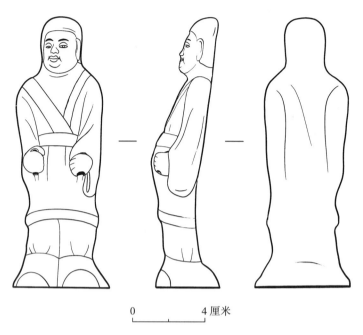

图九四　Aa 型风帽俑（M4：73）

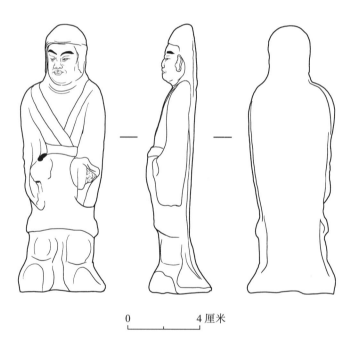

图九五　Aa 型风帽俑（M4：101）

高鼻梁，口涂红彩。身着红色圆领长袍，披翻领外套，腰系带，下着大口裤，脚蹬尖圆头鞋。双手握拳置于胸前，右手残损，手中有孔，原持物不存。通体施有白色底彩。彩绘大部分脱落，仅可见长袍彩绘的橘红色彩。高16、宽5、厚2.5厘米。（图九八；彩版二三，6）

　　B 型　10件。皆泥质红陶。合模制作。修整烧制后上色彩绘。

　　标本 M4：34，头戴红色风帽，帽披上翻于脑后。头微低，圆脸，五官清晰，弯眉，

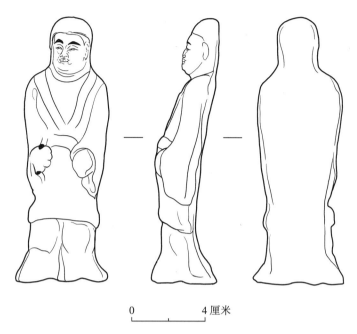

0 ⊢——⊣ 4厘米

图九六　Aa 型风帽俑（M4 ： 102）

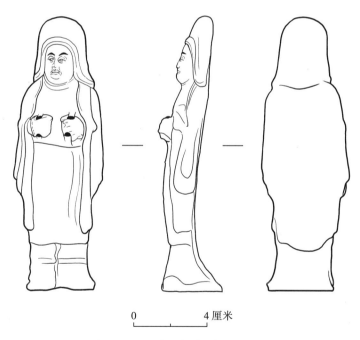

0 ⊢——⊣ 4厘米

图九七　Ab 型风帽俑（M4 ： 63）

细长眼，目垂视，高鼻，阔口。身着外翻交领长袍，袍长及膝，腰束带，下穿大口裤，裤脚搭至脚面，黑色圆头足履外露，足尖可见有残留的红彩。左手下垂紧贴身侧，右手曲置于腹前，手中有孔，原持物不存。彩绘剥落殆尽。高 17.5、宽 5.5、厚 4.5 厘米。（图九九；彩版二五，4）

标本 M4 ： 41，头戴红色风帽，帽披上翻于脑后。头微低，圆脸，五官清晰，弯眉，细

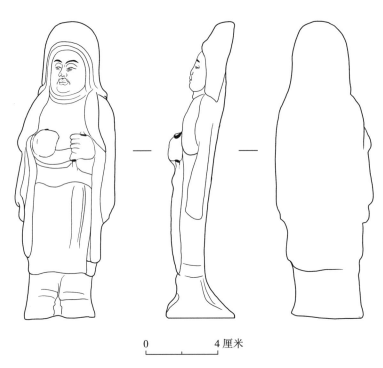

0　　　　4厘米

图九八　Ab 型风帽俑（M4 ： 74）

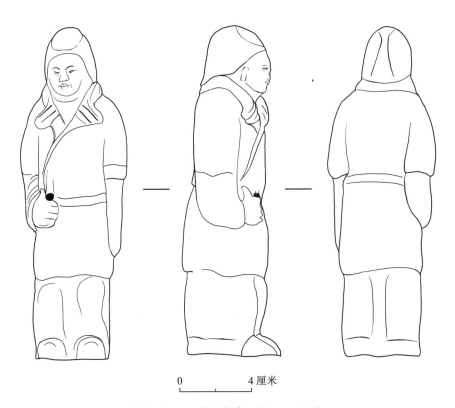

0　　　　4厘米

图九九　B 型风帽俑（M4 ： 34）

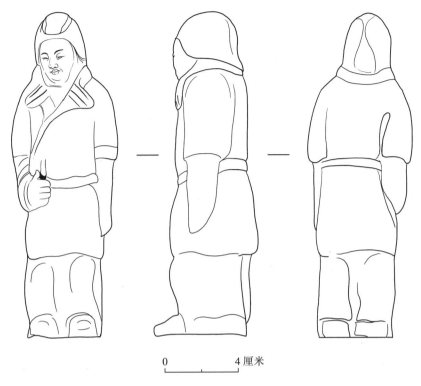

0　　　4厘米

图一〇〇　B 型风帽俑（M4：41）

长眼，目垂视，高鼻，阔口。身着外翻交领长袍，袍长及膝，腰束带，下穿大口裤，裤脚搭至脚面，圆头足履外露。左手下垂紧贴身侧，右手曲置于腹前，手中有孔，原持物不存。原彩绘剥落殆尽，可见风帽、眉眼、长袍分别残留有朱红色、黑色、橘黄色彩绘。高 17.6、宽 5.4、厚 4 厘米。（图一〇〇；彩版二五，1）

5. 笼冠俑　13 件。立姿。依据陶质陶色和制法的差异可分为二型：

A 型　3 件。皆泥质灰陶。半模制作，背部修平。烧成后再彩绘上色。

标本 M4：72，头戴长方形笼冠，冠下可见平巾帻颜题。方额圆脸，五官清晰，弯眉，大眼，高鼻，丰唇。上身内着圆领衫，外着交领左衽广袖袍，领口有同色襕边，袍长及膝，腰束带，下着曳地大口裤，足蹬圆尖头鞋。双手曲置握拳于腹前，手中有孔，原持物不存。左手、左脚残缺露出灰胎，颜色剥落较甚，袍服的红彩尚余。高 15、宽 4.5、厚 2.7 厘米。（图一〇一；彩版二六，1）

标本 M4：123，头戴长方形黑色笼冠，冠下可见平巾帻颜题。面庞丰腴，五官端正，弯眉，大眼，隆准，厚唇。内着圆领衫，外穿交领左衽广袖袍，袍长及膝，腰束带，下穿曳地大口裤，脚蹬圆尖头鞋。双手曲置握拳置于腹前，手中有孔，原持物不存。高 15.2、宽 4.2、厚 2.8 厘米。（图一〇二；彩版二六，2）

标本 M4：125，头戴长方形笼冠，冠下可见平巾帻颜题。脸庞丰润，弯眉，大眼，隆准，丰唇，略带微笑。身着红色左衽广袖袍，袍长及膝，领口有襕边，下穿曳地大口裤，尖圆足履外露。双手曲置握拳置于腹前，手中有孔，原持物不存。脸、手、冠、裳失色，仅见广袖

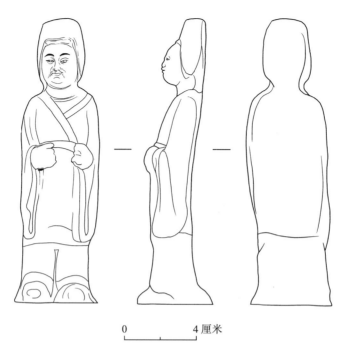

0　　　　4厘米

图一〇一　A型笼冠俑（M4：72）

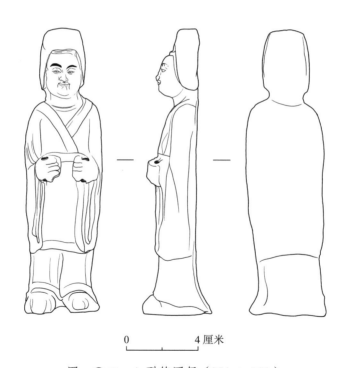

0　　　　4厘米

图一〇二　A型笼冠俑（M4：123）

袍施有红彩。高15、宽4.5、厚2.7厘米。（图一〇三；彩版二六，3）

　　B型　10件。皆泥质红陶。合模制作，背部有模刻雕塑的冠、服、流苏、腰带等。

　　标本M4：58，头戴长方形笼冠，冠下可见平巾帻颜题。面庞丰盈，五官清秀，柳眉，凤眼，目视前下方，鼻梁高挺，丰唇微抿。体形瘦高。上身内穿圆领衣，衣下缘垂饰流苏，流苏下

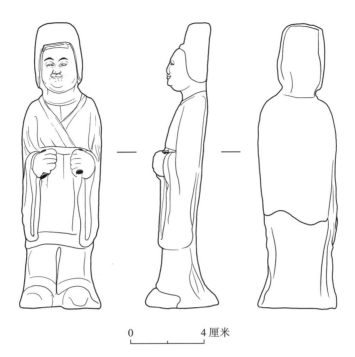

图一〇三　A 型笼冠俑（M4：125）

有两"圭"形头束带下垂，外着广袖长领衫，腰系博带，下着裳，圆头履出大口袴。右手叠压在左手之上，双手拱握于胸前，右侧手腕处有一圆孔，原持物不存。失彩较重，可见笼冠、眉毛、眼以黑色绘制，广袖长领衫呈朱红色。高 19.2、宽 4.5、厚 3.5 厘米。（图一〇四；彩版二七，1）

标本 M4：107，头戴黑色长方形笼冠，冠下可见黑色平巾帻颜题。面庞丰盈，五官清秀，柳眉，凤眼，目视前方，鼻梁高挺，丰唇微抿。体形瘦高。上身内穿圆领衣，衣下缘垂饰流苏，流苏下有两"圭"形头束带下垂，外着广袖长领衫，腰系博带，下着裳，圆头履出大口袴。双手似拱抱某物于胸前，右侧手腕处有一圆孔，原持物不存。背部模刻的冠服、腰带、流苏俱全，惜色彩剥落严重，可见笼冠着黑色，广袖长衫呈朱红色。高 19.5、宽 4.5、厚 3.5 厘米。（图一〇五；彩版二七，3）

标本 M4：119，头戴黑色长方形笼冠，冠下可见黑色平巾帻颜题。面庞丰润，五官清秀，柳眉，凤眼，目视前方，鼻梁高挺，嘴微抿。体形高瘦，身略前倾。上身内穿圆领衣，衣下缘垂饰流苏，流苏下有两"圭"形束带头下垂，外着广袖长领衫，腰系博带，下着裳，圆头履出大口袴。右手叠压于左手上，右侧手腕处有一圆孔，原持物不存。背部模刻的冠服、腰带、流苏俱全。色彩脱落，可见笼冠绘黑色，广袖长衫呈朱红色，有余彩。高 19.5、宽 4.5、厚 3.5 厘米。（图一〇六；彩版二七，2）

6. 胡人俑　1 件。

标本 M4：100，立姿。泥质灰陶。半模制作，平背，实心。头戴方帽，狭面，眉弓凸起，眼窝深陷，双眼前视，高窄鼻梁，双唇紧闭，下巴前凸，面貌迥异于蒙古人种外貌特征。身

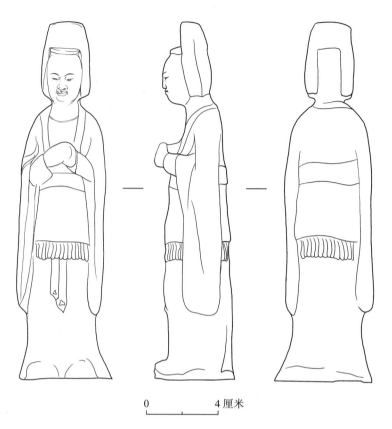

0　　　　4厘米

图一〇四　B型笼冠俑（M4：58）

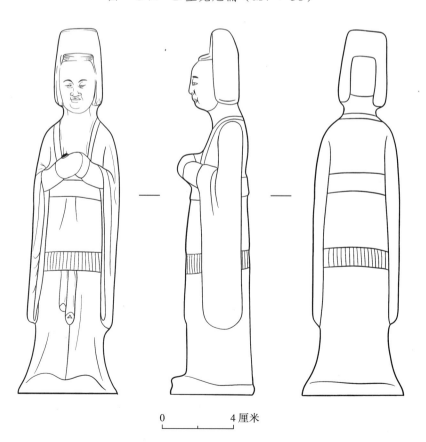

0　　　　4厘米

图一〇五　B型笼冠俑（M4：107）

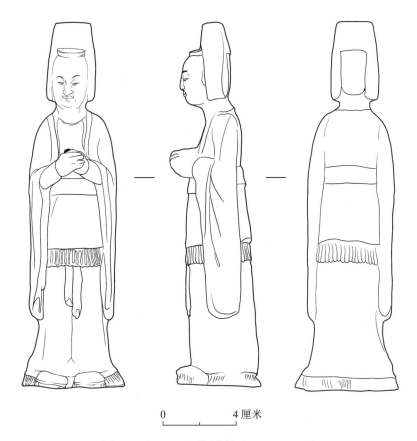

0　　　　4厘米

图一〇六　B 型笼冠俑（M4：119）

穿圆领窄袖长袍，袍长及足面，袍下摆有宽边，腰系带，脚蹬圆头鞋。右手曲置于右腹侧，左手曲置于胸前，作牵引状。高 12.8、宽 4.5、厚 2.8 厘米（图一〇七；彩版三〇，2）。

7. 笼冠骑马俑　3 件。其中 1 件缺失俑头。皆泥质红陶。合模制作。形制相同。

标本 M4：46，骑者跨乘于马上，头戴黑色长方形笼冠，冠下可见平巾帻颜题。面容丰腴，五官清秀，弯眉，凤眼，隆准，小嘴，唇涂红彩。内穿圆领衫，身着红色交领广袖长袍，广袖飘垂于两侧，腰系博带，脚穿靴。双手合拱于胸前。马低首弓脖，嘴微张，圆目，双耳直立。络头、鞍鞯、鞦带俱全。宽尾部分有刻划的细纹。马站于长方形踏板上。整体彩绘脱落严重。马体长 21、通高 27 厘米。（图一〇八；彩版三九，3）

标本 M4：57，骑者冠服同于标本 M4：46，整体彩绘脱落严重，仅可见笼冠上的白、黑彩与袍服上残留的红彩。马体长 21、通高 27 厘米。（图一〇九；彩版三九，4）

8. 奏鼓骑马俑　8 件。皆泥质红陶。合模制作，人与马分制后黏合，背部修整。烧制后上色。形制略同，唯骑手的左手手势高低、面部表情稍有区别，两种不同手势俑各 4 件。此类俑应是奏鼓的骑马俑，皆隋代风格。

标本 M4：22，骑手身体壮硕，跨乘于马上，身形略向左斜。头戴风帽，帽披长及肩背。五官清晰可见，形象逼真，方额圆脸，眉脊明显，高鼻，丰唇，目视前方，表情平和严肃。上身穿交领左衽窄袖袍，外套红色广袖斜襟露肩及膝袍，足蹬靴。右手持物高举过头顶，左

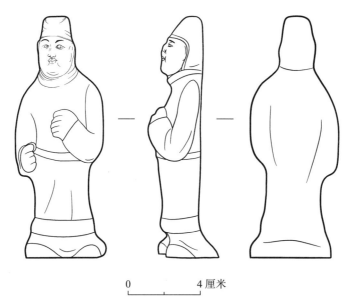

0　　　　4厘米

图一〇七　胡人俑（M4∶100）

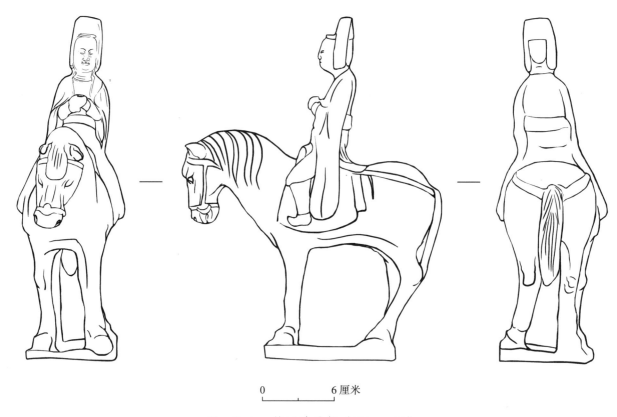

0　　　　6厘米

图一〇八　笼冠骑马俑（M4∶46）

手曲置前伸于左肋间，双手原持物不存，仅见残朽铁芯。左股有圆形小插孔。风帽、斜襟长袍施红彩，黑线描绘出骑手的须眉。马低首弓脖，方唇大口，披鬃。络头、鞍鞯俱全。宽尾下垂，前腿直，后腿弯曲，固定于长方形踏板上。可见黑线绘出络头、鞦带等，惜马身彩绘

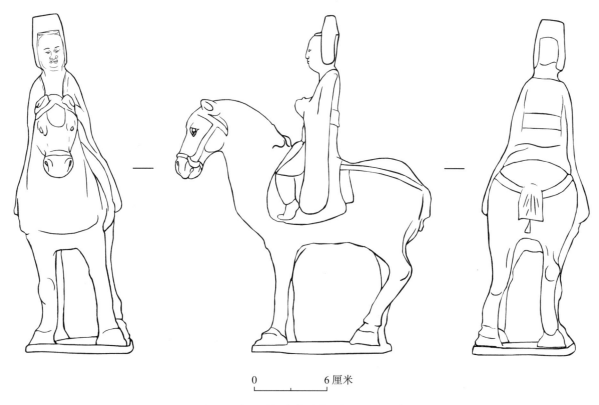

图一〇九　笼冠骑马俑（M4：57）

大部分脱落。马体长 20.4、通高 23.7 厘米。（图一一〇；彩版三六，1）

标本 M4：49，冠服、身形、手势同于标本 M4：22，唯左手残缺。骑者的面部表情略显生动，面带微笑，目视前方。冠服朱红色彩较鲜艳，左侧长靴黑色隐约可见。马体长 20、通高 23.8 厘米。（图一一一；彩版三六，2）

标本 M4：24，骑者跨乘于马上，头戴风帽，头微扬，身形稍后倾。五官清晰，脸形稍显瘦长，弯眉，圆眼，塌阔鼻，嘴微抿。身着白色圆领窄袖襦衫，外套广袖斜襟露肩及膝袍，足蹬靴。右手握物，曲臂上举齐眉。左臂弯曲，握拳于左肩旁，手中持物不存，仅余残朽铁芯。左股有一圆形插孔。马直立弓脖，方唇大口，圆目，披鬃。络头、鞍鞯俱全。宽尾，尾部分残缺，前腿直立，后腿微曲，固定于长方形踏板之上。以黑线绘出络头、鬃毛、鞍鞯、鞦带，彩绘大部分脱落，唯骑者袍可见红色彩绘。马体长 20.4、通高 25.5 厘米。（图一一二；彩版三六，3）

标本 M4：29，帽服、身形、手势同于标本 M4：24。骑手跨乘于马上，头戴红色风帽，身着圆领窄袖襦衫，外套红色广袖斜襟露肩及膝袍。右手残缺。白色马首处以朱红色彩点饰马额、马鬃及马脖，以黑线绘出络头、鬃毛、鞍鞯、鞦带等。马体长 20.7、通高 24.9 厘米。（图一一三；彩版三六，4）

9. 具装甲骑马俑　13 件。依据陶质陶色和制法的差异可分为二型：

A 型　5 件。皆泥质灰陶。骑马武士和马分制，然后黏合在一起。其中武士采用半模

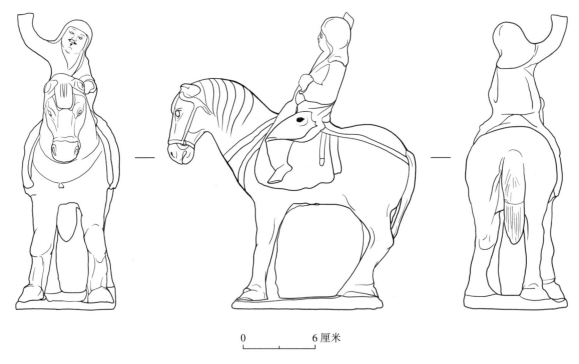

0　　　　　6厘米

图一一〇　奏鼓骑马俑（M4：22）

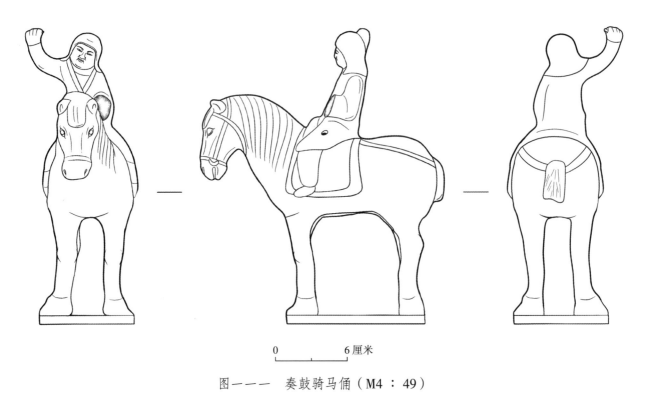

0　　　　　6厘米

图一一一　奏鼓骑马俑（M4：49）

制作。背部扁平，实心，无模刻工艺。马则采用合模制作。烧制完成后彩绘武士甲胄和马甲等。

　　标本 M4：60，武士跨乘马上，头戴兜鍪，顶部有凸起圆缨，顿项及肩，兜鍪冲角覆盖眉心。五官清晰，面施粉彩，弯眉，圆眼，大眼泡，高阔鼻，口涂红彩。上身着红色窄袖衫，

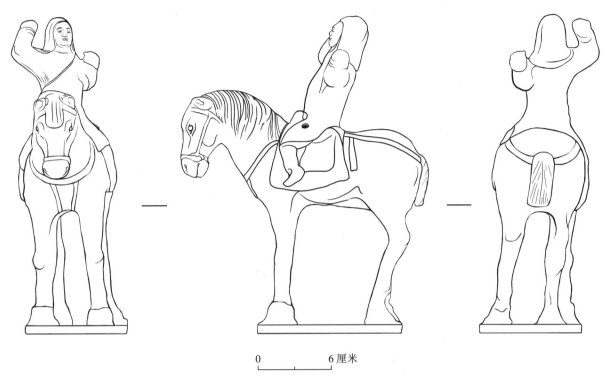

0　　　　6厘米

图一一二　奏鼓骑马俑（M4：24）

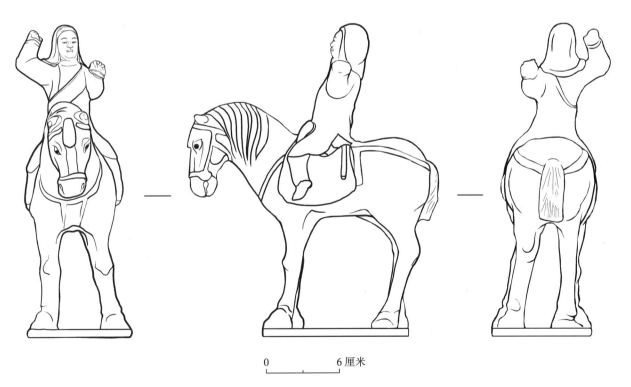

0　　　　6厘米

图一一三　奏鼓骑马俑（M4：29）

外罩红色甲衣，甲衣分为披膊、身甲、裙甲三部分，披膊仅护肩及上臂，双层明显，身甲为无袖及膝袍，下身着袴，足履隐约可见。双手曲置两肋，右手中有穿孔，作持缰状。马作站姿，头小体肥，颔首，嘴微张，双耳直立，四肢粗壮，宽缚尾下垂。马项上有连弧边护颈，鞍鞯俱全。马腹下缘、四肢施有红彩。彩绘仅存少部分，依稀可见。马体长 20.1、通高 22 厘米。（图一一四；彩版三七，4）

标本 M4：86，武士甲胄和马甲外形同于标本 M4：60。色彩剥落严重，人物面目漫漶，面施粉彩，唇涂红彩。兜鍪、马甲下部、马腿等部依稀可见残余有红彩。从失彩的马首和马身结合处的合模缝观察，马首、马脖当是独自模制后和马身结合在一起的。马体长 19.2、通高 22 厘米。（图一一五；彩版三八，2）

B 型　8 件。皆泥质红陶。骑马武士腹部以上和马首分制，然后和包含武士下部的马身黏合在一起，抹平修整。其中武士采用半模制作，背部削平修整，马则采用合模制作，烧制完成后对武士甲胄和马甲等进行彩绘。又因武士左、右手位置、造型不同可细分为二亚型：

Ba 型　1 件。

标本 M4：25，武士跨乘于马上，身形稍右倾。头戴兜鍪，顶部有凸起圆缨，兜鍪前额正中冲角。长圆脸，五官清晰，弯眉，细眼，隆准，丰唇。身着圆领窄袖紧身衣，外罩甲，肩有披膊，腰间系带，下身着过膝长袍，脚穿长靴于马镫内。右手曲置紧贴于右胸前，左手曲置紧贴于左腹前，右手中空，原持物不存。马立姿，颔首曲颈，张嘴似作嘶鸣状。颈上有披护，身着护甲，护甲上置鞍桥、马镫。缚尾，腿站于方形踏板上。可见黑线描出长方形甲片。马体长 23.7、通高 27.3 厘米。（图一一六；彩版三八，1）

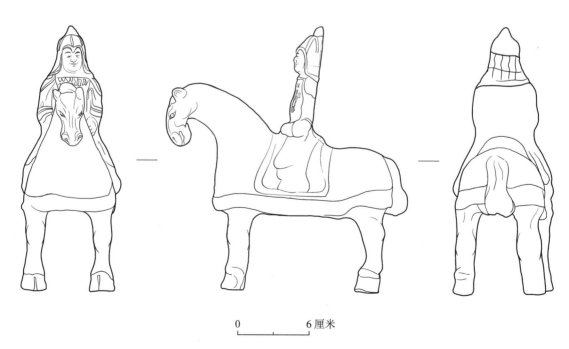

0　　　6厘米

图一一四　A 型具装甲骑马俑（M4：60）

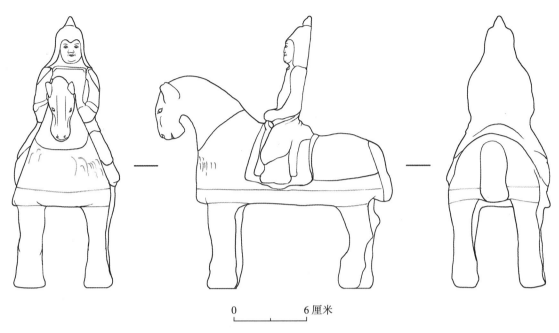

0　　　　6厘米

图一一五　A 型具装甲骑马俑（M4 ：86）

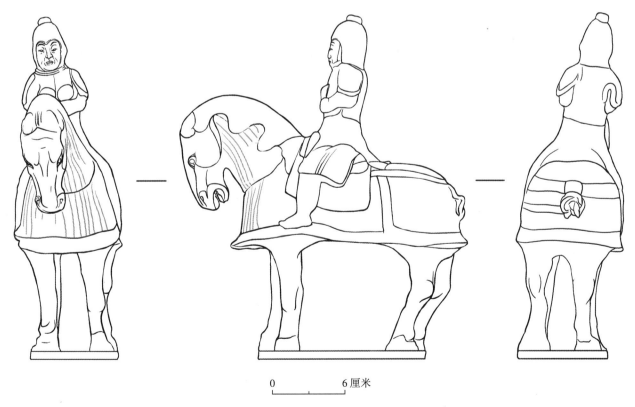

0　　　　6厘米

图一一六　Ba 型具装甲骑马俑（M4 ：25）

Bb 型　7 件。

标本 M4：10，武士跨乘于马上，头戴兜鍪，顶部有凸起圆缨，兜鍪冲角护住前额正中。长圆脸，五官清晰，弯眉，细眼，高鼻，丰唇。身着圆领窄袖紧身衣，外罩甲，肩有披膊，腰束带，下身着过膝长袍，脚穿长靴置于马蹬内。双手握空拳曲肘对置于腹前，原持物不存。马立姿，额首曲颈，双目圆睁，张嘴似作嘶鸣状。颈、身均有护甲，护甲上置鞍桥、马蹬。缚尾，腿站于方形踏板上。彩绘脱落殆尽，仅马颈部护甲依稀可见朱红色彩。马体长 21.3、通高 27 厘米。（图一一七；彩版三八，3）

标本 M4：19，形制同于标本 M4：10。武士跨乘于马上，人与马身形微左侧。双手握空拳曲肘对置于腹前，原持物不存。马腿残损，修复完整。彩绘脱落殆尽，唯马颈部护甲朱红色彩依稀可见。马体长 21、通高 27.5 厘米。（图一一八；彩版三八，4）

10. 劳作俑　3 件。皆泥质灰陶。半模制作，平背如削。制成后着色彩绘。劳作形态各异，可见有踏碓、持箕、侍火等形态。

踏碓俑　1 件。

标本 M4：136，立姿，头梳平云髻，应为女性。五官漫漶不清，隐约可见高额圆脸，弯眉，细眼，高鼻，小嘴。身着交领右衽广袖长袍，胸微袒露。左手似作提袍状，下露袴履，左腿抬起作踏碓状。右臂微曲而垂，手扶于大腿上，作扶膝状。造型自然动感。碓由架、杵、臼三部分构成，碓架与底板连为一体，底板近端有圆形臼窝，中置有碓杵，截面为方形，开

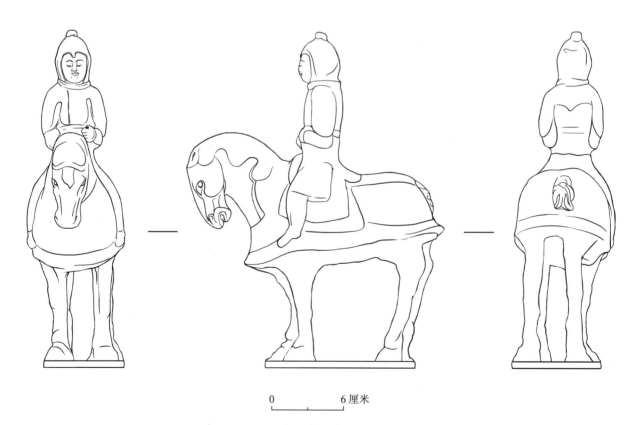

0 ——— 6 厘米

图一一七　Bb 型具装甲骑马俑（M4：10）

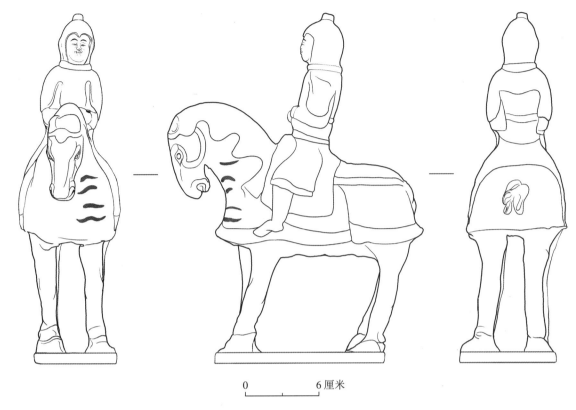

图一一八　Bb 型具装甲骑马俑（M4：19）

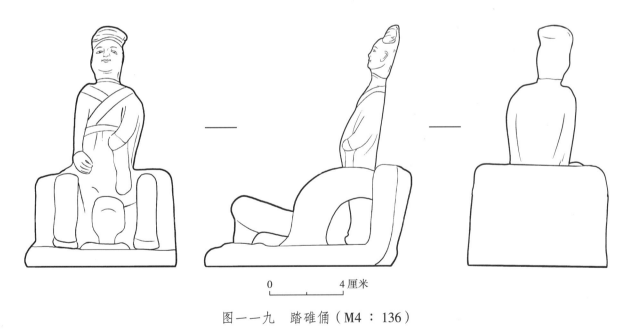

图一一九　踏碓俑（M4：136）

孔可装轴置于碓架活动，杵头作橄榄状。色彩大多脱落，仅长袍及碓架个别部位的红彩隐约可见。俑高 12.4 厘米，碓架高 5.4、宽 7.7、长 11.4 厘米。（图一一九；彩版三一，2）

持箕俑　1 件。

标本 M4：137，作踞坐状。隐约可见头梳平云髻，圆脸，五官漫漶不清。双手持簸箕，

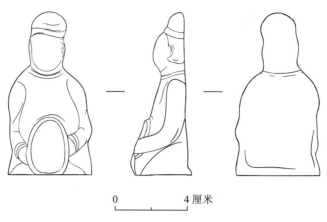

0　　　　4厘米

图一二〇　持箕俑（M4：137）

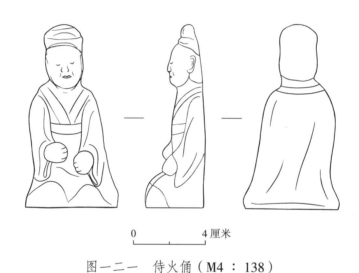

0　　　　4厘米

图一二一　侍火俑（M4：138）

置于身前。色彩尽失。高 8.6、宽 4.5、厚 3 厘米。（图一二〇；彩版三一，4）

侍火俑　1 件。

标本 M4：138，跽姿，头梳平云髻。方圆脸，五官模糊不清。身着交领广袖衫，领口低开。右手握姿，置于右腿腹之间，左手曲置于左腿上，较右手低。推测该俑当是烧火的劳作俑。通体失彩，隐约可见袍服尚有红彩。高 9.8、宽 5、厚 3.2 厘米。（图一二一；彩版三一，5）

二、陶镇墓兽

共 3 件。依据陶质陶色和卧、立姿的差异可分为二型：

A 型　1 件。

标本 M4：66，泥质灰陶。合模制作。如蛙趴卧姿。兽面，仰头，小圆眼，阔鼻如猪，大嘴开张，牙齿外露，大耳贴附。前肢曲置前伸，足有三趾爪。尾垂于下。色彩剥落严重，头部施红彩，背部自颈及尾饰 2 条橘黄色彩，并以黑线勾绘出鬃毛、胡须、双角等。体长

18、高 7.5、厚 9.2 厘米。（图一二二，1；彩版四〇，4）

B 型 2 件。1 件残缺头部。皆泥质红陶。合模制作。蹲坐状。

标本 M4：23，人面兽首，头顶独角，昂首傲视。五官清晰，长弯眉，细长眼，高鼻梁，小嘴丰唇。前肢残缺。如意尾贴身上翘。从缺损处观察，可见内壁有手指捺压痕迹。通体施白色陶衣为底，面、胸、臀、尾施黄色。高 25.5、宽 7、厚 9.5 厘米。（图一二二，2；彩版四〇，5）

标本 M4：35，头部残缺，推测应为兽面。前腿直立，后腿弯曲。如意尾贴身上翘。残高 23.4、宽 12、厚 10.5 厘米。（图一二二，3；彩版四〇，6）

三、陶塑家畜家禽

共 10 件。类型有骆驼、牛、马、羊、猪、狗、鸡。除骆驼为泥质红陶外，其余均为泥质灰陶。除一件猪为半模制作外，余皆为合模制作。

1. 骆驼 1 件。

标本 M4：33，泥质红陶。合模制作。通体施红彩，表面施白色陶衣。昂首直立，张口露齿，作嘶鸣状，双目圆睁，颈部呈"乙"字形弯曲。细长尾贴臀下垂，尾端向左上卷。双峰耸立，峰间两侧驮囊，囊下横放帐架，囊两侧有图案完全相同、方向相反的一组人物形象。主题图案具有浮雕意味，上有圆拱，圆拱上有一人物，光头，面前饰有花草异兽等图案，拱下有一枝叶。左、右两柱托起圆拱，柱头呈亚腰形，上饰连珠纹。柱间是一主二仆从的三个人物，居中是一位半裸的男性，光头后有圆形放射状背光，露腿，跣足，右腿前迈，踩在右侧女性外展的裤腿上，左腿弯曲，左臂环绕左侧仆从肩上并垂于其身后，呈醉酒被两人搀扶行进状。左侧人物为短发，耳部有坠饰，身着长袍，腿部长袍褶皱细密；右脚前迈作行进状，左臂下垂，佩戴钏和手镯，左手提一皮囊，囊口似为金属制。右侧为一高髻女侍形象，作搀扶状，跣足。人物下方饰有囊瓶等图案。体长 25.6、宽 15.6、高 36 厘米。（图一二三、一二四；彩版四二）

按：此类骆驼目前已发现 4 件，分别收藏在陕西省考古研究院（2 件）、西安市博物院（1 件）和美国大都会博物馆（1 件）。其中本次发掘之驮囊图案最为完整，且是唯一下无踏板的一件。

2. 牛 1 件。

标本 M4：67，泥质灰陶。合模制作。形象拙朴生动，昂首站立，体态雄健。头生尖角，呈倒"八"字形，双耳贴附角下，阔鼻，大口。牛头、牛身模印有辔头和双辀辕，四肢粗短，站立于地。彩绘脱落殆尽，仅个别部位依稀可见残留的红彩。该标本应和标本 M4：68 为一套牛车组合。体长 17.4、高 15.3 厘米。（图一二五；彩版四九）

3. 马 1 件。

标本 M4：61，泥质灰陶。合模制作。呈站立状，领首，嘴微张，双目圆睁，耳直立，一耳残缺。马背鞍鞯俱全，鞍上有毡，毡下有流苏。四肢粗壮，马蹄高厚，关节突出，宽尾下垂。彩绘剥落殆尽，鞍鞯、马后个别部位依稀可见残留的红彩。此马当是诞马，即墓主备

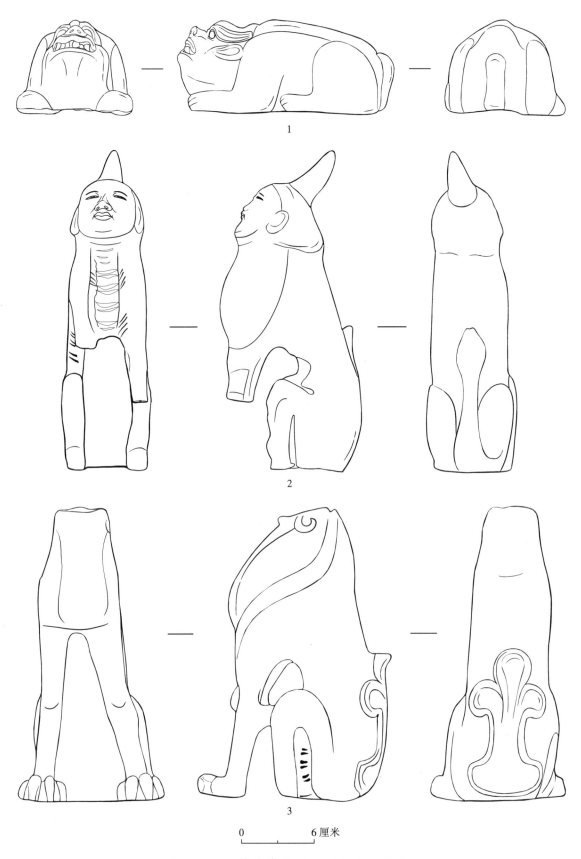

1

2

3

0　　　　　6厘米

图一二二　镇墓兽（M4：66、23、35）
1. A 型（M4：66）　2. B 型（M4：23）　3. B 型（M4：35）

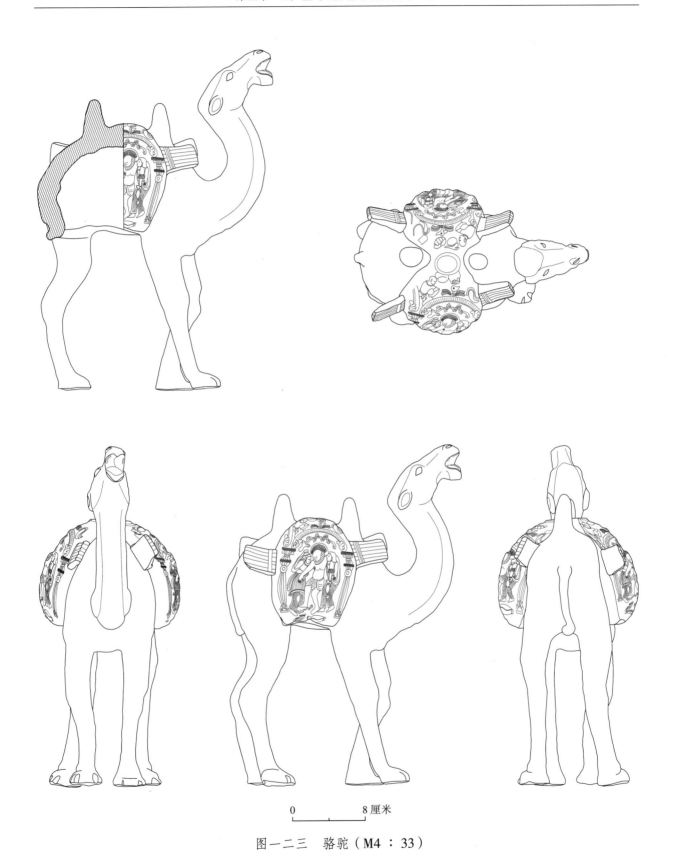

图一二三　骆驼（M4：33）

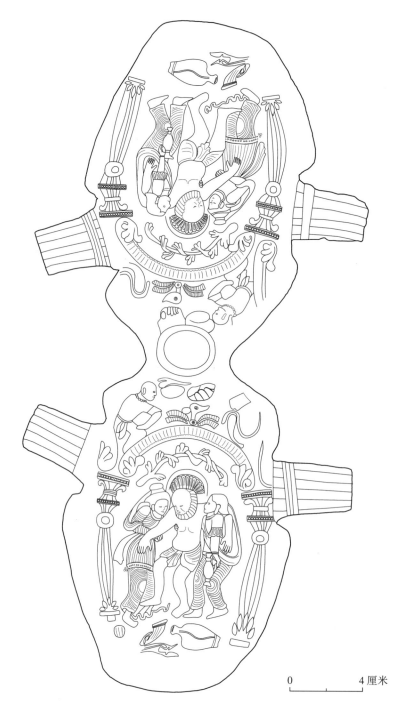

图一二四　骆驼（M4 ∶ 33）囊部展开图

乘之马。体长 20.7、高 20 厘米。（图一二六；彩版四一，4）

4. 羊　1 件。

标本 M4 ∶ 113，泥质灰陶。合模制作。身体肥硕，头略低，嘴微张，头长弯角，弯角内为小耳。四肢短，前腿略低，后腿略高。色彩剥落较甚，通过剥落残留的彩绘剖面可以看到，羊通身先施一层打底的白彩，而后再上色，角、耳处残留橘红色彩，右侧依稀可见朱红

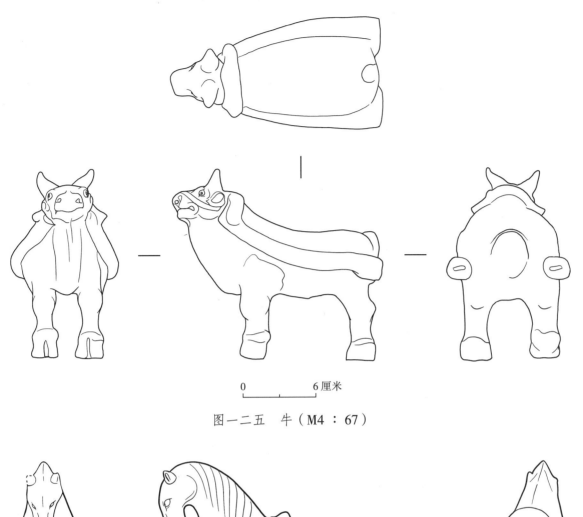

图一二五　牛（M4：67）

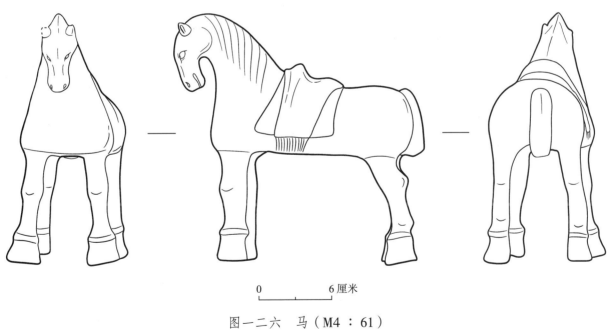

图一二六　马（M4：61）

色彩。体长11.8、高5.8厘米。（图一二七；彩版四四，4）

5.猪　2件。皆泥质灰陶。因制法和形态差异可分为二型：

A型　1件。

标本 M4 ：88，合模制作。站姿，做工粗疏，仅具形象。平首，猪嘴朝下，眼目不清，头两侧有圆形双耳。背部有鬃毛凸出。四肢粗短。小尾贴臀。体表可见白彩，极个别部位依稀可见白彩上的朱红色彩。体长 13、高 7.5 厘米。（图一二八；彩版四四，8）

B 型　1 件。

标本 M4 ：114，半模制作。母猪长吻，闭目侧卧，腹部滚圆，前、后腿之间有正在吸吮乳汁的七只小猪，制作拙朴生动。背面可见有制作时按压的手窝。该件标本也常被称为子母猪。体长 10、宽 5.7 厘米。（图一二九；彩版四五，1）

6. 狗　2 件。皆泥质灰陶。合模制作。呈蹲踞状。头微仰，双耳下耷，眼、鼻、嘴轮廓

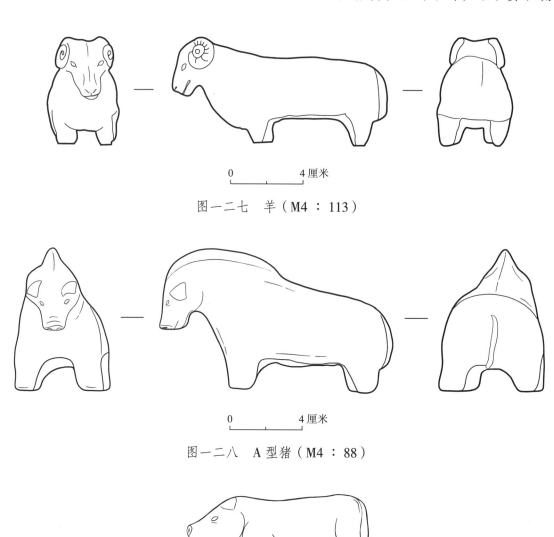

0　　　　4厘米

图一二七　羊（M4 ：113）

0　　　　4厘米

图一二八　A 型猪（M4 ：88）

0　　　　4厘米

图一二九　B 型猪（M4 ：114）

不显。胸前挺，前腿直立，后腿蹲踞。

标本 M4：104，两前腿之间为较长空腔。背部依稀可见红、白彩斑块。高 8.3、宽 3.2、厚 2.8 厘米。（图一三〇；彩版四五，5）

标本 M4：112，腿部空腔较短。白彩上残存土黄色彩。高 8、宽 4、厚 3.3 厘米。（图一三一；彩版四五，4）

7. 鸡 2 件。皆泥质灰陶。合模制作，然后修整烧制上色。形制略同。带冠，尖喙，腹鼓，中空，宽尾下垂，尾及翅刻处曲线棱。自冠至背部施红彩。彩绘大部分脱落，依稀可见。

标本 M4：110，体长 9、高 4.8 厘米。（图一三二；彩版四五，7）

标本 M4：111，体长 8.7、高 5 厘米。（图一三三；彩版四五，8）

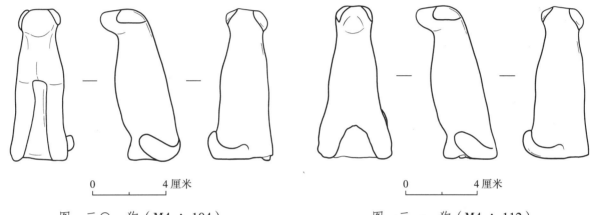

图一三〇 狗（M4：104）　　　　图一三一 狗（M4：112）

图一三二 鸡（M4：110）

图一三三 鸡（M4：111）

四、陶质生活模型明器

共8件（组）。以泥质灰陶为大宗，仅个别模型为泥质红陶。模制与手工制作均有，完成烧制后再着色彩绘。主要器形有牛车、房、仓、井、灶。

1. 牛车组合　1组4件。

标本M4：143，泥质灰陶。由牛、车舆及两个可以拆卸的轮子组成。牛形制见标本M4：67。车编号M4：68。车舆为方形，有壁将车厢与御者隔开，车底有突出部位供御者坐，后面敞开。车顶有拱形顶棚，前、后出檐。左、右两帮出檐，各有几个穿孔。车舆正面底部开一对半圆形印，印中各有一圆形小孔，用来安插车辕。车厢外有白彩残留，内施红彩。车厢两侧附有双轮，为模制，圆形，外侧笠形毂突出，每轮外侧阳刻19根辐条共毂。车通高20.4、宽18.6厘米，顶棚长19厘米，车轮径12.6厘米。（图一三四、一三五；彩版四九）

2. 房　1件。标本M4：17，泥质红陶。手制。平面呈长方形，坡脊式屋顶，四面出檐，顶端设有一横向顶梁，两侧作八道瓦垄，一面开有一长方形门。整体涂白色，用红彩描绘出门框角柱。推测该模型为厕房之属。顶长10.5、宽7.2厘米，门阔4.2、高5.8厘米，底长8.6、宽5.8厘米，通高11厘米。（图一三六；彩版四七，4）

3. 仓　3件。皆泥质灰陶，模制加手制，烧成后外表施彩绘。形制相同。仓房平面呈长方形，四面出檐，一面开拱形小窗，无门。

标本M4：16，平棚顶。整体涂白，用黑线绘出脊、瓦垄，红彩绘出窗框角柱。顶长8、宽5.7厘米，底长7.5、宽4.8厘米，窗高1.8、宽1.7厘米，通高6.2厘米。（图一三七，1；彩版四六，5）

标本M4：99，卷棚顶。整体涂白，用红彩描绘出脊、瓦垄、窗框角柱。顶长8.7、宽6.9厘米，底长8.1、宽6厘米，窗高2.6、宽1.8厘米，通高6厘米。（图一三七，3；彩版四六，4）

4. 井　1件。

标本M4：98，泥质灰陶。井身呈口小底大的方形筒柱体，上口出沿，切边抹角，形成类"井"字形。上口以红彩绘成"井"字纹饰，通体表面施白彩，栏、框角施有红彩，彩绘脱落严重，依稀可见。井底径6、口径3.5、高5.1厘米。（图一三七，2；彩版四六，6）

5. 灶　2件。皆泥质灰陶。其中灶釜为轮制，其余手制，烧成后上色。形制相同。由灶台和火墙组成。灶台平面呈马蹄形，上置釜一口。后端有一圆形烟囱。火墙正视呈"山"字形，斜沿两侧制成双面阶梯状，底部正中开一拱形火门。

标本M4：94，通体施白彩打底，白彩之上以红彩勾画出火焰纹。釜口径5.5、火墙宽12.2、灶体长8.4、通高10.2厘米。（图一三七，4；彩版四七，3）

标本M4：71，通体原应施白彩，白彩上以红彩勾涂火墙边框和放射状火焰纹。釜口径5.2厘米，火墙宽12厘米，火门宽3.6、高4.2厘米，灶体长8.7厘米，通高10.5厘米。（图一三七，5；彩版四七，2）

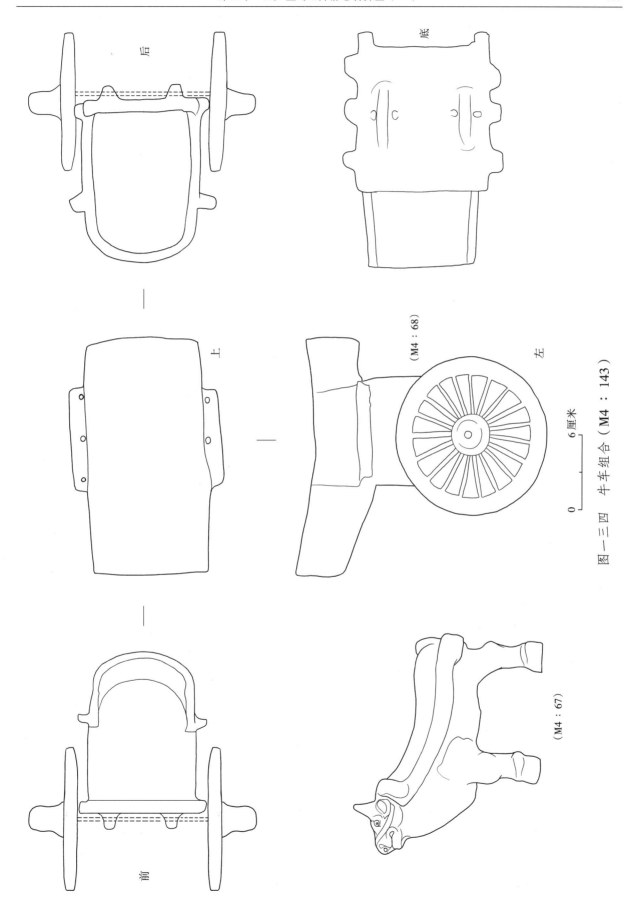

后

底

上

（M4：68）

左

前

（M4：67）

图一三四　牛车组合（M4：143）

0　　　　　　6厘米

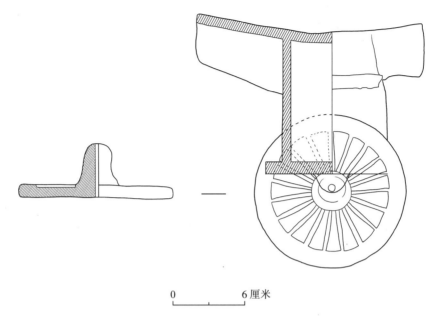

0　　　　　6厘米

图一三五　车（M4：68）剖视图

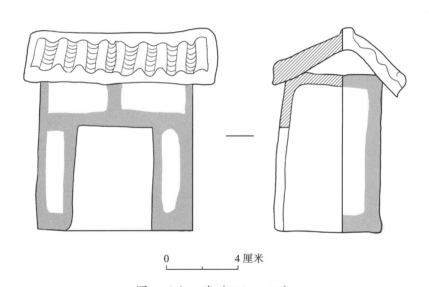

0　　　　　4厘米

图一三六　房（M4：17）

五、陶瓷生活用器

共 12 件（组），陶器皆泥质灰陶，轮制。器形有壶、罐、碗。瓷器仅水盂 1 件。另有泥串珠 1 组。

1. 壶　6 件。依据口、颈形态的差异，又可细分为广口粗颈壶、粗颈盘口壶、细颈盘口壶。

广口粗颈壶　4 件。形制相同。广口，平沿，圆唇，束颈较粗，溜肩，鼓腹斜收，平底。素面。

标本 M4：1，口径 4.8、腹径 7.5、底径 3.8、高 10.5 厘米。（图一三八，3；彩版五三，2）

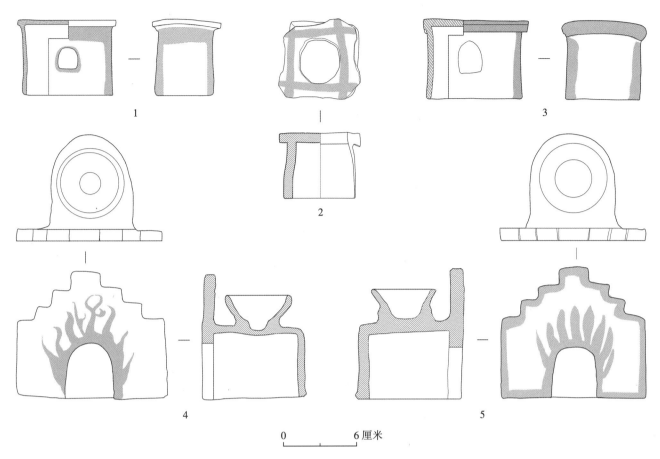

图一三七　豆卢整与乙弗静志合葬墓（M4）出土陶生活模型明器

1、3.仓（M4：16、99）　2.井（M4：98）　4、5.灶（M4：94、71）

标本 M4：2，口径 4.5、腹径 7.5、底径 4.2、高 10.3 厘米。（图一三八，2；彩版五三，3）

粗颈盘口壶　1 件。

标本 M4：21，该器物常被称为渣斗。盘口，圆唇，粗束颈，溜肩，扁腹，假圈足，大平底微内凹。轮制痕迹明显。底部刻划有"王三"二字。口径 8、腹径 11.7、底径 9.5、高 11 厘米。（图一三八，10；彩版五三，4）

细颈盘口壶　1 件。

标本 M4：48，盘口，方唇，细长束颈，圆肩，弧腹内收，平底。颈部饰 2 周凸棱。口径 7.7、腹径 13.8、底径 6.3、高 24.9 厘米。（图一三八，9；彩版五三，5）

2. 罐　1 件。

标本 M4：59，口沿、颈部残缺，圆肩，鼓腹斜内收，平底。肩、腹部分别以弦纹两两一组作为分隔，可分为上、中、下三组纹饰带，其中下腹以短斜线代替弦纹，中间纹饰相通，均为勾连的水波纹。腹径 14、底径 8.2、残高 13.2 厘米。（图一三八，8；彩版五一，5）

3. 碗　3 件。形制相同。口微侈，尖圆唇，弧腹内收，圈足。腹部饰有 2 周凹弦纹。

标本 M4：84，口径 14.7、足径 6、高 7.6 厘米。（图一三八，4；彩版五一，6）

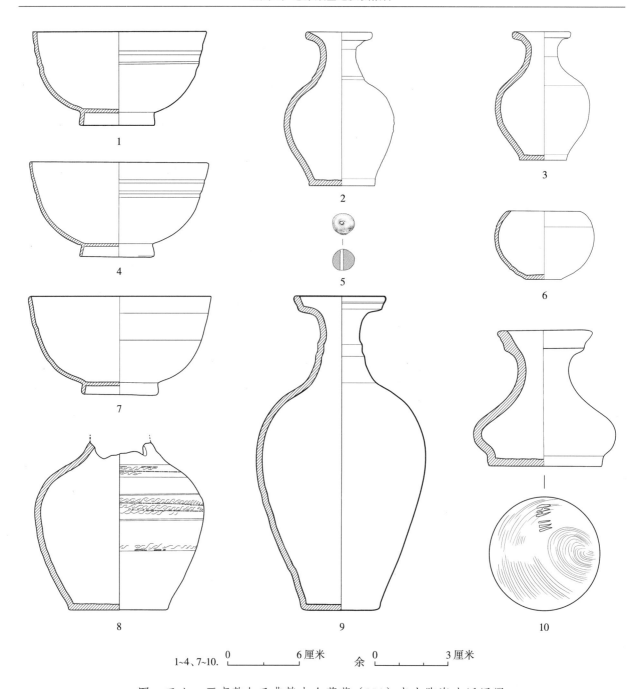

图一三八　豆卢整与乙弗静志合葬墓（M4）出土陶瓷生活用器

1、4、7. 陶碗（M4：85、84、139）　2、3. 广口粗颈陶壶（M4：2、1）　5. 泥珠（M4：142-1）　6. 青瓷水盂（M4：87）
8. 陶罐（M4：59）　9. 细颈盘口陶壶（M4：48）　10. 粗颈盘口陶壶（M4：21）

标本 M4：85，口径 14.1、足径 6.3、高 7.5 厘米。（图一三八，1；彩版五二，1）

标本 M4：139，口径 15、足径 6.5、高 8 厘米。（图一三八，7；彩版五二，2）

4. 水盂　1 件。

标本 M4：87，敛口，圆肩，鼓腹，下腹弧内收，底微凹。器表施青釉，底部露胎。口径 3、腹径 4、底径 1.5、高 2.8 厘米。（图一三八，6；彩版五一，4）

5. 泥串珠　1组42枚。皆泥塑。形制相同，圆球形，中有穿孔。未经焙烧。直径0.6~1厘米。标本M4：142–1，直径0.9厘米。（图一三八，5；彩版五二，3）

六、金属器

共4件（组）。包括铜镜2面、铜钗1组，另有"五铢"铜钱1组7枚。

1. 铜镜　2面。均为圆形，圆纽，圆纽座。大小、纹饰不同。

日光镜　1面。标本M4：7，镜背边缘凸起，由纽至外依次饰直线纹、弦纹、铭文带。铭文为"见日之光，天下大明"。直径6.2、纽径1、缘厚0.4厘米。（图一三九，3；彩版五七，4）

神兽镜　1面。标本M4：105，锈蚀较甚。镜背边缘凸起，内饰2周凸弦纹，弦纹间有两周锯齿纹，其内饰有神兽纹，已锈蚀漫漶不清。直径10.6、纽径2.2、缘厚0.6厘米。（图一三九，4；彩版五七，5）

2. 铜钗　1组5件。形制、大小近似，皆有残损。长9.5~10.6厘米。

标本M4：140–1，呈"U"字形，断截面为圆形，两端尖锐。残长10.2厘米。（图一三九，2；彩版五五，2）

3. 铜钱　1组7枚。形制基本相同，大小有微小差别。圆形方穿，钱正、背面皆有郭，穿背面有郭。正面有"五铢"二字，"五"字中间两笔较直；"铢"字金字头如镞翼，"朱"字头方折。（图一三九，1；彩版五五，3）

标本M4：141–5，钱径2.1、穿孔0.6厘米。

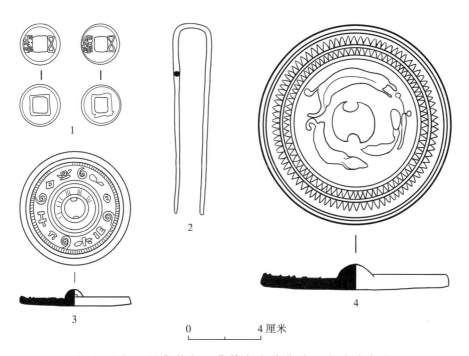

0　　　　4厘米

图一三九　豆卢整与乙弗静志合葬墓（M4）出土铜器

1. "五铢"钱（M4：141–6、M4：141–5）　2. 铜钗（M4：140–1）　3、4.铜镜（M4：7、105）

标本 M4：141-6，钱径 2.2、穿孔 0.7 厘米。

七、墓志

墓志出土 2 方，豆卢整及其夫人乙弗静志各一方两石，均青石质，由墓志盖和墓志组成。以去世先后细述之：

1. 乙弗静志墓志

标本 M4：9，正方形。志盖、志石大小近似。志盖盝顶，四刹素面无纹饰。志盖顶面呈方形，高、阔皆 38 厘米，底面高、阔皆 48 厘米，志盖厚 10 厘米。志石高、阔皆 47、厚 7 厘米。（图一四〇；彩版六〇，1）

志盖顶面划粗阳线方格，阳刻篆书"大周大都督豆卢整妻故乙弗氏墓志铭"，4 行，行 4 字。四刹及四侧素面，打磨光滑。墓志正面细线阴刻暗线方格，字阴刻于方格正中，竖排，楷书，共 22 行，满行 22 字，共计 505 字。现将墓志志文逐录于后：

周大都督豆卢整妻乙弗氏墓志铭

夫人讳静志，金城枹罕人也。祖贤，魏使持节、侍中、录尚书、开府、太师、太宰，金城昭定公。父华，周使持节、骠骑大将军、开府仪同三司，袭封金城公。夫人濯来崇基，联辉傍映。幼徙（从）傅姆，早闲闺范。嘉名洁行之操，蠡斯均爱之慈。馈酏在馈，齐眉举案之礼；桃李穠华，婉 [嫕] 柔凝之质。盟纆臣子之严，受期友朋之信。闻闱盛，则于焉式美，加以缘情。丽敏爱书，博诵壮武女史之篇、崔琦外戚之作、曹氏之诚、赵姬之诔。比暗于心，景行妍味。方当轨（轨）仪德教，嘉庆斯弘，而迅沔（流）不及，日车难驻。鸣珩绝向，簪珥摧华。呜呼不永，盛龄玄毕。以建德六年岁次癸酉七月壬申朔十六日丁亥遘疾，天于长安县宅，春秋廿有四。虚帷寂漠，终无汉帐之期。明镜生埃，永谢秦亭之赠。粤十一月庚午朔十五日甲申，葬于洪渎川。其辞曰：

英猷峻远，联蝉华衮。挺兹令淑，音仪婉娩。式被轩房，誉沔闱闻。處（处）丰思约，居盈念损。臣敬纆笄，宾容馈饭。爰初波盟，醴酏是事。工逾 [篆] 组，德兼书记。惊澜不息，颓光忽驶。镜无拄（庄）影，枕留芳腻。绝织机杼，残缝箧笥。雊飞命曲，鹤操惊弦。尚云悲别，岂曰幽泉。况兹俫陇，神伤盛年。霜风晚切，野燎霄燃。长夜无晓，遗薰自传。

母拓跋氏鲁阳郡君。

大息崇运，年五；第二息方则，年三；息女阿孩，年七。

2. 豆卢整墓志

标本 M4：8，正方形，盖、志石大小近似。志盖盝顶，四刹素面无纹饰。志盖顶面呈方形，高、阔皆 35 厘米，底面高 44、阔 43 厘米，志盖厚 8 厘米。志石高 44、阔 43、厚 8 厘米。（图一四一；彩版五九，2）

志盖顶面划粗阳线方格，阳刻篆书"大隋豆卢府君之墓志"，3 行，行 3 字。四刹及四侧素面，打磨光滑。墓志正面细线阴刻暗线格，字阴刻于方格正中，竖排，楷书，共 16 行，满行 15 字，共计 222 字。现将墓志志文逐录于后：

周大都督豆盧敬妻乙弗氏墓誌銘

夫人諱靜志金城抱罕人也祖賢使持節侍中錄尚書

開府大師大宰金城昭定公父周開府儀同三司䕃封金城公夫人濯采崇基照映鄉

送傳毋早開閨範嬉名之梁行妌之禮桃李之操鑫斯均愛之慈鐊臣子之

鐊齊眉樂案之信闈閫盛則於茂式美加以緣情厥愛敏之

嚴受期支汋之篇崔琦外戚德教嘉慶斯弘而迂汰

書博誦壯武史之景行姸味方當軌儀華婉呼下永哀斯畢

諍比暗於方嫬帷寢終無漢帳之期明鏡于

不逮德六年歲次癸酉七月壬申朔十六日丁亥遷窆於

以建安縣宅兆春秋廿有四塵惟漠終無漢帳之期明鏡于

于長安縣宅春秋廿有四塵惟漠終

生埃永謝素享之贈窆于一月庚午朔十五日甲申葬于

洪濟川其辭曰

英猷峻遠騰輝華滾挺茲令淑音儀婉式被軒房譽汋

闊閏實思約居盈念損臣敬縵韠賓客饋飲曩初淩盥

醴酏甂是車工逾墓組德兼書記鶩瀾下息殉光忽馳鏡無

庄影椷留芳臧儆絕繳樵杼弢縫筬筍雉驚飛命曲醫操鶩絞

尚云悲別豈曰幽泉況兹儀麗神傷盛年霜風晚切野燥

宵燃檯長夜無曉遺薰自傳

毋拓校氏魯陽郡君

大息崇運年五　第二息方則年三　息女阿嫉年七

图一四〇　乙弗静志墓志（M4：9）拓本

0 ————— 8厘米

0 ————— 16厘米

图一四一 豆卢整墓志（M4∶8）拓本

大隋都督豆卢府君之墓志

　　君讳憝（整），字元平，昌黎人也。洪绪帝圖，故以缄诸典册，长源遂沠。公备详于国史，开基氏可略言为。祖周柱国少保浮陵公。父周开府沃野公。君即沃野公之第四子也。珪璋早著，岐嶷凤成。曰孝曰仁，间诗间礼。解带嘉宾之岁，秀出不群。扫环叔虎之年，清标自远。以周天和五年授大都督，方当喻指，公卿陪游参乘。伤乎不永，逝川奄及。以开皇六年十月薨于第，春秋四有二。以九年十月廿四日窆于洪渎里。恐陵谷贸。□铭曰：

　　伊尔早秀，发颖华胄。挺出不群，标兹领袖。有美斯哲，孰云摧构。尺波不驻，薤露先喻。宵烛沉影，晓月潜晖。寂漠幽陇，春夏俱非。

第六章　豆卢隽墓（M8）

第一节　墓葬形制

豆卢隽墓编号 M8，墓道西南角测点坐标为北纬 34°26′29.55″、东经 108°42′53.29″，海拔 486 米。位于豆卢恩家族墓地最北端，东距豆卢整与乙弗静志合葬墓（M4）约 56 米，西南距豆卢昊墓（M9）约 8 米，墓室距北兆沟约 6 米。系一长斜坡墓道单天井双室土洞墓，整体平面近似于"中"字形，方向 175°，水平全长 20.5 米，墓底距地表深 5.8 米。甬道、前室和后室内被花淤土填实，淤层明显，略硬，内含草木灰、蜗牛壳、骨末和白灰墙皮碎片。墓葬由墓道、过洞、天井、封门、甬道和墓室（分为前、后室）六部分组成。（图一四二；彩版二，4）

一、墓道

开口于第 2 层扰土下，距地表深 0.65 米。平面呈南北向长方形，南侧略宽。东、西两壁自上而下略外扩，开口小底面大；北壁近垂直，壁面光滑。底面自南向北下斜成坡状，

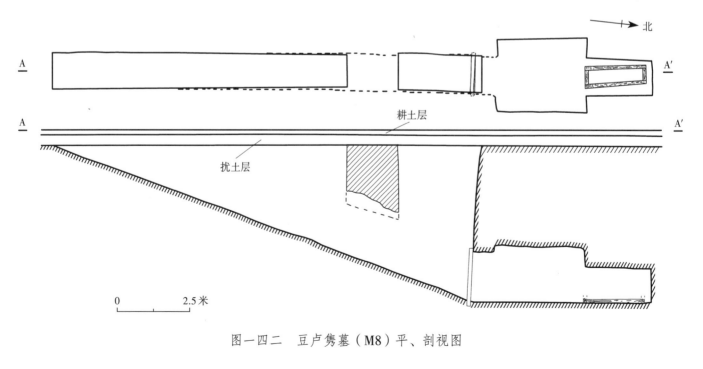

图一四二　豆卢隽墓（M8）平、剖视图

坡度19°，坡面较均匀，局部有踩踏硬结面。内填灰褐色五花土，土质干燥，较硬，未夯，含植物根系。墓道开口长10.32、宽1.12~1.26米，底面最深处距地表4.2、宽1.26、坡长10.88米。

二、过洞

共1个，位于墓道北侧。顶部坍塌，原形制不详，从两侧残存迹象推断，应为拱顶土洞式。过洞东、西壁面平而规整，底面与墓道坡度一致。过洞内被淤土填实，淤层明显，略硬，含少量器物残块。进深1.68、宽1.2、高约1.68米。

三、天井

共1个，南连过洞，北接甬道。平面呈南北向长方形，竖穴土圹结构，壁面较平整，局部稍有坍塌，易与填土剥离。剖面口大底小，北壁自上而下内收，底面与墓道底同一坡度。内填五花土，土质干燥，较硬，但未经夯打。天井南北长2.94、东西宽1.24米。

四、封门

位于甬道南端，从剖面看位置应在天井北壁正下方。从残留迹象可观察到在东、西两壁面及对应的地面位置，均有原安置木门时遗留的凹槽，凹槽内尚有零星的木痕及朽木灰，周边散落着铁锁和原安置于木门上的铁泡钉，据以上情况可推断该墓应为木封门。东、西两壁存留有规格基本一致的土凹槽，高1.92、宽0.12、深0.14米，底部凹槽长1.24、宽0.12、深0.14米，据此可大体推测出木门的高度约192、宽度应小于124、厚度应小于12厘米。

五、甬道

位于封门和墓室前室之间，拱顶土洞式。地面平坦，局部略有塌损。顶部和东、西壁面均有白灰墙面，可见有红色分栏边框，壁画痕迹无存。进深0.74、宽1.28、高1.68米。

六、墓室

该墓墓室分为前、后室两部分，整体平面略呈"凸"字形。

前室南与甬道、北与后室相连，系拱顶土洞结构。平面呈南北略长、东西略短的长方形。顶部局部塌损，四周直壁平而规整，地面平坦。进深3.12、宽2.48、高1.92米。

后室位于前室北侧，也是整个墓葬最北端，系拱顶土洞结构。顶部及壁面局部有塌损，底面平整，与甬道、前室处于同一平面。进深2.32、南宽1.25、北宽1.16、洞高1.2米。

经仔细观察，前、后墓室四壁原应都绘制有壁画。壁画是在铲平处理好的土壁上直接刷白灰，然后在白灰面上直接作画，无地仗层。壁画剥落殆尽，仅能在局部观察到残留的红色颜料，应为壁画的分栏边框。

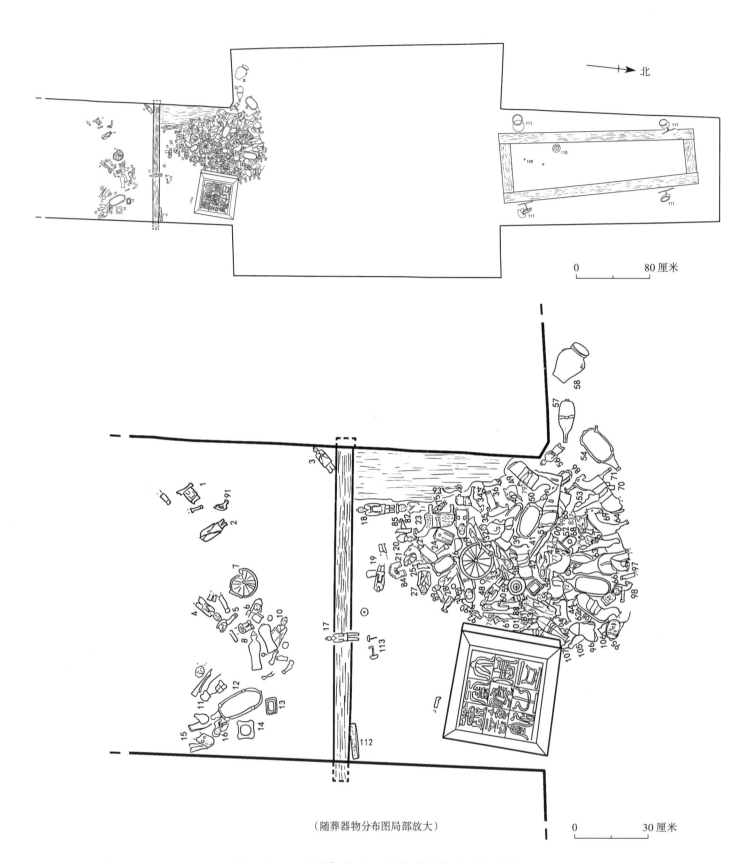

（随葬器物分布图局部放大）

图一四三　豆卢隽墓（M8）随葬器物平面分布图

1~11、16~20、22、27、28、30~33、36、37、48、56、60、61、65、67~72、74~76、79、81、88、95、96、99、101~108. 立俑　12、15、21、23~26、34、38~40、43、45~47、49~54、57、62~64、86、87、97、98. 骑马俑　13、55. 仓　14. 井　29. 车轮　35、44、93、94. 驴　41、78、83. 牛车　42. 马　58. 罐　59. 磨　66. 骆驼　73、100. 镇墓兽　77. 牛　80、85. 狗　82. 踏碓俑　84. 灶　89、90. 羊　91、92. 鸡　109. 铜钱　110. 铜镜　111. 铁棺环　112. 铁锁　113. 铁泡钉　114. 青石墓志（未标质地者均为陶质）

第二节　葬具与葬式

发掘表明，葬具为木棺一具，南北向顺长放置于后室当中，但腐朽殆尽，仅可看到残留颜色泛白的棺灰痕迹，尚能辨别出大体形制。系一南宽北窄的长方形木棺，长约 2.16、南宽 0.76、北宽 0.6、棺厚约 0.12 米。由于年代久远，淤土不断堆积导致棺木升高，从清理的棺底观察，可见有白色石灰，此外在已腐朽的棺木东西两侧、南北两端等距置散落着 4 个铁质的棺环。（图一四三）

由于自然的水浸淤积，墓主遗骸已经朽化，可见有凌乱的骨末散于后室各处。从木棺南宽北窄的情况推断，墓主头向南，面向和葬式已无从知晓。

第三节　随葬品

随葬品共计 116 件（组），以陶质器物为大宗，其中服饰、形态各异的陶俑 83 件，占比达 71% 以上，其余还有镇墓兽、陶塑家畜家禽、生活模型明器、陶生活用器等，另有少量金属器及青石墓志 1 盒。包含墓志在内的随葬品大多集中放置在封门以北、甬道和前室结合部偏西位置，在封门以南也散置有数量不多的陶俑。后室随葬品较少，仅有铜镜 1 面和"布泉"铜钱 2 枚，出自木棺内，4 个铁棺环置于棺外。（图一四三；附表七）

一、陶俑

该墓共出土各类彩绘陶俑 83 件，从大的形态来看，可分为立俑、骑马俑和劳作俑三类。立俑依据冠、服及外形的差异，又可细分为镇墓武士俑、小冠俑、风帽俑、笼冠俑、胡人俑、云髻俑几种；骑马俑大体可分为鼓吹和具装甲骑俑二种。陶俑皆泥质灰陶，半模制作，俑的背部扁平，烧成后表面通体施以彩绘，色彩种类有红、白、粉、黑、橘等。

1. 镇墓武士俑　2 件。立姿。皆泥质灰陶。半模制作，背部扁平，空心。甲胄、外形、人物面貌均不相同。

标本 M8：95，头戴兜鍪，两侧护耳下垂至肩。兜鍪前额正中冲角，略残，覆盖眉心。圆脸丰腴，下颌方圆，长弯眉，圜眼外凸，高鼻阔翼，口涂红彩，面施粉彩。身着筒袖铠，内穿红衣，肩装筒袖，腰间束带，下穿大口襦袴，微露脚尖。左手握空拳置腰间，右臂曲置握空拳稍提至胯部，原持物不存。铠甲和兜鍪护耳残存打底白彩，用黑线绘出长条形甲片，色彩仅隐约可见。其腰后开小孔，孔径为 1.5 厘米。高 26.1、宽 11.1、厚 6 厘米。（图一四四；彩版一五，1）

标本 M8：96，头戴红色兜鍪，前沿上翻，两侧护耳下披及肩至颈，颌下相连。方额圆颌，粗弯眉，深眼窝，圜眼圆睁，隆准，阔口，口微张涂红彩，形象威严。上身着明光铠，两圆护位于胸前，两胸之间纵束两条甲绊，系结胸前。肩披膊，腰束带。下穿及足面大口袴，

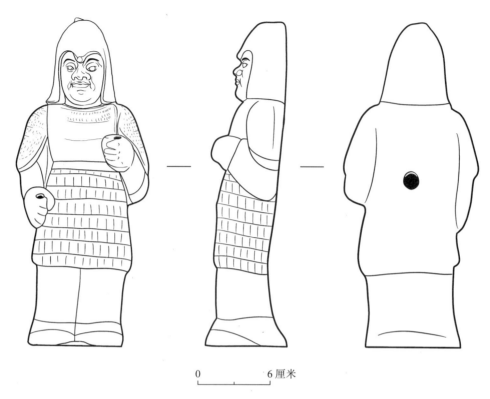

0　　　　6厘米

图一四四　镇墓武士俑（M8 : 95）

脚尖外露。左手持盾，盾如蕉叶，上尖下方；右手握空拳置腰间，原持物不存。护耳、面部施有橘红色彩。铠甲原施红彩脱落殆尽，白粉底隐约可见。背部有一圆孔，孔径1.5厘米。高25.5、宽10.5、厚4.5厘米。（图一四五；彩版一五，2）

2. 小冠深衣俑　7件。立姿。皆泥质灰陶。半模制作，扁平背，实心。烧制完成后施彩上绘。

标本M8 : 11，头戴小冠，即平巾帻，冠前有扁方簪。广额圆颌，卧眉，长眼，高鼻，阔耳，口涂红彩，面貌清秀，面带微笑。上身着交领左衽广袖襦衫，领口低开，腰系博带，脚蹬圆头履。双手拢于袖中，置于下腹前。通身施橘红色彩，背部色彩仍存，可见黑色描绘的冠发，上半部可见橘红色长袍，下部唯余白粉色彩。从剥落的剖面可以观察到，在上彩绘之前，应整体刷施一层打底的白粉色彩，之后才根据不同部位描绘不同色彩。高16.2、宽4.5、厚2.5厘米。（图一四六；彩版一六，6）

标本M8 : 61，头戴黑色小冠，即平巾帻，冠前有扁方簪。广额圆颌，卧眉长眼，高鼻阔耳，口涂红彩，面貌清秀，面带微笑。上身着左衽交领广袖襦衫，领口低开，腰系博带，下穿曳地裳，脚蹬圆头履，足尖外露。双手拢于袖中，置于下腹前。左、右小臂处各有一不贯穿的孔，原持物不存。表面色彩亦有剥落，但能明显看到俑的面、脖颈涂红彩，长袍涂橘红色彩。从背部观察，上半部与正面袍服颜色相同，下半部剥落较甚，隐约可见个别部位尚余橘红色彩斑。高14.8、宽4.5、厚2.5厘米。（图一四七；彩版一七，4）

标本M8 : 103，形制、冠服等与M8 : 61相同。面、脖颈、双手涂有粉彩。高15、宽

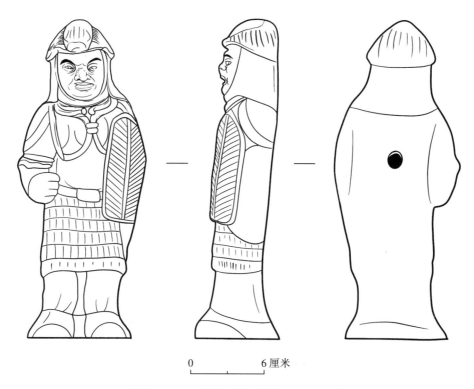

0 　　　　　 6厘米

图一四五　镇墓武士俑（M8：96）

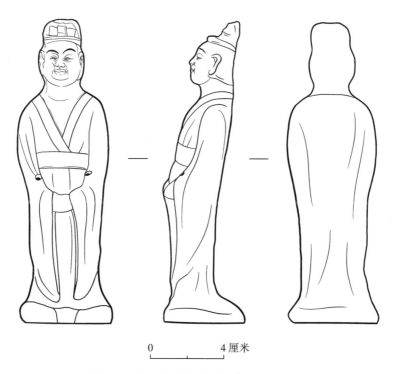

0 　　　　 4厘米

图一四六　小冠深衣俑（M8：11）

0　　　　　4厘米

图一四七　小冠深衣俑（M8：61）

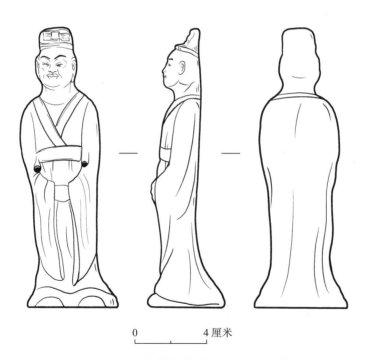

0　　　　　4厘米

图一四八　小冠深衣俑（M8：103）

4.5、厚 2.5 厘米。（图一四八；彩版一七，1）

3. 小冠袴褶俑　19 件，其中 10 件均有不同程度残损。立姿。皆泥质灰陶。半模制作，背扁平，实心。烧制完成后施彩上绘。

标本 M8：5，头戴黑色小冠，即平巾帻，冠前可见扁方簪。脸形丰满，弯眉，大眼，眼珠凸出，高鼻，大耳，口涂红彩。上身着交领左衽短褶，领口低开，露出胸膛，腰间系带，下着白色大口袴，膝部系缚，袴脚委积于地，露出鞋尖。双手握拳，对置于胸前，拳心有孔，原持物不存。面部至胸口、双手涂有粉彩，彩绘大部分脱落，依稀可见。高14.6、宽4.5、厚2.5厘米。（图一四九；彩版二〇，6）

标本M8：36，头戴黑色小冠，即平巾帻，冠前可见扁方簪。脸形饱满丰腴，弯眉大眼，眼珠凸出，高鼻大耳，口涂红彩。上身着白色交领左衽短褶，领口低开，露出胸膛，腰间系带，下着大口袴，膝部系缚，袴脚委积于地，露出鞋尖。双手握拳，对置于胸前，拳心有孔，原持物不存。面部、双手粉红彩隐约可见，余皆脱落，露出灰胎。高14.8、宽4.5、厚2.5厘米。（图一五〇；彩版二一，2）

标本M8：65，形制同标本M8：36。色彩保存相对较好，袴应为白色。高14.8、宽4.5、厚2.5厘米。（图一五一；彩版二一，1）

4. 高帽屋风帽俑 10件。立姿。皆泥质灰陶。半模制作，背扁平，实心。

标本M8：27，头戴高帽屋风帽，前有折边，帽裙披至颈部，帽顶高圆。广额圆脸，五官清晰，粗眉，大眼，隆准，丰唇，面施粉彩剥落殆尽。内穿橘红色圆领衫，长及膝下，腰系带，外披长袍，袍长略短于圆衫，下穿大口袴，脚蹬圆头鞋。双手握空拳对置于胸前，原持物不存。高15.2、宽5、厚2.5厘米。（图一五二；彩版二四，2）

标本M8：30，头戴高帽屋风帽，前有折边，帽裙披至颈部，帽顶高圆。面庞广圆，五官清晰，长眉，圆眼，隆准，丰唇，面施红粉色彩剥落较甚，隐约可见。内穿橘色圆领衫，长至膝下，腰系带，外披黑袍，下穿大口袴，脚蹬圆头鞋。双手握空拳对置于腹胸之间，原

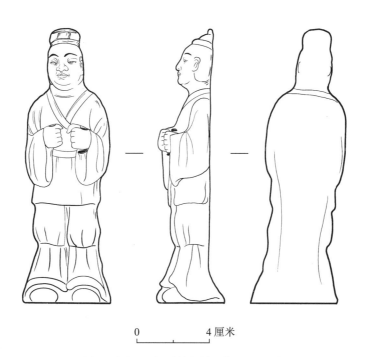

0   4厘米

图一四九 小冠袴褶俑（M8：5）

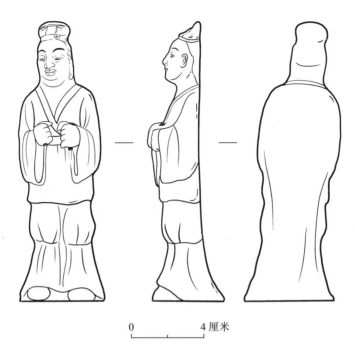

0 4厘米

图一五〇　小冠袴褶俑（M8：36）

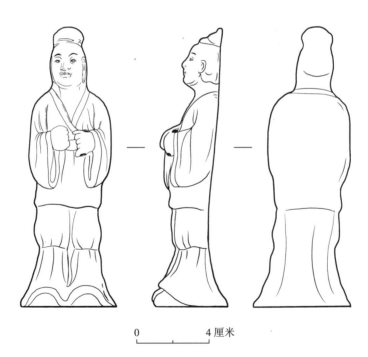

0 4厘米

图一五一　小冠袴褶俑（M8：65）

持物不存。高15.8、宽5、厚2.5厘米。（图一五三；彩版二四，3）

标本M8：31，形制同于标本M8：30。高16、宽5、厚2.5厘米。（图一五四；彩版二四，4）

5. 风帽俑　6件。立姿。皆泥质灰陶。半模制作，背扁平，实心。形制相同。

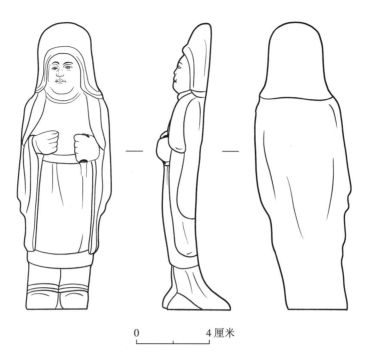

0 _____ 4厘米

图一五二　高帽屋风帽俑（M8：27）

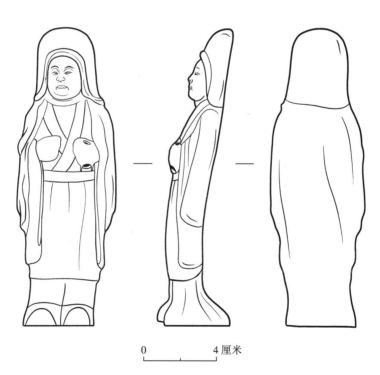

0 _____ 4厘米

图一五三　高帽屋风帽俑（M8：30）

标本 M8：17，头戴红色风帽，帽披上翻，系于脑顶。五官稍显漫漶，头稍右侧，弯眉，长眼，鼻部微残，嘴角扬起，微带笑意，两侧大耳略具形象。身穿交领左衽及膝红袍，内穿圆领衫隐约可见，腰束带，下着大口袴，脚蹬圆头鞋。双手曲肘握拳于腹侧，手中有孔，

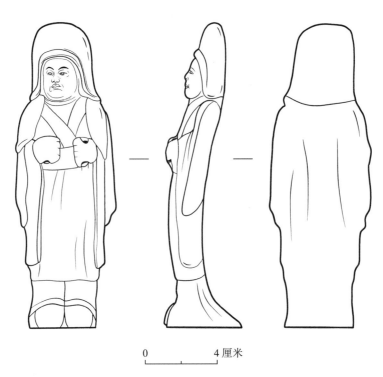

0   4厘米

图一五四　高帽屋风帽俑（M8：31）

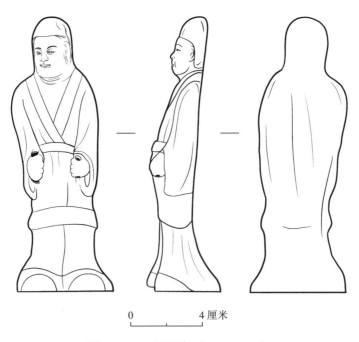

0   4厘米

图一五五　风帽俑（M8：17）

原持物不存。此件陶俑色彩保存相对较好，除足部颜色脱落露出灰胎外，可见脸、唇、手和帽、服前后均涂红彩，红彩颜色有区分。高 14.6、宽 4.5、厚 2.5 厘米。（图一五五；彩版二三，1）

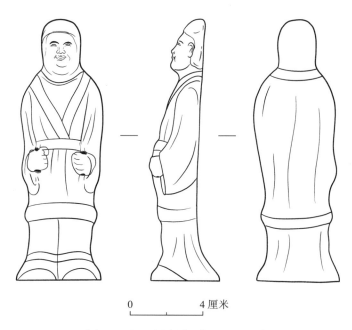

0   4厘米

图一五六　风帽俑（M8：22）

标本M8：22，头戴红色风帽，帽披上翻，系于脑顶。五官略清晰，色彩剥落，弯眉，长眼，鼻部微残，嘴角扬起，目光直视，略带笑意，两侧大耳贴塑。身穿交领左衽及膝红袍，内穿圆领衫清晰可见，腰束带，下着大口裤，脚蹬圆头鞋。双手曲肘握拳于腹侧，手中有孔，原持物不存。此件陶俑色彩保存较好，除足部颜色脱落露出灰胎外，可见脸、唇、手和帽、服前后均涂红彩，红彩颜色有区分。高14、宽4.5、厚2.5厘米。（图一五六；彩版二三，2）

标本M8：67，形态同标本M8：17。整体形制、色彩保持较好。高15、宽4.5、厚2.5厘米。（图一五七；彩版二三，3）

6.笼冠俑　6件，其中2件残缺。立姿。皆泥质灰陶。半模制作，背扁平，实心。

标本M8：3，头戴黑色笼冠，冠下可见平巾帻颜题。方额圆脸，五官清晰，弯眉，杏眼，鼻尖略残，面目安详，目视前方。上身内穿圆领襦衫，外着红色交领左衽广袖及膝袍，腰束带，下穿大口裤，脚蹬圆尖头鞋。双手握空拳对置于腹前，原持物不存。除笼冠外，面、脖颈、双手均涂红彩。高15.2、宽4、厚2.5厘米。（图一五八；彩版二八，1）

标本M8：16，头戴黑色笼冠，冠下可见平巾帻颜题。方额圆脸，五官清晰，弯眉，杏眼，鼻梁高挺，双唇紧闭，面目安详，目视前方。上身内穿圆领襦衫，外着红色交领左衽广袖及膝袍，腰束带，下穿大口裤，脚蹬圆尖头鞋。双手握空拳对置于腹前，原持物不存。除笼冠外，面、脖颈、双手所涂红彩大多剥落，袍正、背颜色保存较好。高14.8、宽4、厚2.5厘米。（图一五九；彩版二六，4）

标本M8：72，形制同标本M8：16。高14.8、宽4、厚2.5厘米。（图一六〇；彩版二八，2）

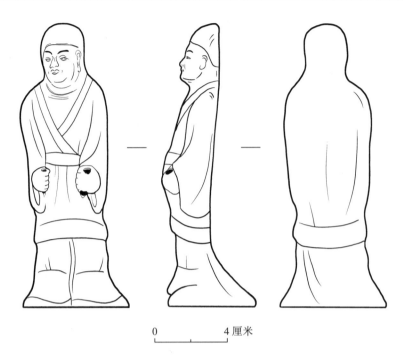

0 　　　　4厘米

图一五七　风帽俑（M8：67）

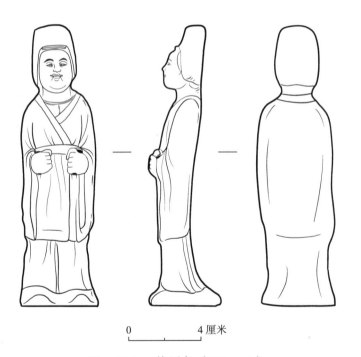

0 　　　　4厘米

图一五八　笼冠俑（M8：3）

7. 平云髻女立俑　1件。

标本 M8：102，立姿。泥质灰陶。半模制作，背部扁平，实心。头梳平云髻。面庞丰腴圆润，面颊、颌部带靥，五官清晰，以黑线绘出细弯眉，细眼微眯，鼻梁高挺，大耳垂轮。内穿圆领衫，外着黑色交领广袖襦衫，领口低开，束胸，衫长堆积于地。右手曲置握拳于胸

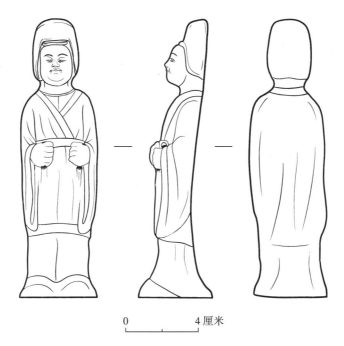

0　　　　　4厘米

图一五九　笼冠俑（M8：16）

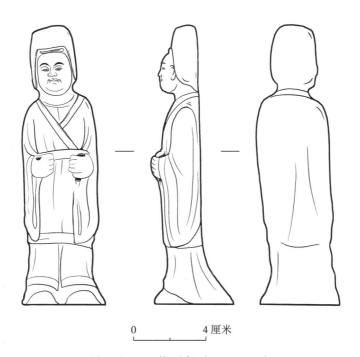

0　　　　　4厘米

图一六〇　笼冠俑（M8：72）

前，一筒状物伸出左侧广袖外，筒状物中空，置于腹前。面、唇饰粉红彩，云鬓及袍服饰黑色。足前略有残损，修复完整。高 14.8、宽 4、厚 2.5 厘米。（图一六一；彩版二九，2）

8. 胡人俑　2件。立姿。皆泥质灰陶。形制相同。

标本 M8：68，头戴方帽。脸部狭长，蹙眉，双眉凸起明显，深眼窝，小眼，目视前方，

0　　　　　　4厘米

图一六一　平云髻女立俑（M8：102）

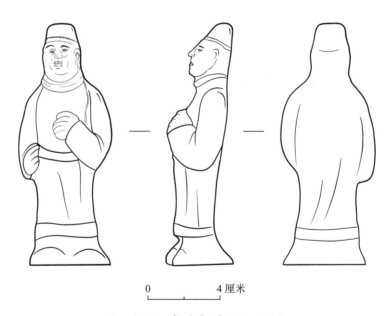

0　　　　　4厘米

图一六二　胡人俑（M8：68）

高鼻梁，鹰钩鼻，人中深显，口涂红彩，双唇紧闭，下颌前凸，胡人特征明显。身着圆矮领窄袖长袍，腰系带。腹微隆，右手握拳置腹侧，左手曲肘握拳置胸前。失色较甚，仅见嘴涂红彩，袍下部施橘红色彩。高 12.8、宽 5、厚 3 厘米。（图一六二；彩版三〇，3）

　　标本 M8：79，头戴方帽。脸部狭长，蹙眉，双眉凸起明显，深眼窝，小眼，目视前方，高鼻梁，鹰钩鼻，人中深显，口涂红彩，双唇紧闭，下颌前凸，胡人特征明显。身着圆矮领窄袖长袍，腰系带。腹微隆，右手握拳置腹侧，左手曲肘握拳置胸前，足呈"八"字形站立

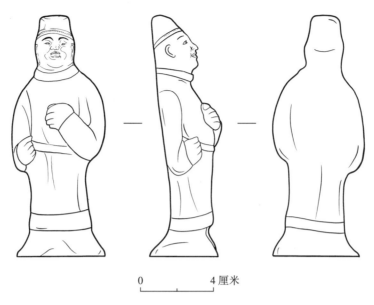

图一六三　胡人俑（M8：79）

于地。橘红色袍服前面与后背均保存较好，嘴涂红彩仍旧鲜艳，帽、脸失彩不存。高 13、宽 5、厚 3 厘米。（图一六三；彩版三〇，4）

9. 鼓吹骑马俑　19 件。其中吹笛、吹排箫、吹筚骑马俑各 2 件，均戴高圆顶风帽；奏鼓骑马俑最多，计 13 件，均戴平顶风帽。皆泥质灰陶。人半模制作，背部扁平，实心。马合模制作，抹平修整，人和马分别制成后黏合，烧成后着色。

吹笛骑马俑　2 件。

标本 M8：52，吹笛者跨骑于马上，头戴高顶风帽，帽色尽失。脸形圆润，五官较清晰，弯眉，大眼，目视前方，隆准，丰唇，脸饰粉彩，剥落较甚。身着红色左衽广袖长袍，广袖垂于马鞍两侧，下着裤，脚蹬靴，踏于马镫之上。右手握拳置腹间，似为牵缰状，左手执一小笛置唇边吹奏。马挺颈勾首，口微张，双耳直立，左耳微残，鞍鞯俱全，四肢粗壮，直立于地，宽马尾下垂。通体原施红彩，惜多剥落。长 16.5、通高 18.3 厘米。（图一六四；彩版三二，3）

标本 M8：63，吹笛者跨骑于马上，头戴高顶风帽。脸形圆润，五官较清晰，弯眉，大眼，目视前方，隆准，丰唇，脸饰粉彩，剥落较甚。身着红色左衽广袖长袍，广袖垂于马鞍两侧，下着裤，脚蹬靴，踏于马镫之上。右手握拳置腹间，似为牵缰状，左手执一小笛置唇边吹奏。马挺颈勾首，口微张，双耳直立，左耳微残，鞍鞯俱全，四肢粗壮，直立于地，宽马尾下垂。通体色彩保存尚好，可见黑线描绘风帽、鞦带、鞍鞯，鞍鞯施橘红色彩，马通身施红彩。长 16.5、通高 18 厘米。（图一六五；彩版三二，4）

吹箫骑马俑　2 件。

标本 M8：53，吹排箫者跨骑于马上，头戴高顶风帽。圆脸，五官清晰可见，弯眉，圆眼，高鼻阔翼，丰唇微闭。身着交领广袖衫，腰系带，脚蹬靴。捧排箫置嘴边作吹奏状。

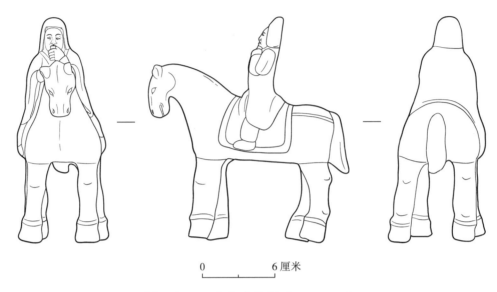

0 ——————— 6厘米

图一六四　吹笛骑马俑（M8∶52）

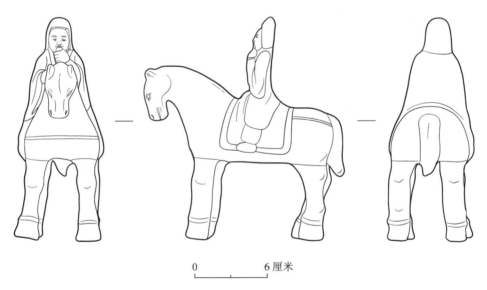

0 ——————— 6厘米

图一六五　吹笛骑马俑（M8∶63）

排箫涂黑彩，由 8 支直音管合并而成，最低音为左手长音管。马挺颈勾首，双耳直立，四肢粗壮，站立于地，鞍鞯俱全，宽马尾下垂，贴塑于马臀部。俑面、手部施粉彩，俑身施朱红彩，马体、鞍鞯施橘红色彩，并以黑线绘出勒头。长 17.4、高 18.5 厘米。（图一六六；彩版三三，3）

　　标本 M8∶98，吹排箫者跨骑于马上，头戴高顶风帽，帽披及肩。圆脸，五官清晰可见，弯眉，圆眼，眼稍外凸，高鼻阔翼，丰唇微闭。身着交领广袖衫，腰系带，脚蹬靴。捧排箫置于嘴边作吹奏状。排箫黑彩隐约可见，由 8 支直音管合并而成，最低音为左手长音管。马挺颈勾首，双耳直立，四肢粗壮，站立于地，鞍鞯俱全，宽马尾下垂，贴塑于马臀部。俑面、手部施粉彩，风帽色彩脱落较甚，交领广袖衫通施朱红色彩，马体、鞍鞯施橘红色彩，并以

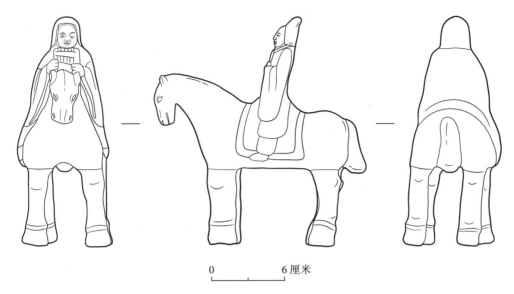

图一六六　吹箫骑马俑（M8：53）

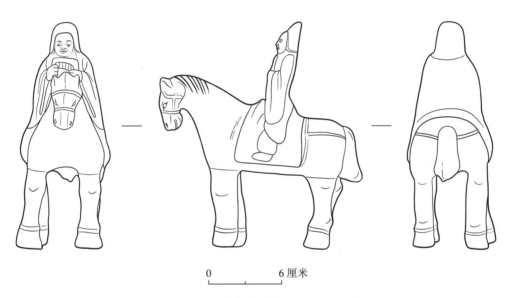

图一六七　吹箫骑马俑（M8：98）

黑线绘出勒头、鬃毛、鞦带。长 16.8、通高 18.3 厘米。（图一六七；彩版三三，4）

吹笳骑马俑　2 件。

标本 M8：12，吹笳者跨骑于马上，头戴黑色及肩高顶风帽。五官清晰可见，圆脸，弯眉，大眼，高鼻阔翼，小嘴，丰唇。身着红色交领广袖长袍，腰间系带，脚蹬靴。右手执一笳至下颌处。马挺颈勾首，两耳竖直，其右耳残损，马背上鞍鞯俱全，四腿粗壮，站立于地，宽尾下垂。俑面、手部施粉彩，多已剥落。马通体施白彩，可见残留黑线绘出勒头、鬃毛等。长 16.5、通高 17.4 厘米。（图一六八；彩版三四，4）

标本 M8：24，吹笳者跨骑于马上，头戴黑色及肩高顶风帽。五官清晰可见，圆脸，弯眉大眼，高鼻阔翼，小嘴丰唇。身着红色交领广袖长袍，腰间系带，脚蹬靴。右手执一笳

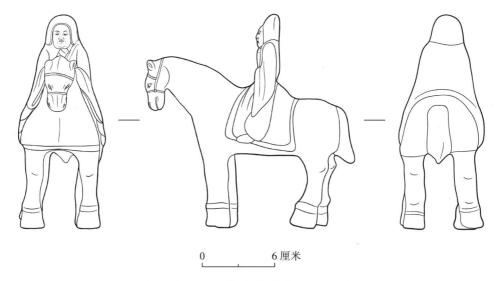

图一六八　吹笳骑马俑（M8∶12）

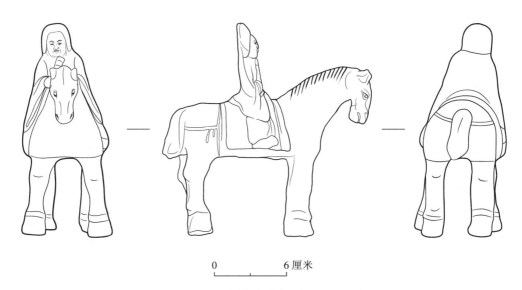

图一六九　吹笳骑马俑（M8∶24）

至下颌处。马挺颈勾首，两耳竖直，皆有残损，马背上鞍鞯俱全，四腿粗壮，站立于地，宽尾下垂。俑面、手部施粉彩，多已剥落。马通体施红彩，黑线绘出鞦带及鞍鞯、鬃毛等。长16.8、通高17.1厘米。（图一六九；彩版三四，3）

奏鼓骑马俑　13件，其中1件残损严重。形制相同。

标本M8∶23，奏鼓俑头戴红色风帽，帽披及肩后翻，双耳外露。面相浑圆，五官清晰生动，细眉，大眼，目视前方，高鼻，阔口，法令纹、人中刻划显明生动，口涂红彩，面容安详，微带笑意。身穿红色右衽交领广袖衫，足蹬靴，两靴尖均残。端坐鞍桥之上，双手握拳置于腰部，右手中有孔，原应执鼓槌，左手执小鼓，左腿前马鞍桥置一大鼓，两鼓均呈圆饼形，出土时鼓与人、马连接部分已不存，推测应是有机质一类。马挺颈领首，宽额，

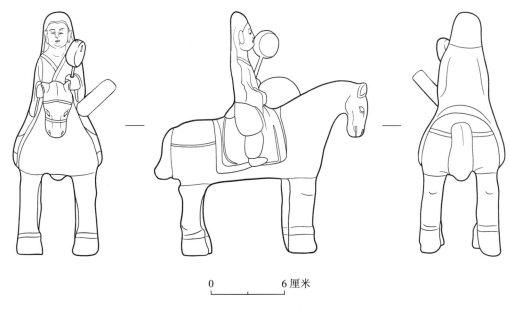

0   6厘米

图一七〇　奏鼓骑马俑（M8：23）

大鼻，鼻孔张开，两耳竖直向前，耳部残缺，鞍鞯俱全，四肢粗壮如柱，站立于地，宽扁尾缚扎下垂，尾尖上翘。马体彩绘剥落，可见有黑线绘络头、鞦带，鞍鞯勾边。长17.4、通高19.5厘米。（图一七〇）

标本M8：25，奏鼓俑头戴红色风帽，帽披及肩后翻，双耳外露。面相浑圆，五官大体清晰，细眉，大眼，目视前方，高鼻，阔口，口涂红彩不存，面容安详，微带笑意。身穿红色右衽交领广袖衫，足蹬靴，置于马镫上。端坐鞍桥之上，双手握拳置于腰部，右手中有孔，原应执鼓槌，左手执小鼓，左腿前马鞍桥置一大鼓，两鼓均呈圆饼形。马挺颈勾首，宽额，大鼻，鼻孔张开，两锥形耳竖直向前，鞍鞯俱全，四肢粗壮如柱，站立于地，宽扁尾缚扎下垂，尾尖上翘。马通体白彩已剥落，可见有黑线绘马鬃、络头、鞦带，鞍鞯勾边。长16.5、通高19.2厘米。（图一七一；彩版三五，3）

标本M8：43，形制同标本M8：25。马通体橘色，部分已剥落，露出白彩底，大、小鼓均施红彩，大鼓颜色剥落较甚，此外可见黑线绘俑长眉、眼眶、马鬃、络头、鞦带等。长16.5、通高19.2厘米。（图一七二；彩版三五，4）

10. 具装甲骑马俑　10件。形制相同。皆泥质灰陶，人半模制作，背部扁平，实心。马合模制，抹平修整，人和马分别制成黏合，烧成后着色。

标本M8：21，武士跨乘马上，头戴兜鍪，顶部凸起红色圆缨，兜鍪冲角遮于额正中，覆盖眉心，顿项长可及肩，黑线绘出盔帽的连弧边长条状甲片。脸形方正，弯眉，圆眼，阔鼻，丰唇，面敷粉彩。上身着红色窄袖衫，外罩裲裆甲衣，下身着袴，右手握拳，挽袖至肘，马挺颈勾首额首，双耳直立，马背鞍鞯俱全，四肢粗壮如柱，站立于地，宽尾下垂。通体原施红彩剥落较甚，仅个别部位残留。鞍鞯施橘红色彩，并以黑线绘出边缘。马吻部、颈部及腹部边缘涂红彩。黑线绘有档胸、网格身甲。长19.5、通高22.2厘米。（图一七三；彩版

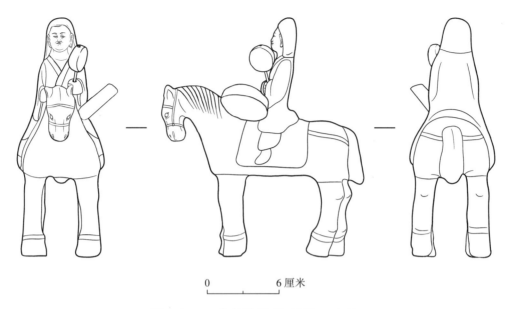

图一七一　奏鼓骑马俑（M8：25）

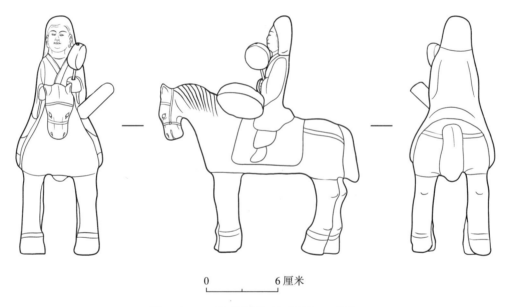

0   6厘米

图一七二　奏鼓骑马俑（M8：43）

三九，2）

标本 M8：39，形制同于标本 M8：21。骑马武士色彩保存较好，面覆粉彩，阔口涂红。通体甲胄涂较鲜艳红彩，彩下透出模印出的长条形甲片。黑线描绘的长眉、大眼以及顿项清晰可辨。马甲色彩剥落，仅马鞍后部分隐约可见。长 19.5、通高 21.6 厘米。（图一七四；彩版三九，1）

11.劳作俑　1件。为踏碓俑。

标本 M8：82，泥质灰陶。模制、贴塑法制成。踏碓者应为一女性，头梳平云髻。细

0　　　　　6厘米

图一七三　具装甲骑马俑（M8：21）

0　　　　　6厘米

图一七四　具装甲骑马俑（M8：39）

眼，高鼻小嘴。身着红色交领左衽广袖长袍，袒胸。左腿上抬，曲膝。右臂微曲，手拽左腿裙角，细腰跣足，造型优美，作踏碓状。碓由架、杵、臼三部分构成，碓架与底板连为一体，底板近端有圆形臼窝，中置有碓杵。整体颜色剥落较甚，可见女俑长袍呈橘红色。架、杵及臼染成朱红色。俑高16厘米，碓架高6.8、宽8.8、长12厘米。（图一七五；彩版三一，3）

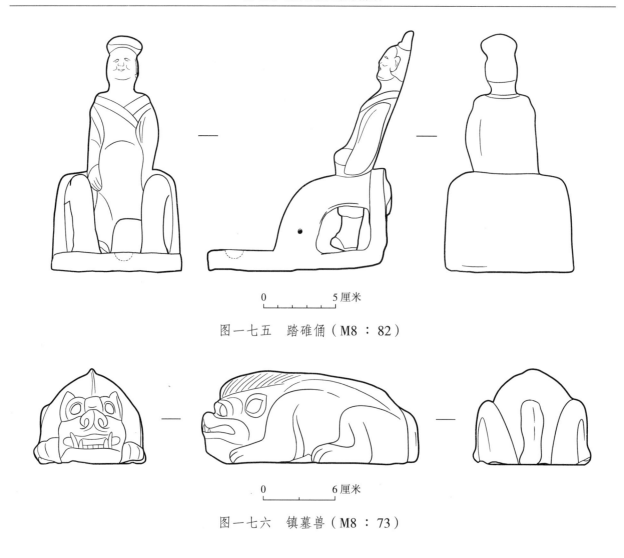

图一七五　踏碓俑（M8：82）

图一七六　镇墓兽（M8：73）

二、陶镇墓兽

共 2 件。其中 1 件仅存残片，无法修复。

标本 M8：73，泥质灰陶。合模制作。作趴卧状。兽面，大嘴，吻前伸，长鼻，眉脊突出，圆眼仰视，憨态可掬，圆形双耳向后紧贴，自额头至颈部作凸起鬃毛，四肢蜷曲，匍匐而卧，尾贴于身下垂，足有三趾爪。从彩绘剥落剖面观察，应是通体先涂打底白色，再施红彩，四肢侧面则在红彩之上施橘红色彩。体长 18、宽 9.3、高 7.5 厘米。（图一七六；彩版四〇，3）

三、陶塑家畜家禽

共 14 件。有骆驼、牛、马、驴、羊、狗、鸡。除鸡为泥质红陶外，余皆泥质灰陶，合模制作。

1. 骆驼　1 件。

标本 M8：66，昂首挺颈，圆目平视前方。双峰耸立，之间驮有一袋。四肢粗壮，关节凸出，前腿直立，后腿微曲，站立于地，尾卷曲贴于后臀一侧。通体施红色彩绘，部分脱落。

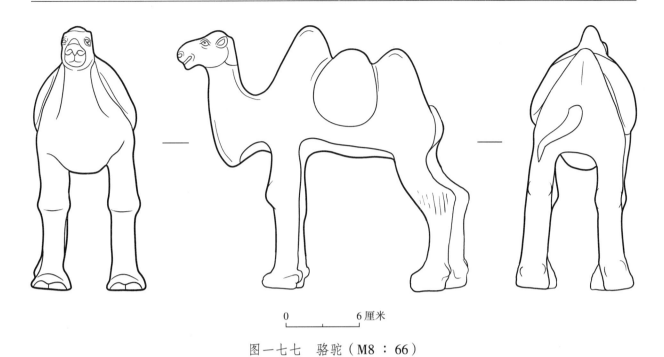

0 ———————— 6 厘米

图一七七　骆驼（M8：66）

体长 23.7、宽 10.5、高 21 厘米。（图一七七；彩版四一，2）

　　2. 牛　2件。

　　标本 M8：41，昂首站立，体态雄健。头生尖角，呈倒"八"字形，双耳贴附角下，阔鼻，大口。牛头、牛身模印有辔头、轭和双辀辕。四肢粗短，站立于地。彩绘脱落殆尽。该标本应和标本 M8：83同为牛车组合中的拉车牛。体长 19.2、高 16 厘米。（图一七八；彩版五〇）

　　标本 M8：77，造型拙朴生动。昂首挺颈，圆眼直视前方，嘴微张，头顶生一对倒"八"字尖角，四肢粗短，站立于地，短尾下垂。通体施朱红色彩，口、眼施红彩。体长 20.4、高 17 厘米。（图一七九；彩版四三，2）

　　3. 马　1件。

　　标本 M8：42，挺颈颔首，嘴微张，双目圆睁，鼻孔张开作嘶鸣状，两圆锥形耳向前，一耳残缺，鬃毛飘逸。鞍鞯俱全，鞍上包裹鞍袱，可见流苏下垂。宽扁缚尾紧贴于臀部。此马即前文所言备乘之诞马。通体施朱红色彩，黑线勾绘出鬃毛、鞍鞯、鞦带，细观隐约可见左侧鞍旁尚残留黑线勾勒出的马镫，鞍鞯原彩已剥落，侧有残留的橘红色彩。体长 20.7、高 20.2 厘米。（图一八〇；彩版四一，5）

　　4. 驴　4件。外形、大小相同。合模制作。体中空。均有不同程度的残损，残损部位多为腿部，已修复完整。

　　标本 M8：44，挺颈低首，脸细长，额角凸出，嘴微张，圆形鼻孔，双目前视，双耳紧贴于头部。背与颈部之间饰有一圆形小孔。体形浑圆壮硕，驴尾贴于臀部下垂，四肢粗壮站立于地。表饰彩绘大部脱落，仅打底白彩依稀可见。体长 12.6、高 9.3 厘米。（图一八一；彩版四三，6）

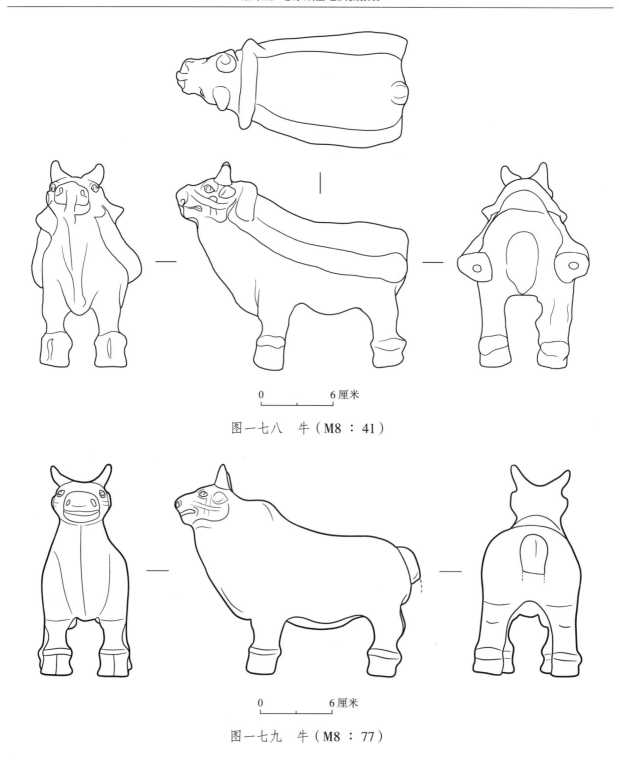

0   6厘米

图一七八 牛（M8：41）

0   6厘米

图一七九 牛（M8：77）

标本 M8：93，形制同标本 M8：44。体长13.6、高9厘米。（图一八二；彩版四三，5）

5. 羊 2件。大小、形制近似。

标本 M8：89，制作粗疏，略具形象。体形浑圆壮硕，挺脖低首，面向前下方，尖圆耳下耷。四肢站立于地，短粗尾向下贴塑于臀。脖、腹下面略作下垂状。表饰彩绘脱落，隐约可见打底白彩。左前腿残，修复完整。体长10.8、高6.4厘米。（图一八三；彩版四四，3）

0　　　　6厘米

图一八〇　马（M8：42）

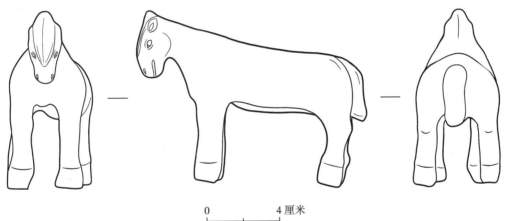

0　　　　4厘米

图一八一　驴（M8：44）

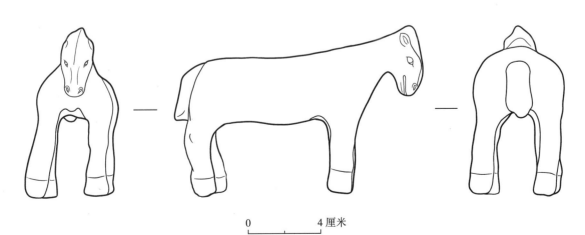

0　　　　4厘米

图一八二　驴（M8：93）

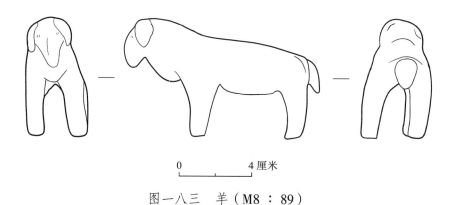

0　　　　　4 厘米

图一八三　羊（M8：89）

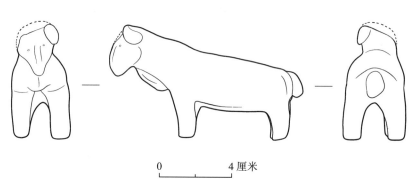

0　　　　　4 厘米

图一八四　羊（M8：90）

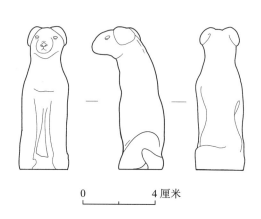

0　　　　　4 厘米

图一八五　狗（M8：80）

标本 M8：90，右侧羊身有明显刮削痕迹。右耳残损。左侧羊眼眶残余的红彩隐约可见。体长 10.6、高 6.1 厘米。（图一八四；彩版四四，5）

6. 狗　2 件。形制略同。

标本 M8：80，制作拙朴。身形呈蹲踞状，头微仰，双耳下耷，眼、鼻、嘴漫漶不清，胸前挺，前腿直立，后腿蹲踞。通体先涂有白色底彩，再施以深红色彩，惜色彩多已剥落。高 7.5 厘米。（图一八五；彩版四五，2）

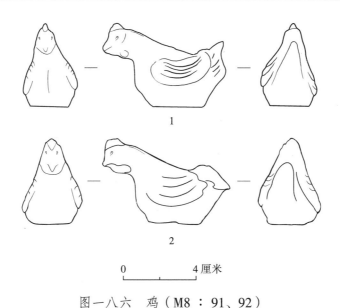

0 　　　　　　4厘米

图一八六　鸡（M8：91、92）

1. M8：91　2. M8：92

7. 鸡　2件。皆泥质红陶。合模制作，体中空。卧姿，高冠，尖喙，腹鼓，尾及翅刻出曲线棱，尾部分残缺。自冠至背部施红彩，尾及翅施有黑彩。

标本M8：91，残长6.8、高4.4厘米。（图一八六，1；彩版四五，9）

标本M8：92，残长7、高4.5厘米。（图一八六，2；彩版四五，10）

四、陶质生活模型明器

共计6件（组）。皆泥质灰陶。模制、手工制作皆有，烧制完成后再着色彩绘，主要器形有车、仓、井、灶、磨。

1. 牛车组合　1组4件。

标本M8：117，由牛、车舆和2个可以拆卸的模制车轮组成。牛即标本M8：41，前已述，此不赘言。车舆（M8：83）为方形，前面敞开，左、右两帮出檐，各有1个穿孔。车舆正面底部开有圆形小孔，用来安插车辕。仔细观察，推测车轴、车棚应为有机物，已经朽坏。车舆两侧车帮顶端有长方形插孔，车后侧亦有两孔。右侧车厢有残损，修复完整。车舆内涂满朱红色彩。圆形轮（M8：29、78），十九辐共毂，轮可拆卸。车舆长14.5、宽15、高14.8厘米，轮径14厘米。（图一八七；彩版五〇）

2. 仓　2件。外形近似，大小有微小差别。

标本M8：13，平面呈长方形。屋顶略拱，四面出檐。正面当中开拱形小窗，无门。顶部、屋四角及窗户周边用宽线条红彩描绘，作瓦垄、立柱及窗棂的示意。屋檐长7.5、宽6厘米，仓体长7、宽5.4厘米，高5.6厘米。（图一八八，1；彩版四六，7）

标本M8：55，屋檐长8.6、宽6.8厘米，仓体长7.8、宽6厘米，高6.4厘米。（图一八八，3；彩版四六，8）

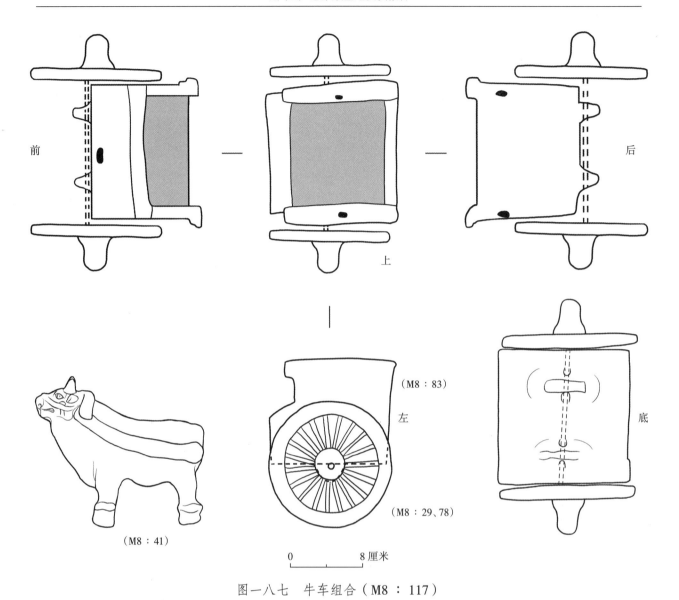

前　　　　　　　　　上　　　　　　　　　后

（M8：41）　　　（M8：83）　　　左　　　　底

（M8：29、78）

0　　　　　　8厘米

图一八七　牛车组合（M8：117）

3. 井　1件。

标本 M8：14，井身呈上小下略大的无底方筒状，井圈出沿，抹角切腰。顶面用红彩描绘出"井"字形井栏，圆形井口，体中空。井筒长6、高5厘米。（图一八八，2；彩版四六，9）

4. 磨　1件。

标本 M8：59，磨台与磨盘一体化模制。磨台座呈圆筒状，上小底大。磨的上扇中部有一凹窝，内有横梁相隔，两侧各有一小圆形磨眼。表施白彩，四周用朱红色彩分成等格，部分脱落。底径8.8、高5.7厘米。（图一八八，5；彩版四六，12）

5. 灶　1件。

标本 M8：84，灶台平面呈马蹄形。后半部耸起一圆形火眼，上置一釜，与灶连在一起。灶前设有双向阶梯状挡火墙，略呈"山"字形，下开拱形灶门，灶门上以红彩绘火焰。挡火

图一八八 豆卢隽墓（M8）出土陶生活模型明器

1、3. 仓（M8：13、55） 2. 井（M8：14） 4. 灶（M8：84） 5. 磨（M8：59）

墙宽12.6、高10.2厘米，灶面高6、宽7.5厘米。釜轮制，侈口，尖圆唇，直腹略弧，向内斜收，圜底。釜口径5.7、高3厘米。（图一八八，4；彩版四七，5）

五、陶生活用器

双系深腹罐 1件。

标本M8：58，泥质灰陶。轮制。侈口，窄平沿，方唇，粗直颈，弧肩，弧腹向下斜内收，平底。肩部两侧附有半椭圆形双耳。素面。罐口径10、腹径13.5、底径7.5、高18.7厘米，耳宽2、长5厘米。（图一八九；彩版五三，6）

六、金属器

共6件（组）。铜器主要有镜和钱，铁器主要有锁、棺环、泡钉和四棱钉。

1. 铜镜 1面。

标本M8：110，残缺较甚。圆形，圆纽，镜背面边缘凸起。由纽至外有乳丁纹、云纹、竖线纹等图案。直径9.8厘米。（图一九〇，2；彩版五七，6）

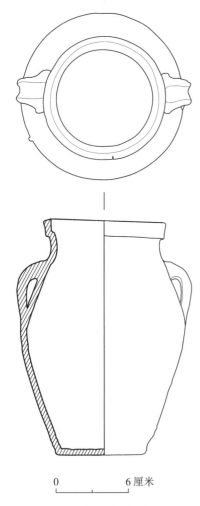

图一八九　双系深腹罐（M8：58）

2. 铜钱　1组2枚。

标本M8：109，2枚，皆"布泉"钱，大小、形制相同。圆形方穿，内、外有郭，钱文"布""泉"二字横列穿孔左右。

标本M8：109-1，钱径2.5、穿径0.8厘米。（图一九〇，3；彩版五五，5）

3. 铁锁　1件。

标本M8：112，锈蚀严重，残。表面呈长方形，一端伸出锁芯，锁芯截面呈圆柱形，其顶端下面有两个锁环，锁环紧扣两个圆形门环，门环与铁锁已经锈蚀在一起，且门环残缺。通长34.2、锁宽8、门环径10厘米。（图一九〇，1；彩版五四，2）

4. 铁棺环　1组4件。形制相同。皆锈蚀严重。出土时规律地分布于木棺东、西两侧。

标本M8：111-1，由底板、环和环纽三部分组成。圆形底板，正中穿孔，安装环纽。环纽系铁条弯曲成形，上挂截面呈圆形的铁环。底板直径14、环外径12.5厘米。（图一九〇，6；彩版五四，6）

5. 铁泡钉　1组22枚。锈蚀变形较甚。长8~11厘米。

标本M8：113-1，半球形盖，盖内顶部有一截面为方形的钉子，下端尖锐。盖径长5、钉残长10.8厘米。（图一九〇，4；彩版五四，8）

6. **四棱铁钉**　1组5枚。形制、大小相同，锈蚀严重。皆小圆头，钉身呈四棱状，钉尖尖锐。头径1.8~2.5、长18.5~26厘米。

标本M8：116-1，头径2、钉长24厘米。（图一九〇，5；彩版五四，7）

七、墓志

豆卢隽墓志　标本M8：114，一方两石，正方形，志盖、志石等大。志盖盝顶，四刹素面无纹饰，志盖顶面呈方形，高、阔皆34厘米，底面高、阔皆44厘米，志盖厚8厘米。志石高、阔皆44、厚7厘米。（图一九一；彩版六〇，2）

志盖顶面划粗阳线方格，阳刻篆书"大周豆卢隽之墓志铭"，3行，每行3字。四刹及四侧素面，打磨光滑。墓志正面细线阴刻暗线方格，字阴刻于方格正中，竖排，楷书，共16行，满行20字，共计301字。现将墓志志文逐录于后：

豆卢隽墓志铭

豆卢隽，字羽连，冯翊频阳人也。少保沃野公之孙，大都督昊之长子。自维熊肇梦，弧

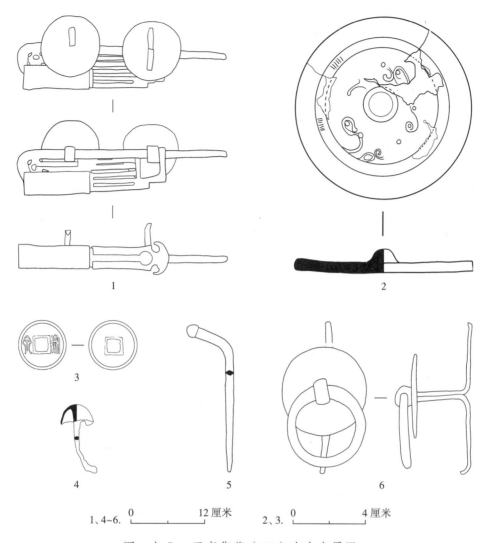

图一九〇　豆卢隽墓（M8）出土金属器

1.铁锁（M8：112）　2.铜镜（M8：110）　3.铜"布泉"钱（M8：109-1）　4.铁泡钉（M8：113-1）　5.四棱铁钉（M8：116-1）
6.铁棺环（M8：111-1）

左程祥。聪颖发于初孩，朗慧彰于始察，表神童于剪髫，显凤智于垂髫。识甚遗环，情忘折李。颍川荀令则故以恧其姿神，扶风马客卿于是惎（惄）其专对。若夫方名数日，请肄诵诗，一阅不忘，三复无怠。加以从容委贽，奉手提携，应接如流，敬恭踰谨。齐庄之訓（训）庚亮，子正之答华歆。虽曰幼季方斯已劣，可谓高明伟器，道上生光，苗而不实，遽沦长夜。春秋十有五，遘疾而终。若王氏之痛，光夫言之可，类谢家之伤，伯子拟事，斯同惜哉。粤以建德六年十一月十五日祔于旧茔，乃作铭曰：

　　豫章七载，兰香九畹，茂质可林，流芳自远，猗猗孺子；

　　声隆不衰，凤明橒节，幼表温柔，有孝有义，朱季彭脩；

　　惜矣凶折，嗟乎若浮，茫茫寒隧，烈烈冬威，短鬼（匓）横起；

　　小雁斜飞，枯泉抱冻，细草含腓，垄瞻厥考，就养玄扉。

图一九一　豆卢隽墓志（M8：114）拓本

第七章　结　语

第一节　豆卢家族史略

中古社会，家族既是血缘联系的纽带，也是社会组成最基本的"细胞"。家族墓地，反映了家族兴衰，也承载了其所在历史时期的社会形态、礼制和文化面貌。为了更好地把握家族发展中某一时段的面貌，对家族发展史进行必要的梳理，有利于全面揭示该家族墓地内涵。本节对魏晋至北朝以来的豆卢家族史撮其节要，做简要梳理。

豆卢氏是北朝至隋唐时期的望族之一，子孙繁盛，簪缨不绝。家族成员多与北魏元氏、宇文周、杨隋、李唐皇室通婚，很多家族成员本身就带有皇室血统，是具有重要政治影响力的世家大族。豆卢氏一族在武周以前的唐代到达前所未有的鼎盛期，实仰赖于北周时期豆卢宁、豆卢恩兄弟的卓著战功打下的坚实基础，且显贵的后人亦多出自豆卢恩一支。相关学者将出土碑志和文献相结合，曾详细考述豆卢家族的世系及汉化过程，是研究豆卢家族史较系统的研究成果[1]。

论及北周及其以前的豆卢家族史，大体可分为棘城建国、诸燕割据、归义北魏、定著关中等几个重要阶段，略述之：

豆卢氏本姓慕容，"号曰东胡，其后与匈奴并盛，控弦之士二十余万，风俗官号与匈奴略同。秦汉之际为匈奴所败，分保塞外鲜卑山，因以为号"。早期与中原王朝几无来往，东汉初年开始逐渐迁居塞内，直至曹魏时期，其首领莫护跋始率部居于辽西，因助司马懿平定公孙渊父子有功，"拜率义王，始建国于棘城之北（今辽宁省义县西北）"。因"慕二仪之德，继三光之容，遂以慕容为氏。"[2] 莫护跋子木延又因随毌丘俭征高丽有功封左贤王，孙慕容归涉保全柳城有功封鲜卑大单于，再迁邑辽东。

归涉子慕容廆，是慕容家族发展史上举足轻重的一代雄主，与西晋王朝往来密切。晋武帝太康十年（289 年），以辽东偏远，迁徙河青山，"教以农桑，法制同于上国（西晋）"。永嘉之乱，两京倾覆，"廆刑政修明，虚怀引纳，流亡士庶多襁负归之"。大量的中原士族流入并被重用，甚至"其世子皝率国胄束脩受业焉。廆览政之暇，亲临听之。于是路有颂声，

---

[1] 江波：《豆卢世系及其汉化——以墓志、墓碑为线索》，《考古学报》2002 年第 3 期。

[2] [唐] 房玄龄：《晋书·慕容廆传》，第 2803 页，中华书局，1974 年。[晋] 陈寿：《三国志·公孙渊传》，第 253 页，中华书局，1971 年。

礼让兴矣"[1]。中原大地战争频仍的两晋之际，慕容廆竟然使这个区域成为士庶乐归的太平乐土，实为慕容氏称帝建政奠定了坚实的基础，晋愍帝时慕容廆受封昌黎、辽东二国公，这也是后世子孙多称"昌黎徒河"的由来。

咸康三年（337年），慕容廆世子慕容皝称燕王。352年，慕容皝的儿子慕容儁灭冉魏，趁着西晋灭亡、东晋南迁之际，入主中原，在邺城称帝，建立前燕。此后慕容氏又陆续建立后燕、西燕、南燕和北燕四个政权，开启了慕容氏长达一个世纪的诸燕政权，直至436年北燕被北魏灭亡。这个阶段是慕容氏入主中原，称帝建政、割据一方的鼎盛阶段。

慕容廆有庶长兄吐谷浑，西迁今青海一带，是吐谷浑政权建立者；有弟西平王慕容运，正是豆卢氏一支直系远祖。运子后燕尚书令、临泽敬侯慕容制（副鸠），孙后燕北地愍王慕容精[2]，都是依附于燕政权的皇室成员。慕容精被后燕慕容麟杀害，次子胜于北魏皇始二年（397年）拓跋珪灭后燕时投归北魏，授北魏长乐郡守，赐姓"豆卢"（北人谓归义为"豆卢"）[3]。豆卢一族亦从中山迁往平城（今山西大同），而后再随孝文帝迁往洛阳，使其家族汉化程度进一步加深。孝文帝太和年间（477~499年），曾一度将包括豆卢氏在内的诸多家族改姓，其中豆卢曾一度改姓为卢，豆卢恩祖代（什伐）为左将军、魏文帝直寝，父苌亦仕于北魏。北周奠基者宇文泰，因豆卢宁、豆卢恩兄弟的显赫战功，后追封豆卢苌为"柱国、少师、浮陵公"。

北魏孝明帝末年，由于六镇鲜卑与南迁洛阳鲜卑贵族之间的矛盾，北魏正光四年（523年），爆发了持续六年之久的北方六镇起义，其中匈奴人万俟丑奴是占据关陇的起义首领，永安三年（530年），受到陇西王尔朱天光、武卫将军贺拔岳、大都督侯莫陈悦兄弟联合攻击。同年，豆卢宁、豆卢恩兄弟以别将随尔朱天光入关中。因破万俟丑奴之功，豆卢宁赐爵灵寿县男。北魏普泰二年（532年），天光败，豆卢兄弟又转投侯莫陈悦。北魏永熙三年（534年）宇文泰破侯莫陈悦，豆卢宁、豆卢恩兄弟投归宇文泰。同年，北魏孝武帝西迁入关中，以奉迎勋，豆卢宁封河阳县伯，后进爵为公，豆卢恩封新兴伯。

大统元年（535年），宇文泰拥立元宝炬为帝，建立西魏。豆卢宁、豆卢恩兄弟从宇文泰入西魏，在与东魏、北齐的征战中，豆卢兄弟几乎参加了所有的重要战争，如沙苑之战、河桥之役、邙山之战，多次平定稽胡和氐族的叛乱，屡立战功。豆卢宁迁大将军、开府仪同三司、尚书右仆射，封为武阳郡公，名列"十二大将军"之一。豆卢恩从征讨，皆有功，进位骠骑大将军、开府仪同三司。

北周孝闵践祚，豆卢宁授正九命的柱国、大将军，豆卢恩授鄜州刺史，进封沃野县公。其家族也因兄弟二人彪炳的军功成为关陇集团的重要家族，但也不尽因军功而然，豆卢氏魏晋以来深受汉文化影响，崇尚儒学，"留心职事，爱玩图籍，官曹案牍，未尝烦委……上马

[1]［唐］房玄龄：《晋书·慕容廆传》，第2804、2806页，中华书局，1974年。

[2]［宋］欧阳修、宋祁：《新唐书宰相世系四下》表第十四下，第3179页，中华书局，1975年。

[3]［唐］李延寿：《北史》，第2365页，中华书局，1974年。

论书，临戎习礼"，又有"立身则十世可宥，遗子则一经而已"[1]。又如豆卢宁世子豆卢勣（豆卢恩长子），"以经业未通，请解职游露门学（北周官学）。帝嘉之，敕以本官就学"。新出土豆卢昊志亦载："表解所任。于是左琴右书，优游终日。"亦可证入关中后的第二代豆卢家族成员对于汉儒文化的痴迷。由于累世的家族积累，第三代中的豆卢通之子豆卢宽，甚至以礼部尚书的身份参加了由唐太宗主持，经学鸿儒孔颖达、魏徵、颜师古等参议的名堂修建事，可见豆卢宽已然进阶为造诣极高的鸿儒硕才[2]。

此外，豆卢氏与北朝各代皇族及关陇高门大族的姻亲结盟，也对巩固和维系其世家大族地位发挥了重要的作用。早在北魏时期，豆卢先祖慕容氏就和北魏皇室有紧密姻亲关系，如"昭成皇后慕容氏，慕容晃（皝）之女也"，"道武皇后慕容氏，宝之季女也"[3]。本报告新出土墓志所载豆卢整夫人乙弗静志，是否与西魏文帝皇后乙弗氏有关系，墓志中未提及，推测可能有一定渊源。《北史·豆卢宁传》载，北周明帝时，豆卢宁女为齐王宇文宪妃。《北史·豆卢勣传》载，隋开皇初年豆卢通适隋文帝妹昌乐长公主，豆卢勣之女被隋汉王杨谅纳为妃。由此可知豆卢氏与北朝皇族密切的联姻关系。

豆卢氏自西魏、北周起，以军功开基，以经儒为持世之本，以婚姻血缘为纽带，上溯魏晋、下至五代竟绵延达700余年，成为北朝、隋唐时期的关中豪门著姓，实始于西魏、北周开国元勋豆卢宁、豆卢恩兄弟，此后枝繁叶茂，高官贵胄屡见不鲜，在盛唐时期达到鼎盛。唐玄宗以后，随着入仕规则由门荫转为科举，这类关中的豪门大姓辉煌不再。

第二节　出土墓志集释

北周是中国历史上南北朝时期的北朝政权之一，由西魏权臣宇文泰奠定国基，其子宇文觉于557年正式建立，建都长安，又称后周或宇文周。国祚短促，历五帝，共24年，其中北周武帝宇文邕在位时间最久，达19年，也是最有作为的一位北周帝王。建德六年（577年），北周武帝灭北齐，统一北方。581年，杨坚受禅代周称帝，改国号为隋，北周亡。

北周所创立的诸多制度，对后来的隋、唐两代产生了深远影响，正史所载多有阙略，因此新出土墓志对正史的证补具有重要意义。本报告收录四方墓志，其中豆卢昊、豆卢隽、乙弗静志墓志随葬时间均为建德六年十一月，这一年也是北周武帝统治末期，豆卢整墓志时代则为隋开皇九年（589年）。如果说陶俑等随葬品展现的是具象的物质形态，那么墓志则多反映了家族、职官、地理甚至是时人的意识形态，信息量更为丰富，对研究北周历史具有重要价值。

一、豆卢昊墓志

君讳昊，字元鸿，冯翊频阳人也。 豆卢昊史书无载，墓志记建德三年（574年）去世，

[1] ［北周］庾信，［清］倪璠注：《庾子山集注》卷十四，第931~932页，中华书局，1980年。
[2] ［宋］欧阳修、宋祁：《新唐书·礼乐志》，第337~338页，中华书局，1975年。
[3] ［唐］李延寿：《北史》，第491~492页，中华书局，1974年。

时年 34 岁，可推知生于西魏大统七年（541 年）。**冯翊频阳**，今陕西富平有美原镇，即频阳故地左近。与以往发现的豆卢氏多称"昌黎徒河"人不同，豆卢昊和其长子豆卢隽均称"冯翊频阳人也"。据《周书·明帝纪》诏曰："三十六国，九十九姓，自魏氏南徙，皆称河南之民。今周室既都关中，宜改称京兆人。"[1] 墓志所记当是这时期对明帝诏令的反映，也标志着豆卢恩家族定著关中"高门世禄"的确立。

慕容炜之败也，始改姓豆卢。昔张辽以聂壹为先，法雄乃齐君之裔。本乎因难，无待司商。 豆卢昊墓志，开篇对家族渊源追忆，前文族史已叙，此不赘言。历来慕容改豆卢氏有赐姓说、归义说、避难说，昊志所载明确了避难说。志言**"慕容炜之败也，始改姓豆卢"**，慕容炜即慕容暐，《晋书·慕容暐载记》有传，志记慕容炜之败，是指前燕皇帝慕容暐被前秦苻坚俘获并授官长安再反叛被诛一事[2]，慕容后人为避祸牵连，始改姓豆卢，并运二典，对此作了进一步说明。

昔张辽以聂壹为先：张辽乃三国时期魏国名将。《三国志·张辽传》载："张辽字文远，雁门马邑人也。本聂壹之后，以避怨变姓。"[3] 聂壹本为马邑（今山西朔州）富商，曾配合汉军诱歼匈奴单于于马邑城，后为匈奴察觉失败，以致于汉大臣王恢被斩，汉与匈奴和亲中断，这就是历史上发生于汉代元光元年（前 134 年）著名的"马邑之谋"，事载于《史记·匈奴列传》[4] 和《汉书·窦田灌韩列传》[5]，亦是《张辽传》里"本聂壹之后，以避怨改姓"的由来。

法雄乃齐君之裔：《后汉书·法雄传》载：汉代青州刺史"法雄字文疆，扶风郿人也。齐襄王法章之后。秦灭齐，子孙不敢称田姓，故以法为氏。"[6]

本乎因难，无待司商：韦昭《国语注》："司商，掌赐族受姓之官。商，金声清。谓人姓生，吹律合之，定其姓名也。"

结合以上两个典故，墓志清楚无误的表明，慕容改姓豆卢并非赐姓，运典喻之为"因难"之故。

君麒麟千里，骙骙绝群。乱物清风，映林鲜景。神捡高韵，总弘农之二杨；沉敏端方，兼沛国之三武。 意即昊少有雄心壮志，卓尔不群，如乱世中的清风，众木中的独树。

总弘农之二杨：弘农（今陕西华阴）杨氏是汉唐时期的世家大族，在当时具有极高的社会声望。依据墓志上下行文，笔者以为二杨指杨宝、杨震父子。《后汉书·杨震列传》载："杨震字伯起，弘农华阴人也。……父宝，习《欧阳尚书》。哀、平之世，隐居教授。居摄二年，与两龚、蒋诩俱征，遂遁逃，不知所处。光武高其节。建武中，公车特征，老病不到，卒于家。震少好学，受《欧阳尚书》于太常桓郁，明经博览，无不穷究。诸儒为之语曰：'关西孔子杨

［1］［唐］令狐德棻等：《周书》，第 55 页，中华书局，1971 年。

［2］［唐］房玄龄：《晋书》，第 2858 页，中华书局，1974 年。

［3］［晋］陈寿：《三国志》，第 517 页，中华书局，1971 年。

［4］［汉］司马迁：《史记》，第 2905 页，中华书局，1959 年。

［5］［汉］班固：《汉书》，第 2399 页，中华书局，1962 年。

［6］［南朝宋］范晔：《后汉书》，第 1276 页，中华书局，1965 年。

伯起。'"[1]杨震父子以明经博览声闻于世，然均不好为官，昊志借此喻其学问渊博而不尚仕途。

兼沛国之三武：应指三国曹魏政权的奠基者、魏武帝曹操，大将军、忠侯夏侯惇，征西将军、博昌亭侯夏侯渊。三人都是东汉晚期骁勇善战、文武兼备的名将，皆沛国谯县（今安徽省亳州市）人，惇、渊又都是西汉开国元勋夏侯婴的后代[2]。

运此二典，言昊文武兼备。这些志记也印证豆卢昊一类的北周时期高级统领都具有入则为"相"、出则为"将"的特征。

坌王国之介弟，推毂西河，召为雍州主簿，后除大都督。昊初仕，被举荐（推毂）于西河。据《北周地理志》载："西河郡治永安，后魏乔置，隋大业年初省。"其地位于今山西省洪洞县西南三十里[3]。

雍州主簿：北魏雍州治在长安，包含今陕西关中东至华县、西至武功以东、北至铜川、南至佛坪的广大区域。西魏、北周延置[4]。雍州所在乃京畿重地，置州主簿，为刺史重要佐吏，常受刺史委任处理州务。"……大都督，右八命。"[5]可知表解免归前，豆卢昊已经位居高官显位。

建德元年，表解所任。于是左琴右书，优游终日。浊贤清圣，岸帻长宵。古之谢病免归，人多寒素，未有朱门鼎贵，屏弃华荣。若散发而系司空，第五之方骠骑，公侯子孙，唯斯而已。建德元年（572年）昊因病去职，据志文可知，豆卢昊出身鼎贵之家，自身又已身居高位，却毅然弃官，超然物外，应是受魏晋名士风尚影响。东汉晚期以来，在士大夫阶层形成了一股由道德的存在变为精神的个体，由追求成为群体的现世楷模演变成追求个体的精神超越的风尚，后人谓之"魏晋风骨"，代表人物之一就是陶渊明。崇尚魏晋风骨的人，不为世俗所束缚，注重培养高雅情趣，陶冶淡然情操，恣意形骸与畅饮美酒是这种风尚的典型表现。豆卢昊正是受此影响的典型个案，志载"于是左琴右书，优游终日，浊贤清圣，岸帻长宵"正是对此类精神追求的映射。"浊贤清圣"语出有典。《三国志·徐邈传》载："平日醉客谓酒清者为圣人，浊者为贤人，邈性修慎，偶醉言耳。"[6]饮者讳言酒，以此代指酒。掀起帽子露出额头谓"岸帻"。"岸帻长宵"言其不拘时长，态度洒脱，衣着简率不拘，寥寥数语，个性尽显，并运典"第五之方骠骑"加以衬对，《世说新语》载："何骠骑弟以高情避世，而骠骑劝之令仕。答曰：'予第五之名，何必减骠骑？'"刘孝标注引《中兴书》："何准，字幼道，卢江灊人。骠骑将军充第五弟也。雅好高尚，徵聘一无所就。充位居宰相，权倾人主，而准散带衡门，不及世事。于时名德皆称之。"[7]　志以此典喻豆卢昊"不及世事""避世高情"，雅好高尚不让其兄（豆卢勋、豆卢通）。

［1］［南朝宋］范晔：《后汉书》，第1759页，中华书局，1965年。
［2］［晋］陈寿：《三国志》之《武帝纪》，第1页；《夏侯惇传》，第267页；《夏侯渊传》，第270页，中华书局，1971年。
［3］王仲荦：《北周地理志》，第812页，中华书局，1980年。
［4］谭其骧：《中国历史地图集》第四册，中国地图出版社，1982年。
［5］［唐］令狐德棻等：《周书》，第405页，中华书局，1971年。
［6］［晋］陈寿：《三国志》，第739页，中华书局，1971年。
［7］余嘉锡：《世说新语笺疏》，第653页，中华书局，1983年。

35 岁就离世的豆卢昊，可谓英年不永，这可能和他"浊贤清圣，岸帻长宵"的生活模式有关。

妻莫多娄氏，息男英字钟期。豆卢昊妻莫多娄氏，子豆卢英均不见载于史，可补史阙。"莫多娄氏"，魏晋南北朝时期东部鲜卑部落名，亦作莫那娄、末那娄、莫耐娄。西晋元康七年（297 年），该部大人倍斤率部入居辽东，并投拓跋氏[1]。北魏太祖拓跋珪（386~409 年在位）时，随北魏徙居代郡（山西大同一带）。后随北魏迁至洛阳，曾一度改姓莫氏[2]。

二、豆卢隽墓志

豆卢隽，字羽连，冯翊频阳人也。少保沃野公之孙，大都督昊之长子。豆卢隽史无载，是豆卢恩孙、豆卢昊长子，亦称"冯翊频阳人也"，与豆卢昊同。

颍川荀令则故以恧其姿神：即指"荀令伤神"这个典故，荀粲字奉倩，是曹魏时期著名的大臣荀彧幼子，聪颖过人，善谈玄理，娶骠骑将军曹洪女为妻，生活美满。其事见载于《三国志·荀彧传》下的附传中[3]："骠骑将军曹洪女，有美色，粲于是娉焉，容服帷帐甚丽，专房欢宴。历年后，妇病亡，未殡，傅嘏往喭粲；粲不哭而神伤。嘏问曰：'妇人才色并茂为难。子之娶也，遗才而好色。此自易遇，今何哀之甚？'粲曰：'佳人难再得！顾逝者不能有倾国之色，然未可谓之易遇。'痛悼不能已，岁余亦亡，时年二十九。"又据《世说新语·惑溺》荀粲笃情于其妻事例："荀奉倩与妇至笃，冬月妇病热，乃出中庭自取冷，还以身熨之……曰：'妇人德不足称，当以色为主。'"[4]后世后遂以荀粲痛悼爱妻事例，以"荀令伤神"为悼念的典例。

扶风马客卿于是慙（慚）其专对：典出《后汉书·马援列传》："客卿幼而岐嶷（nì），年六岁，能应接诸公，专对宾客。尝有死罪亡命者来过，客卿逃匿，不令人知。外若讷而内沉敏。援甚奇之，以为将相器，故以客卿字焉。援卒后，客卿亦夭没。"[5]又《后汉书·皇后纪》载：明德马皇后"兄客卿敏惠早夭，母蔺夫人悲伤发疾慌惚。"[6]志运此二典，喻对钟爱之人逝去的伤痛和惋惜。志文中未明确豆卢隽去世时间，然据上文所引"马客卿"典故推测，豆卢隽可能是在豆卢昊建德三年（574 年）去世后不久去世的。

齐庄之訓（训）庚亮，子正之答华歆。齐庄之訓庚亮：典出《晋书·孙放传》："放字齐庄，幼称令慧。年七八岁，在荆州，与父俱从庚亮猎，亮谓曰：'君亦来邪？'应声答曰：'无小无大，从公于迈。'亮又问：'欲齐何庄邪？'放曰：'欲齐庄周。'亮曰：'不慕仲尼邪？'答曰：'仲尼生而知之，非希企所及。'亮大奇之，曰：'王辅嗣弗过也。'"[7]

[1] [北齐]魏收：《魏书》，第 6 页，中华书局，1974 年。
[2] [北齐]魏收：《魏书》，第 3009 页，中华书局，1974 年。
[3] [晋]陈寿：《三国志》，第 320 页，中华书局，1971 年。
[4] 余嘉锡：《世说新语笺疏》，第 918 页，中华书局，1983 年。
[5] [南朝宋]范晔：《后汉书》，第 852 页，中华书局，1965 年。
[6] [南朝宋]范晔：《后汉书》，第 407 页，中华书局，1965 年。
[7] [唐]房玄龄：《晋书》，第 2149 页，中华书局，1974 年。

子正之答华歆：典出《三国志·孙权传》引注的《吴录》："（沈）友，字子正，吴郡人。年十一，华歆行风俗。见而异之，因呼曰：'沈郎可登车语乎？'友逡巡却曰：'君子讲好，会宴以礼，今仁义陵迟，圣道渐坏。先生衔命，将以裨补先王之教，整齐风俗。而轻脱威仪，犹负薪救火，无乃更崇其炽乎？'歆惭曰：'自桓、灵以来，虽多英彦，未有幼童若此者。'弱冠博学，多所贯综，善属文辞，兼好武事，注《孙子兵法》。又辩于口，每所至，众人皆默然，莫与为对，咸言其笔之妙、舌之妙、刀之妙，三者皆过绝于人。"[1] 以此二典言明豆卢隽年少聪慧，才思敏捷，应答如流。

豆卢隽志中多有夸赞其幼而聪慧，博闻强记，应接如流，待人恭谨等溢美之词，然也惋惜其才俊而不寿的命运，更隐含了因豆卢昊、豆卢隽父子相继去世，对莫多娄夫人所带来的伤痛，虽未明达于文，但通过其运典背后的深意，尤其是马客卿一典，将这种哀痛淋漓尽致地表明了，虽言简而意深矣。

三、乙弗静志墓志

夫人讳静志，金城枹罕人也……以建德六年岁次癸酉七月壬申朔十六日丁亥遘疾，夭于长安县宅，春秋廿有四。乙弗静志，史无所载，志言"金城枹罕人"，即今兰州市西南临夏回族自治州所在[2]。《北史》卷九十六载："吐谷浑北有乙弗勿敌国，国有屈海，海周回千余里。众有万落，风俗与吐谷浑同。然不识五谷，唯食鱼及苏子。苏子状若中国枸杞子，或赤或黑。"[3] 本为吐谷浑一支，世居青海。又《北史·文皇后乙弗氏》载乙弗氏："其先世为吐谷浑渠帅，居青海，号青海王。凉州平，后之高祖莫瓌拥部落入附，拜定州刺史，封西平公。自莫瓌后，三世尚公主，女乃多为王妃，甚见贵重。"[4] 乙弗家族与北魏皇室通婚情况在乙弗静志墓志中也得体现，志记"母拓跋氏鲁阳郡君"，拓跋本北魏皇室旧姓，其母为北魏皇室后裔无疑，再证乙弗氏与北魏皇室联姻的密切关系。

建德六年（577 年）乙弗静志去世时年仅 24 岁，可推知其生于西魏恭帝元年（554 年），亲生有二子一女，其次子方则见载于《新唐书宰相世袭表》[5]。以其长女 7 岁计，则乙弗静志初育时年仅 16 岁。

祖贤，魏使持节、侍中、录尚书、开府、太师、太宰，金城昭定公。父华，周使持节、骠骑大将军、开府仪同三司，袭封金城公。乙弗静志祖贤，即念贤，史书有载；父华亦见载[6]。据《周书》卷十六载："（赵贵）寻拜柱国大将军，赐姓乙弗氏。"显然赵贵一支赐姓乙弗氏与本文无涉，但似可推测，本文所述乙弗氏也源于赐姓，与赵贵一样。**魏使持节：**节即旌节，朝廷命将，以节为信，使持节得杀二千石以下本为晋制，北朝承其制。**侍中：**北

[1] [晋]陈寿：《三国志》，第 1117 页，中华书局，1971 年。
[2] 谭其骧主编：《中国历史地图集》第四册，第 67~68 页，中国地图出版社，1982 年。
[3] [唐]李延寿：《北史》，第 3189 页，中华书局，1974 年。
[4] [唐]李延寿：《北史》，第 506 页，中华书局，1974 年。
[5] [宋]欧阳修、宋祁：《新唐书宰相世袭表》，第 3180 页，中华书局，1975 年。
[6] [唐]令狐德棻等：《周书》卷十四，第 226~227 页，中华书局，1971 年。[唐]李延寿：《北史》卷四十九，第 1805 页，中华书局，1974 年。

魏侍中多作为重臣的加职。**录尚书**：录尚书事省称，北魏中央职官，总领尚书省事，地位在尚书令之上。**开府**：北魏孝文帝太和二十三年（499 年），定其秩从一品。**太师**：为北魏优礼大臣的虚号，为八公之一，定其秩正一品。**太宰**：北魏前期的太武帝至献文帝有太宰一职，孝文帝太和十七年（493 年）前《职员令》和太和二十三年（499 年）后《职员令》未载此职，但在北魏末年又出现，与太师并置，可以置属员，太师则无属员[1]。乙弗华所任骠骑大将军、开府仪同三司均为正九命[2]。

幼徔（从）傅姆，早闲闺范。嘉名洁行之操，螽斯均爱之慈。饎酏在馈，齐眉举案之礼；桃李穠华，婉［嬺］柔凝之质。盬纑臣子之严，受期友朋之信。**傅姆**：即保育贵族子女的老年妇人。**螽斯**：《诗经·国风·周南》有《螽斯》篇，昆虫螽斯，今名蝈蝈，喻指后代。**均爱之慈**：对每位后代都均等施爱并不偏颇。**齐眉举案**：典出《后汉书·梁鸿传》，喻夫妻互敬。概言之，是说乙弗氏从小就跟从傅姆受到教诲，很早就懂得妇女当尊的道德规范，保持嘉洁的操守，慈爱地对待每个孩子，夫妻相敬相爱，性格温婉，穿戴严格遵守臣子之礼，并不会因为出身高门就有所越礼，对亲朋好友讲究信实。这段志文勾显了北周时期高门贵妇的社会家庭伦理观，据志文可知，这种观念的教导与灌输从幼年即始，这亦当是彼时贵族妇女外在行为要求和规范的真实记录。

丽敏爱书，博诵壮武女史之篇、崔琦外戚之作、曹氏之诫、赵姬之诔。《女史篇》是东汉蔡邕撰写的蒙学课本。以四字或三字为句，便于女子初学成诵。首句有"女史"二字故名之。**崔琦外戚之作**：载自《后汉书·崔琦传》："崔琦字子玮，涿郡安平人，济北相瑗之宗也。少游学京师，以文章博通称，初举孝廉，为郎。河南尹梁冀闻其才，请与交。冀行多不轨。琦数引古今成败以戒之，冀不能受。乃作《外戚箴》。"[3]内有"非但耽色，母后尤然。末嬉丧夏，褒姒毙周，妲己亡殷，赵灵沙丘。戚姬人彘，吕宗以败，陈后作巫，卒死于外，霍欲鸩子，身乃罹废"，指历史上因女性不自诫引发的败亡事件。**曹氏之诫**：见载于《后汉书·列女传·曹世叔妻》，指的是东汉班昭写的教导班家女性做人道理的私信，称《女诫》，因班昭嫁给曹家，故墓志言"曹氏之诫"[4]。**赵姬之诔**：典出《列女传》：春秋时期晋国执政大夫赵衰之妻本姓姬，因夫赵氏，故称赵姬，本晋文公重耳之女。为赵衰生下三子：赵同、赵括、赵婴齐，却认为叔隗所生之赵盾更为贤能，故请赵衰立赵盾为嫡子，使自己的三个儿子侍奉赵盾。刘向撰："赵衰姬氏，制行分明，身虽尊贵，不妒偏房，躬事叔隗，子盾为嗣，君子美之，厥行孔备。"[5]

中古时期家族是"社会肌体"重要的组成部分，而作为家族稳定的支柱力量，妇女的重要作用不言而喻。志载乙弗氏"幼从傅姆，早闲闺范"，生动地展现了"贵门鼎族"对女性家族成员培育始于幼年的系统训练，其素质无疑对家族后代的培养和引领起着关键的作用，

［1］俞鹿年：《北魏职官制度考》，第 245~251 页，社会科学文献出版社，2008 年。
［2］［唐］令狐德棻等：《周书》，第 404 页，中华书局，1971 年。
［3］［南朝宋］范晔：《后汉书》，第 2619 页，中华书局，1965 年。
［4］［南朝宋］范晔：《后汉书》，第 2784 页，中华书局，1965 年。
［5］［汉］刘向撰、茅坤补：《全像古今列女志传》卷之二，明万历十九年余文台三台馆刻本，1591 年。

这也许就是著姓大族互通婚姻的核心原因之一。

四、豆卢整墓志

君讳憼（整），字元平，昌黎人也。……以开皇六年十月薨于第，春秋四有二。以九年十月廿四日窆于洪渎里。豆卢整，志记为昌黎人，昌黎徒河本豆卢改姓前的兴起之地，开皇六年（586年）薨于第。**春秋四有二**，可推知其生于西魏大统十一年（545年），较豆卢昊小四岁。

祖周柱国少保浮陵公。父周开府沃野公。君即沃野公之第四子也。祖周柱国少保浮陵公即豆卢苌，《北史·豆卢宁传》："父苌，魏柔玄镇将，有威重，见称于时。武成中，以宁勋，追赠柱国大将军、少保、涪陵郡公。"[1]**君即沃野公之第四子也**，据文献和墓志可知，目前已知豆卢恩至少有四子，长子豆卢勣过继其兄豆卢宁[2]，二子豆卢通为豆卢恩世子[3]，三子豆卢昊，四子豆卢整。

以周天和五年授大都督。志题"大隋都督豆卢府君之墓志"，而志文载"以周天和五年（570年）授大都督"，北周大都督是右八命，属于高阶官员。**隋都督：**《隋书·职官志》载："高祖（隋文帝）又采后周之制，置上柱国、柱国、上大将军、大将军、上开府仪同三司、开府仪同三司、上仪同三司、仪同三司、大都督、帅都督、都督，总十一等，以酬勤劳。""都督……为正七品。"据此推测，豆卢整由周入隋后，地位有所衰弱。

豆卢整墓志行文简略，事迹乏善可陈，但对研究豆卢恩家族史提供了重要线索。

依据文献和本次新出墓志所载，豆卢恩四子及乙弗静志、豆卢隽相关信息汇表如下：

表四 豆卢恩家族成员族望生卒葬地表

姓名	族望	关系	衔称	封爵	生	卒	葬地
豆卢恩	昌黎徒河	父	陇右总管府长史	沃野县公	北魏正始三年（506年）	北周保定三年（563年）	洪渎原
豆卢勣	昌黎徒河	长子	夏州总管	楚国公	西魏大统元年（535年）	隋开皇十年（590年）	不详
豆卢通	昌黎徒何	次子	夏州总管洪州总管	南陈郡公	西魏大统四年（538年）	隋开皇十七年（597年）	不详
豆卢昊	冯翊频阳	三子	周大都督	无	西魏大统七年（541年）	北周建德三年（574年）	洪渎川
豆卢整	昌黎	四子	周大都督隋都督	无	西魏大统十一年（545年）	隋开皇六年（586年）	洪渎里
乙弗静志	金城枹罕	四子妻	无	无	西魏恭帝元年（554年）	北周建德六年（577年）	洪渎川
豆卢隽	冯翊频阳	孙	无	无	北周保定二年（562年）？	北周建德六年（577年）？	祔于旧茔

［1］［唐］李延寿：《北史》，第 2356 页，中华书局，1974 年。
［2］［唐］魏徵等：《隋书》，第 1155 页，中华书局，1973 年。
［3］［唐］李延寿：《北史》，第 2369 页，中华书局，1974 年。

图一九二　豆卢恩家族世系图

　　今依据已有的研究成果、史书载记和新出土墓志，排列豆卢恩家族北周前后十二代世系如图一九二。

第三节　豆卢恩家族墓园的意义

　　从见诸发表的考古资料看，北周墓葬集中分布于陕西西安市、咸阳国际机场周边和宁夏固原地区。咸阳国际机场周边的洪渎原因旁近北周帝都长安之故，无论是发现的数量还是墓葬的级别，都堪称翘楚，墓主身份上至北周帝王如武帝[1]，下至王公贵族如上柱国大冢宰谯忠孝王宇文俭[2]、柱国大将军叱罗协、尉迟运等[3]。学界曾对这些墓葬的形制和随葬品

[1] 陕西省考古研究院：《北周武帝孝陵发掘简报》，《考古与文物》1997年第2期。
[2] 陕西省考古研究院：《北周宇文俭墓清理发掘简报》，《考古与文物》2001年第3期。
[3] 负安志：《中国北周珍贵文物》，陕西人民美术出版社，1993年。

做过较详尽的研究和探讨，由于地上资料有限，研究多集中在墓葬地下的形制结构和随葬品分类组合对比研究上[1]。

同时期西安地区见诸报道的北周家族墓地尚有西安南郊韦曲高旺堆张猥父子四人墓，但墓葬规模较小，墓主身份级别相对较低，也未见相关墓园设施的报道[2]。此外有类家族墓地性质的北周武帝之子谯王宇文俭墓、宇文俭母权白女墓、冀公宇文通墓和其母乌六浑显玉墓，发掘者已经注意到周边有兆沟，可能囿于当时客观条件未予以全面揭露，墓葬之间的平面布局尚不清楚[3]。

因此，豆卢恩家族墓园的完整揭露有着重要的意义，这是迄今为止首次通过科学发掘揭露的北周高等级贵族墓园，且相对保持完整。墓园呈现如下几个特点：

其一，除豆卢恩墓出土神道碑首、碑座以外，其余三座墓葬均出土有墓志，共计四方。墓主姓名、埋葬时间、葬地名以及家庭关系脉络清晰明了，为墓地进一步研究提供了可靠依据。

其二，地上设施多样，规模宏大。整个墓园地上设施包含兆沟、封土和神道碑，填补了以往北周时期墓葬地面设施稀缺的空白。以兆沟为界构筑的陵园，南北长 152、东西宽约 135 米，占地面积达 2 万余平方米；兆沟内部深浅、宽窄虽有差别，但开口普遍宽度在 1.5 米以上，最宽处近 4.5 米，深度最低 1.8 米左右，整体规模不可谓不宏大。这种平面呈南北向、南带"凸"字形平台的陵园兆沟形态，为隋唐时期沿用，特别是近期发掘的隋代王韶家族墓[4]，正是豆卢恩家族墓园布局形态在隋代承继和沿用的典型例证。

其三，兆沟构筑时间较早。据神道碑和墓志载记可知，墓园中的豆卢氏家族成员，并非一次葬入，那么墓园兆沟的修建时间就是一个值得关注的问题。笔者认为该兆沟应与豆卢恩墓是同时期构筑的，这点可以从位于最北边的豆卢隽墓与兆沟北侧极为靠近的局促布局这一现象中得到启示——只有当兆沟已构筑，又为了按照葬制要求布局豆卢昊、隽父子墓位关系时才会出现上述情况。加之建德六年（577 年），正处于北周"勿封勿树"严格推行时段，兆沟与后葬者墓葬同时构筑的可能性就显得极小了。

其四，埋葬人数多。墓园除豆卢恩本人外，还包括其三子豆卢昊、四子豆卢整夫妇、孙豆卢隽，共计三代五人，是目前北周时期家族墓地所仅见。

其五，排列有序。豆卢恩为最长辈，其墓居于整个墓园中间最南区域，豆卢恩墓北面东侧为豆卢整与乙弗静志合葬墓，北面西侧为三子豆卢昊墓，二子墓葬大体在同一水平线上，再向北就是豆卢家族最小一辈成员豆卢隽之墓，按照长幼梯次排列的意图明显。依据三子豆卢昊墓葬位置推测，若面南而向，似以右为上。

其六，墓葬等差明显。四座墓葬同属一个家族，虽均为斜坡墓道、带天井的土洞墓，但

[1] 倪润安：《北周墓葬"不封不树"辨析》，《中国典籍与文化》2006 年第 2 期。
[2] 杨军凯、辛龙、郭永淇：《西安北周张氏家族墓清理发掘收获》，《中国文物报》2013 年 8 月 2 日第 8 版。
[3] 邢福来、李明：《咸阳发现北周最高等级墓葬——再次证明咸阳北原为北周皇家墓葬区》，《中国文物报》2001 年 5 月 2 日第 1 版。
[4] 相关情况承蒙李明、赵占锐二位发掘者告知，相关资料正在整理中。该墓位于咸阳市北杜镇韩家村，墓园内分布有 7 座王氏家族成员墓葬，墓园兆沟类同于豆卢恩家族墓地。

规模、形制差异明显。豆卢恩墓为三天井，并在第三天井两侧开辟有壁龛，墓室则为东西略长、进深较短的单墓室。豆卢整、乙弗静志夫妇为两天井单墓室。豆卢昊和豆卢隽父子虽同为前后双室墓，但天井数量又有差别，昊墓为两天井，隽墓为单天井。墓葬深度方面，豆卢恩墓室最深，达 12.7 米；豆卢昊和豆卢整夫妇墓葬深度分别递减为 7.5 米和 6.9 米；豆卢隽墓深度最浅，仅 5.8 米。据此推测，墓葬的深度和身份高低关联似乎更密切，墓道长短及天井数量多寡可能只是从属于深度原因所做的设置。

其七，埋葬延续时间跨度大。最早入葬的豆卢恩为天和元年（566 年），豆卢昊、乙弗静志、豆卢隽则于建德六年（577 年）十一月十五日同时埋葬于墓园内，最晚归葬的豆卢整为隋开皇九年（589 年），即豆卢恩家族成员是分三次先后葬于该墓园的，以最早的天和元年豆卢恩墓计，埋葬的时间跨度达 23 年之久。

其八，地上设施的设置可印证对"勿封勿树"延续时间的推测。从发掘情况看，归葬于天和年间的豆卢恩墓有封土、神道碑这些地上设施，葬于建德六年的豆卢昊、乙弗静志、豆卢隽三座墓葬没有封土迹象。《周书·明帝纪》载："葬日，选择不毛之地，因地势为坟，勿封勿树。且厚葬伤生，圣人所诫，朕既服膺圣人之教，安敢违之。"[1] 这是明文记载的北周皇室倡导的"勿封勿树"准则，且北周明帝以身作则，以垂范于后世。实际发掘中葬于天和元年的豆卢恩墓却未真正贯彻实行，同时期其他高等级贵族墓也呈现了这种特点，而瘗埋于建德六年的三座墓葬却实际体现了"勿封勿树"的情况，印证了相关学者的研究推断，即"勿封勿树"并非贯穿整个北周的葬制，"得到实行大致是建德后期和宣政初期"，仅仅维持数年，此后不久的大成、大象年间（579~580 年）"勿封勿树"即告破禁[2]。建德六年正处于强力推行"勿封勿树"时间段中，因此这批豆卢氏墓葬未见封土及其他设施遗迹也是情理之中的事。

其九，随葬品较为丰富。

豆卢恩墓因早年盗扰严重，仅出土 2 件陶立俑和 1 件残缺的骑马俑，风帽立俑形制与北周保定四年（564 年）拓跋虎墓仪仗立俑相同[3]。

豆卢昊、豆卢隽、乙弗静志墓随葬品中以陶俑为大宗，另外还有镇墓兽、陶塑家畜家禽，车、仓、井、灶、磨等模型明器及陶罐、壶、砚和玉组佩、铜镜等实用器。三座墓葬随葬陶俑的形制近同，以半模制作的实心平背陶俑为显著特点，但在陶俑的组合、种类、数量上也显示出一定的差异，细述之：

豆卢昊、豆卢隽父子随葬陶俑的种类和组合大多相同，仅数量有差异，陶俑类型包含镇墓俑、仪仗俑、侍从俑和劳作俑四类，仪仗俑由击鼓、吹奏组成的所谓"鼓吹"俑以及小冠裤褶俑、具装甲骑俑为主体的武士组成，或为文献记载的"羽葆鼓吹"形态。

"前后班羽葆鼓吹"本汉、晋以来常用的礼乐、丧葬制度，既可以用于生前也可以用于

［1］［唐］令狐德棻等：《周书》，第 60 页，中华书局，1971 年。

［2］倪润安：《北周墓葬"不封不树"辨析》，《中国典籍与文化》2006 年第 2 期。

［3］负安志：《中国北周珍贵文物》，第 3 页，陕西人民美术出版社，1993 年。

死后。如《后汉书·杨震传》："及葬，又使侍御史持节送丧，兰台令史十人发羽林骑轻车介士，前后部鼓吹。"[1]　　又据《晋书·舆服志》载："中朝大驾卤簿：先象车，鼓吹一部，十三人，中道……鼓吹各一部，七人……次黄门前部鼓吹，左右各一部，至后部鼓吹……次黄门后部鼓吹，左右各十三人。"[2]再如《北史·刘昶传》："后给班剑二十人。薨于彭城，孝文为之举哀，给温明秘器，赠假黄钺、太傅，领扬州刺史，加以殊礼，备九锡，给前后部羽葆鼓吹，依晋琅邪王琅仙故事，谥曰明。"[3]《周书·李弼传》亦有载："给（李弼）前后部羽葆鼓吹，赐杂彩六千段。"[4]可知"鼓吹"的使用代表了墓主人身份地位的显赫，在礼制方面凸显着重要作用。

依据文献的记载，前部鼓吹当以鼓在前，后部则以吹奏乐在后，由于墓葬原始位置已经扰动，无法印证鼓吹的前后排列，然而鼓吹的组成因素是齐全的，且鼓吹均为骑马俑。豆卢昊父子配置的击鼓俑数量分别为 14 和 13 件，吹奏俑数量相同，所奏乐器为筚、排箫、笛各 2 件，共 6 件吹奏俑，展现的是一个较完备的鼓吹组合。

豆卢昊、隽父子墓各随葬了一套牛车，形制完全相同，由牛、车舆和可拆卸的车轮组成，牛身贴塑辕、轭，车舆四面开敞，应是文献记载的辒车的形制。《史记·季布列传》索隐：辒车"谓轻车也，一马车。"[5]《隋书·礼仪志五》："辒车，案《六韬》，一名遥车，盖言遥远四顾之车也。"[6]魏晋南北朝时期以牛车为贵，故以牛与辒车配。"介士"即甲士、兵士，豆卢昊父子墓中所出小冠裤褶俑即用于仪卫的兵士俑，亦有具装甲骑马俑，颇具"轻车介士"的意味。"轻车介士""羽葆鼓吹"，都是具有高贵身份人物所享有的礼遇，以豆卢恩家族创立的赫赫战功，享有此殊荣应不意外。另外，出土的小冠俑、风帽俑和笼冠立俑手中皆有插孔，但因原持物不存，难以遽断其身份，是否与"班剑"相关，需作进一步研究。

值得关注的是豆卢昊和豆卢隽墓皆出土有平云髻女立俑，昊墓 2 件，隽墓 1 件。头梳平云髻，面庞丰腴圆润，面颊、颌部带靥，神情温淑端庄，内穿圆领衫，外着黑色交领广袖襦衫，左手持一筒状物，在已发掘的北周墓中较为少见，仅在宣政元年（578 年）独孤藏墓中出土过一件类似的[7]，以其所展现的服饰和面貌看，身份较为特殊，非一般侍从俑。

豆卢昊墓中的玉组佩和辟雍砚，也是该墓中较具特色的随葬品，是其追求高雅情趣、淡然情操、儒雅情怀的实物证据。

豆卢整与乙弗静志合葬墓出土的陶俑分属于北周和隋两个系统，最明显的就是半模俑与合模俑的区别，乙弗静志随葬的北周陶俑组合没有鼓吹俑配置，且与豆卢昊父子墓同类的俑的数量也明显减少（见附表二）。豆卢整随葬的一组 8 件隋代风帽骑俑，从骑手的姿态和腿

［1］［南朝宋］范晔：《后汉书》，第 1785 页，中华书局，1965 年。
［2］［唐］房玄龄等：《晋书》，第 757~760 页，中华书局，1974 年。
［3］［唐］李延寿：《北史》，第 1048、1049 页，中华书局，1974 年。
［4］［唐］令狐德棻等：《周书》，第 241 页，中华书局，1971 年。
［5］［汉］司马迁：《史记》，第 2730 页，中华书局，1959 年。
［6］［唐］魏徵等：《隋书》，第 210 页，中华书局，1973 年。
［7］负安志：《中国北周珍贵文物》，第 83 页，陕西人民美术出版社，1993 年。

上有插孔的情况判断，推测可能是击鼓俑，但不同于北周以泥质制鼙鼓的做法，所有风帽骑俑的配鼓皆已不存。豆卢整夫妇墓中随葬一辆卷顶式牛车（M4∶143），御者与车舆分隔，后背敞开，便于乘坐，车轮上方，车顶与车舆交接处两侧有凸出的长条形车耳，即车轮挡泥板，当是专供贵族妇女乘坐的辀车[1]，应属于乙弗静志的随葬品，与豆卢昊父子墓中车辆的形制不同，应是性别差异的反映。

归葬于隋开皇九年（589年）的豆卢整，墓中陶俑均采用合模制作，其组合与葬于建德六年（577年）的豆卢昊父子及乙弗静志墓陶俑比对，已有所变化。第一，奏乐俑和劳作俑未出现在陶俑组合内。第二，新出现两件头戴介帻大冠的立俑，其身份有待进一步推究。第三，陶器数量和品种增多，泥质灰陶的壶、罐、碗达12件之多。尤为引人关注的是豆卢整随葬品中的陶骆驼，其驮囊出现了一组模印有域外风格人物的图案，是以往发现此类骆驼驮囊图案最清晰完整的一件，相关学者的研究认为是希腊酒神的形象[2]，这是北周时期与西方文化交流往来的珍贵实物资料。

综上所述，豆卢恩家族墓园中，规整的墓园兆沟设置，长幼有序的墓葬分布与排列，随葬品中武士、鼓吹俑及牛车等的组合使用，表明自东汉晚期以来崩塌的礼制，经过魏晋十六国时期的战乱，大约在北魏晚期开始被逐步建立。正如苏绰所献的北周施政纲领"六条诏书"所言："然世道凋丧，已数百年。大乱滋甚，且二十岁。"[3]说明了北周时期亟待恢复社会稳定和制定礼制，故而北周王朝的奠基者宇文泰早在初定关陇的西魏恭帝三年（556年），即令苏绰、卢辩依据《周礼》制定新制[4]。新制采用西周礼制，并不能完全适应当时社会状况，为世诟病，但也表明了鲜卑的汉化政权对中原礼制的渴望，并对隋唐时期社会生活和政治产生了深远的影响。从本墓地的出土情况结合已有的研究成果看，北周时期虽然俑的形态因年代早晚有差异[5]，但从墓葬形制和大体一致的随葬品组合来看，基本反映出了北周礼制的确立。魏晋以来聚族而葬的墓地不少，如2020年至2022年，陕西省考古研究院在咸阳机场建设中发掘的数十座西晋家族墓地，但均未发现有墓园兆沟配属[6]。西晋带兆沟的墓园，仅在西晋京畿地区的洛阳孟津发现一例，但相对于全国已发现的数以百计的西晋墓数量而言可谓凤毛麟角，也代表西晋时期试图恢复礼制的昙花一现。由此观之，墓园兆沟的构筑不单纯是地面设施的增加，也是礼制回归的表现。故而豆卢恩家族墓地既是对东汉、魏晋时期聚族而葬的延续，也是北周高等级贵族墓葬葬制的体现，同时也映射出北周礼制回归的余影，上述集为一体的特点在豆卢恩家族墓地都得以展现，实为难得。

---

［1］孙机：《汉代物质文化资料图说》，第95页，文物出版社，1991年。

［2］葛承雍：《"醉拂菻"希腊酒神在中国》，《文物》2018年第1期。李雨生、田有前：《西安茅坡村隋墓出土骆驼俑驮囊模印图像初论》，《考古与文物》2018年第3期。

［3］［唐］令狐德棻等：《周书》，第384页，中华书局，1971年。

［4］［唐］令狐德棻等：《周书》，第404页，中华书局，1971年。

［5］倪润安：《北周墓葬俑群研究》，《考古学报》2005年第1期。

［6］本文作者参与的咸阳国际机场三期扩建考古发掘，在咸阳市北杜镇瓦刘村发现东汉晚期家族墓2处，其中4座墓发现有纪年朱书陶瓶。目前相关资料在整理中。

附表一

豆卢恩家族墓葬登记表

墓葬编号	墓主姓名	墓主身份	墓葬形式	墓道开口长度/米	天井/个	墓室尺寸及距地表深度/米	附加设施与葬具	陶俑数量	备注
M3	豆卢恩	陇右总管府长史、周少保、沃野县开国公	长方形土洞	25.04	3	进深3.5，宽度3.5~3.7，深13	木封门、木棺	3	盗扰严重
M9	豆卢昊	大都督	方形土洞带后室	11.8	2	前室：进深2.6，宽2.7 后室：进深2.75、宽1~1.3，深7.5	木封门、木棺	95	轻度扰动
M4	豆卢整	大都督	方形土洞	9.52	2	进深2.56，宽2.88，深6.9	木封门2道、木棺	103	轻度扰动
M4	乙弗静志	大都督夫人							
M8	豆卢隽	无	方形土洞带后室	10.32	1	前室：进深3.12，宽2.48 后室：进深2.32，宽1.16~1.25，深5.8	木封门、木棺	83	轻度扰动

附表二　　　　　　　豆卢恩家族墓葬出土器物分类统计表

墓号 ＼ 名称·数量	小冠深衣俑	小冠裤褶俑	大冠俑	风帽俑	高帽屋风帽俑	笼冠俑	胡人俑	平云髻女
豆卢恩墓（M3）				2				
豆卢昊墓（M9）	10	20		10	8	9	2	2
豆卢整墓（M4）	20		2	10		10		
乙弗静志墓（M4）	16			10		3	1	
豆卢隽墓（M8）	7	19		6	10	6	2	1

墓号 ＼ 名称·数量	镇墓兽	骆驼	马	牛	羊	驴	猪	狗	鸡	壶	罐	碗	砚	灶	仓	井	房	磨
豆卢恩墓（M3）																		
豆卢昊墓（M9）	2	1	1	3	2	2	3	2	1	1	2		1	1	2	1		2
豆卢整墓（M4）	2	1					1			6	1	3						
乙弗静志墓（M4）	1		1	1	1		1	2	2					2	3	1	1	
豆卢隽墓（M8）	2	1	1	2	2	4		2	2		1			1	2	1		1

附表三　　　　　　　打破豆卢恩墓（M3）的晚期祭祀坑出土器物统计表

编号	器物名称	质地	出土位置	尺寸/厘米	保存状况	备注
K3：1	碑首	青石	碑首埋藏坑（K3）	高104、宽110、厚28	略残	
K2：1	碑跌	青石	碑跌埋藏坑（K2）	盝顶以下部分横宽135、高43、阔100；盝顶顶面宽120、阔83、斜刹宽13；树碑榫槽长65、宽30、深15	较完整	
K1：3	香炉	泥质灰陶	祭祀坑（K1）	长12.4、宽7.3、高8.4	完整	明代晚期

踏碓俑	持箕俑	侍火俑	武士俑	骑马俑						
				具装甲	奏鼓	吹笳	吹笛	吹箫	笼冠	其他
										1
1			1	12	14	2	2	2		
			2	8	8				3	
1	1	1	2	5						
1			2	10	13	2	2	2		

轮	青瓷水盂	铜镜	铜钗	铜钱	泥串珠	玉组佩	泡钉（铜、铁）	铜挂件	铁锁	铁棺环	铁钉	鎏金饰	神道石碑	青石墓志
		1			1							1	1	
4		1				27	57	3	1	4	8			1
	1				42									1
2		2	5	7										1
4		1		2			22		1	4	5			1

（注：未标注质地者均为陶质）

附表四　　　　豆卢恩墓（M3）出土器物统计表

编号	器物名称	质地	出土位置	尺寸/厘米	保存状况	备注
1	镜	铜	墓室内南部偏西扰土内	直径6.2、纽径0.8、缘厚0.4		
2	风帽俑	泥质灰陶	墓室内南部偏西扰土内	高12、宽4、厚2.5		
3	骑马俑	泥质灰陶	墓室内南部偏西扰土内	长15、通高11	残	失俑身
4	玛瑙珠	玛瑙	墓室内西侧偏南扰土内	直径0.9、高0.75	有穿孔	
5	葵形饰	铜鎏金	墓室内西侧偏南扰土内	直径1.7		
6	风帽俑	泥质灰陶	墓室内西侧偏南扰土内	残高9.9、宽4、厚2.5	残	失俑头

附表五　　　　　　　　　　　　豆卢昊墓（M9）出土器物统计表

编号	器物名称	质地	出土位置	尺寸／厘米	保存状况	备注
1	锁	铁	甬道东南部	长 45、宽 15	锈蚀	
2	高帽屋风帽俑	泥质灰陶	甬道口东部	高 16、宽 5.6、厚 2.5		
3	镇墓兽	泥质灰陶	甬道口东部	长 19、宽 10.2、高 8		
4	吹笛骑马俑	泥质灰陶	甬道口东部	长 15.8、通高 17.8	残	
5	风帽俑	泥质灰陶	甬道口东部	高 14.5、宽 4.5、厚 3	残	
6	小冠袴褶俑	泥质灰陶	甬道口东部	高 15.2、宽 5、厚 2.5		
7	小冠袴褶俑	泥质灰陶	甬道口东部	高 15.2、宽 5、厚 3		
8	小冠袴褶俑	泥质灰陶	甬道口东部	高 15、宽 5、厚 3		
9	高帽屋风帽俑	泥质灰陶	甬道口东部	高 15.8、宽 5、厚 2.5		
10	具装甲骑马俑	泥质灰陶	甬道口东部	长 20、通高 22.5	残	
11	胡人俑	泥质灰陶	甬道口东部	高 12.6、宽 5、厚 3		
12	车轮	泥质灰陶	甬道口东部	直径 13		
13	猪	泥质灰陶	甬道口东部	长 10.5、高 6.5		
14	具装甲骑马俑	泥质灰陶	前室中南部	长 19.2、通高 21.6	残	
15	奏鼓骑马俑	泥质灰陶	前室中南部	长 17.5、通高 20	残	
16	奏鼓骑马俑	泥质灰陶	前室中南部	长 17.4、通高 20	残	
17	具装甲骑马俑	泥质灰陶	前室中南部	长 20、通高 23.5	残	
18	小冠袴褶俑	泥质灰陶	前室中南部	高 15、宽 4、厚 3		
19	奏鼓骑马俑	泥质灰陶	前室中南部	长 17.5、通高 19.5	残	
20	具装甲骑马俑	泥质灰陶	前室中南部	长 20、通高 22	残	
21	具装甲骑马俑	泥质灰陶	前室中南部	长 20、通高 21.5	残	
22	风帽俑	泥质灰陶	前室中南部	高 15、宽 4.5、厚 2.5		
23	高帽屋风帽俑	泥质灰陶	前室中南部	高 16、宽 5、厚 2.5		
24	具装甲骑马俑	泥质灰陶	前室东南部	长 20、通高 22	残	
25	具装甲骑马俑	泥质灰陶	前室中南部	长 20、通高 23	残	
26	具装甲骑马俑	泥质灰陶	前室中南部	长 19.8、通高 22.5	残	
27	奏鼓骑马俑	泥质灰陶	前室中南部	长 17.8、通高 20	残	
28	小冠袴褶俑	泥质灰陶	前室中南部	高 15.3、宽 4.5、厚 2.8		
29	笼冠俑	泥质灰陶	前室中南部	高 11.4、宽 4、厚 2.5	残	无头
30	风帽俑	泥质灰陶	前室中南部	高 14.4、宽 4.5、厚 2.5		

续附表五

编号	器物名称	质地	出土位置	尺寸 / 厘米	保存状况	备注
31	具装甲骑马俑	泥质灰陶	前室中南部	长 20、通高 21.2	残	
32	奏鼓骑马俑	泥质灰陶	前室中南部	长 17、通高 15	残	无人
33	吹箫骑马俑	泥质灰陶	前室中南部	长 16.8、通高 18	残	
34	吹笛骑马俑	泥质灰陶	前室中南部	长 16.5、通高 18.2	残	
35	风帽俑	泥质灰陶	前室中南部	高 14.8、宽 4.5、厚 2.5		
36	高帽屋风帽俑	泥质灰陶	前室中南部	高 15.8、宽 5、厚 2.5		
37	具装甲骑马俑	泥质灰陶	前室中南部	长 20.1、通高 22.2	残	
38	具装甲骑马俑	泥质灰陶	前室中南部	长 20.1、通高 22.2	残	
39	镇墓武士俑	泥质灰陶	前室东南部	高 27.9、宽 10.5、厚 5.5	残	
40	小冠深衣俑	泥质灰陶	前室东南部	高 15.3、宽 4.5、厚 2.5	残	
41	小冠袴褶俑	泥质灰陶	前室东南部	高 15.2、宽 4、厚 2.5		
42	仓	泥质灰陶	前室东南部	顶长 8.1、宽 6.9；底长 7.2、宽 5.4；窗高 1.8、宽 2.2		
43	奏鼓骑马俑	泥质灰陶	前室东南部	长 17.7、通高 20	残	
44	灶	泥质灰陶	前室东南部	釜口径 6.3；火墙宽 12；火门宽 4、高 4.5；灶体长 8.5、通高 11		
45	仓	泥质灰陶	前室东南部	顶长 8.1、宽 6.5；底长 8、宽 5.4；窗高 2、宽 2		
46	小冠袴褶俑	泥质灰陶	前室东南部	高 15.2、宽 4.3、厚 3		
47	风帽俑	泥质灰陶	前室东南部	高 14.3、宽 4.5、厚 2.3		
48	吹箫骑马俑	泥质灰陶	前室东南部	长 17、通高 18.5	残	
49	车	泥质灰陶	前室东南部	长 13.2、宽 14.4、高 9.6		
50	风帽俑	泥质灰陶	前室东南部	高 14.8、宽 4.3、厚 2.3		
51	奏鼓骑马俑	泥质灰陶	前室东南部	长 17.6、通高 20	残	
52	牛	泥质灰陶	前室东南部	长 19.8、高 16.4	残	
53	奏鼓骑马俑	泥质灰陶	前室东南部	长 18、通高 19.5	残	
54	奏鼓骑马俑	泥质灰陶	前室中南部	长 16.8、通高 19.5	残	
55	奏鼓骑马俑	泥质灰陶	前室中南部	长 17.5、通高 19.9	残	
56	吹箫骑马俑	泥质灰陶	前室中南部	长 16.8、通高 17.3	残	
57	猪	泥质灰陶	前室中南部	长 10.8、高 6.5	残	
58	奏鼓骑马俑	泥质灰陶	前室东南部	长 16.8、通高 19.5	残	
59	具装甲骑马俑	泥质灰陶	前室东南部	长 20、通高 22	残	

续附表五

编号	器物名称	质地	出土位置	尺寸 / 厘米	保存状况	备注
60	车轮	泥质灰陶	前室东南部	直径 13		
61	小冠袴褶俑	泥质灰陶	前室东南部	高 15、宽 4.5、厚 2.2		
62	小冠袴褶俑	泥质灰陶	前室东南部	高 15.2、宽 4.5、厚 3	残	
63	小冠袴褶俑	泥质灰陶	前室东南部	高 15.2、宽 4、厚 2.5		
64	高帽屋风帽俑	泥质灰陶	前室东南部	高 15.8、宽 5、厚 2.5		
65	吹筚骑马俑	泥质灰陶	前室东南部	长 16.8、通高 18	残	
66	镇墓兽	泥质灰陶	前室中南部	长 17.4、宽 9.8、高 6.5	残	
67	牛	泥质灰陶	前室东南部	长 19.5、高 17	残	
68	小冠深衣俑	泥质灰陶	前室东南部	高 15.2、宽 4.5、厚 2.5		
69	驴	泥质灰陶	前室东南部	长 14、高 10	残	
70	驴	泥质灰陶	前室东南部	长 14、高 9.2	残	
71	笼冠俑	泥质灰陶	前室中南部	高 15.8、宽 4.5、厚 3		
72	笼冠俑	泥质灰陶	前室中南部	高 15.5、宽 4.5、厚 3		
73	井	泥质灰陶	前室东南部	底径 6、口径 4、高 5.5		
74	奏鼓骑马俑	泥质灰陶	前室东南部	长 17.5、通高 20	残	
75	骆驼	泥质灰陶	前室东南部	长 22.8、高 23	残	
76	小冠袴褶俑	泥质灰陶	前室东南部	高 15、胸宽 4.5、厚 3		
77	风帽俑	泥质灰陶	前室东南部	高 14.7、宽 4.5、厚 2.5	残	
78	小冠深衣俑	泥质灰陶	前室东南部	高 15.2、宽 4.5、厚 3		
79	磨	泥质灰陶	前室东南部	底径 9.3、高 6		
80	笼冠俑	泥质灰陶	前室东南部	高 12、宽 4.5、厚 3	残	无头
81	墓志	青石	前室西南部	盝顶顶面高 47、阔 47； 底面高 58、阔 58；盝顶厚 9； 志石高 58、阔 58、厚 9		
82	牛	泥质灰陶	前室东南部	长 17.1、高 14.7		
83	小冠深衣俑	泥质灰陶	前室东南部	高 15.8、宽 4.5、厚 2.5	残	
84	小冠袴褶俑	泥质灰陶	前室东南部	高 14.9、宽 4.5、厚 3		
85	小冠深衣俑	泥质灰陶	前室东南部	高 15、宽 4.5、厚 3	残	
86	小冠袴褶俑	泥质灰陶	前室东南部	高 15.2、宽 4.5、厚 3		
87	高帽屋风帽俑	泥质灰陶	前室东南部	高 17、宽 5.5、厚 3	残	

续附表五

编号	器物名称	质地	出土位置	尺寸/厘米	保存状况	备注
88	鸡	泥质灰陶	前室东南部	长8.2、高4.5		
89	羊	泥质灰陶	前室东南部	长11.5、高6		
90	高帽屋风帽俑	泥质灰陶	前室东南部	高16、宽5.5、厚3		
91	小冠袴褶俑	泥质灰陶	前室东南部	高15、宽4.5、厚3		
92	羊	泥质灰陶	前室东南部	长11.5、高6.5		
93	狗	泥质灰陶	前室东南部	高8.8		
94	小冠深衣俑	泥质灰陶	前室东南部	高15、宽4.5、厚3		
95	磨	泥质灰陶	前室东南部	底径9.6、高6	残	
96	猪	泥质灰陶	前室东南部	长11、高6	残	
97	马	泥质灰陶	前室中南部	长22.5、高20	残	
98	小冠深衣俑	泥质灰陶	前室东南部	高15.2、宽4.5、厚3	残	
99	小冠深衣俑	泥质灰陶	前室东南部	高15、宽4.5、厚2.5	残	
100	小冠袴褶俑	泥质灰陶	前室东南部	高15.2、宽4.5、厚3	残	
101	奏鼓骑马俑	泥质灰陶	前室东南部	长17、通高20	残	
102	小冠袴褶俑	泥质灰陶	前室中南部	高15.2、宽4.5、厚2.5	残	
103	小冠深衣俑	泥质灰陶	前室中南部	高15、宽4.5、厚2.5	残	
104	笼冠俑	泥质灰陶	前室东南部	高15.2、宽4.5、厚2.5	残	
105	高帽屋风帽俑	泥质灰陶	前室东南部	高15.7、宽4.5、厚3	残	
106	平云髻女立俑	泥质灰陶	前室东南部	高15、宽4、厚2.5	残	
107	风帽俑	泥质灰陶	前室东南部	高14.7、宽5、厚2.5	残	
108	踏碓俑	泥质灰陶	甬道口东部	俑高16.3；碓架高6.6、宽7、长10.5	残	
109	小冠袴褶俑	泥质灰陶	前室东南部	高15.5、宽4.5、厚2.5	残	
110	笼冠俑	泥质灰陶	前室东南部	高15.8、宽4.5、厚3	残	
111	奏鼓骑马俑	泥质灰陶	前室东南部	长17.5、通高16.4	残	无头
112	小冠袴褶俑	泥质灰陶	前室东南部	高14.9、宽4.5、厚3	残	
113	小冠袴褶俑	泥质灰陶	前室中南部	高15.3、宽4.5、厚2.5	残	
114	风帽俑	泥质灰陶	前室中南部	高14.4、宽4.5、厚3	残	
115	平云髻女立俑	泥质灰陶	前室中南部	高15、宽4、厚2.5	残	
116	胡人俑	泥质灰陶	前室中南部	高9.5、宽5、厚3	残	无头
117	小冠深衣俑	泥质灰陶	前室中南部	高11.5、宽4.5、厚3	残	无头

续附表五

编号	器物名称	质地	出土位置	尺寸／厘米	保存状况	备注
118	狗	泥质灰陶	甬道口东部	高 8.8	残	
119	小冠袴褶俑	泥质灰陶	前室东南部	高 12、宽 4.5、厚 3	残	
120	笼冠俑	泥质灰陶	前室东南部	高 15.2、宽 4.5、厚 3	残	
121	笼冠俑	泥质灰陶	前室东南部	高 11.5、宽 4、厚 2.5	残	无头
122	风帽俑	泥质灰陶	前室东南部	高 11.4、宽 5、厚 2.5	残	无头
123	笼冠俑	泥质灰陶	前室东南部	高 11.3、宽 4.5、厚 3	残	无头
124	车轮	泥质灰陶	前室东南部	直径 13		
125	六系盘口罐	青瓷	后室东南角	口径 16、腹径 24、底径 12.5、高 36	口残	
126	重领罐	泥质灰陶	后室西南角	口径 14.8、腹径 18.6、底径 9.3、高 17	口残	
127	细颈盘口壶	泥质灰陶	后室棺内	口径 7.6、腹径 14、底径 6、高 24		
128	辟雍砚	泥质灰陶	后室棺内	口径 12.3、砚芯直径 6.5、足高 4、通高 5.2		
129	镜	铜	后室棺内	直径 5.6、纽径 1.1、缘厚 0.5		
130	棺环	铁	后室北部	直径 15、环外径 14.4		
131	泡钉	铁	甬道东南角	盖径长 4.5、长 5~8		
132	挂件	铜	后室棺内	耳勺、斜刀均长 6.7、尖锥长 6.6		
133	玉组佩	玉、玛瑙	后室南部	玛瑙珠直径 0.5~0.75；玉坠短径 1、长径 1.4；玉璜宽 2.1、高 1.35；玉珩宽 2.6~3.3、高 2.8、厚 0.3；四孔云形佩宽 2.4~2.9、高 1.55~1.9		
134	泡钉	铜鎏金	后室南部	泡径 1.2、长 2.5~3		
135	四棱钉	铁	甬道西南部	帽径 1.8~2.5、长 18.5~26		
136	牛车组合	泥质灰陶		车舆长 13.2、宽 14.4、高 9.6；轮径 13	含 12、49、60、82	

※　编号 136 为后加的整理号，不包括在出土器物的总数内，M9 出土物总数应为 135 件（组）。

附表六　　　　　豆卢整与乙弗静志合葬墓（M4）出土器物统计表

编号	器物名称	质地	出土位置	尺寸／厘米	保存状况	备注
1	广口粗颈壶	泥质灰陶	室内西南部	口径 4.8、腹径 7.5、底径 3.8、高 10.5		隋
2	广口粗颈壶	泥质灰陶	室内西南部	口径 4.5、腹径 7.5、底径 4.2、高 10.3		隋
3	壶	泥质灰陶	室内西南部	口径 4.7、腹径 8、底径 4.2、高 10.5		隋
4	壶	泥质灰陶	室内西南部	口径 4.5、腹径 7.5、底径 4.3、高 10		隋
5	B 型风帽俑	泥质红陶	室内西南部	高 18、宽 5.5、厚 3		
6	B 型笼冠俑	泥质红陶	室内西南部	高 19.6、宽 4.5、3.5		
7	镜	铜	墓室中南部	直径 6.2、纽径 1、缘厚 0.4		
8	豆卢整墓志	青石	甬道东部	盝顶顶面高 35、阔 35；底面高 44、阔 43；盝顶厚 8；志石高 44、阔 43、厚 8	盖残	
9	乙弗静志墓志	青石	墓室中南部	盝顶顶面高 38、阔 38；底面高 48、阔 48；盝顶厚 10；志石高 47、阔 47、厚 7	盖残	
10	Bb 型具装甲骑马俑	泥质红陶	墓室中南部	长 21.3、通高 27	残	
11	Ba 型小冠俑	泥质红陶	墓室中南部	高 19.8、宽 4.5、厚 4.5		
12	B 型风帽俑	泥质红陶	墓室中南部	高 17、宽 5.5、厚 4		
13	Bb 型小冠俑	泥质红陶	墓室中南部	高 15.4、宽 4、厚 3		
14	Ba 型小冠俑	泥质红陶	墓室中南部	高 21、宽 4.5、厚 4		
15	Bb 型小冠俑	泥质红陶	墓室中南部	高 17.2、宽 4、厚 3		
16	仓	泥质灰陶	墓室中南部	顶长 8、宽 5.7；底长 7.5、宽 4.8；窗高 1.8、宽 1.7；通高 6.2		
17	房	泥质红陶	墓室中南部	顶长 10.5、宽 7.2；门阔 4.2、高 5.8；底长 8.6、宽 5.8；通高 11	残	
18	B 型镇墓武士俑	泥质红陶	墓室中南部	高 33.2、宽 11、厚 7.5	残	
19	Bb 型具装甲骑马俑	泥质红陶	墓室中南部	长 21、通高 27.5	残	
20	B 型镇墓武士俑	泥质红陶	墓室中南部	高 33.2、宽 11、厚 8	残	
21	粗颈盘口壶	泥质灰陶	墓室中南部	口径 8、腹径 11.7、底径 9.5、高 11	口残	隋
22	奏鼓骑马俑	泥质红陶	墓室中南部	长 20.4、通高 23.7	残	
23	B 型镇墓兽	泥质红陶	墓室中南部	高 25.5、宽 7、厚 9.5	残	
24	奏鼓骑马俑	泥质红陶	墓室中南部	长 20.4、通高 25.5	残	
25	Ba 型具装甲骑马俑	泥质红陶	墓室中南部	长 23.7、通高 27.3	残	
26	大冠俑	泥质红陶	墓室中南部	高 17、宽 4.5、厚 3.5		
27	大冠俑	泥质红陶	墓室中南部	高 17、宽 4.5、厚 3.5		
28	Bb 型小冠俑	泥质红陶	墓室中南部	高 17、宽 4、厚 3		

续附表六

编号	器物名称	质地	出土位置	尺寸 / 厘米	保存状况	备注
29	奏鼓骑马俑	泥质红陶	墓室中南部	长 20.7、通高 24.9	残	
30	奏鼓骑马俑	泥质红陶	墓室中南部	长 19.5、通高 25.5	残	
31	奏鼓骑马俑	泥质红陶	墓室中南部	长 21.5、通高 25	残	
32	Bb 型小冠俑	泥质红陶	墓室东南部	高 17.5、宽 4、厚 3		
33	骆驼	泥质红陶	墓室东南部	长 25.6、宽 15.6、高 36	残	
34	B 型风帽俑	泥质红陶	墓室东南部	高 17.5、宽 5.5、厚 4.5	残	
35	B 型镇墓兽	泥质红陶	墓室中南部	高 23.4、宽 12、厚 10.5	残	
36	Bb 型小冠俑	泥质红陶	墓室东南部	高 18、宽 4、厚 3		
37	B 型风帽俑	泥质红陶	墓室中南部	高 17.2、宽 5.5、厚 4.5		
38	Bb 型小冠俑	泥质红陶	墓室中南部	高 17.5、宽 4、厚 3		
39	Bb 型具装甲骑马俑	泥质红陶	墓室中南部	长 22、通高 28		
40	Ba 型小冠俑	泥质红陶	墓室中南部	高 20.8、宽 4.5、厚 4.5	残	
41	B 型风帽俑	泥质红陶	墓室中南部	高 17.6、宽 5.4、厚 4		
42	笼冠骑马俑	泥质红陶	墓室东南部	长 21、通高 22.5	残	无头
43	B 型风帽俑	泥质红陶	墓室中南部	高 17、宽 5.5、厚 4.5	残	
44	B 型笼冠俑	泥质红陶	墓室中南部	高 19.8、宽 4.5、厚 3.5		
45	Bb 型具装甲骑马俑	泥质红陶	墓室东南部	长 21、通高 28		
46	笼冠骑马俑	泥质红陶	墓室东南部	长 21、通高 27	残	
47	奏鼓骑马俑	泥质红陶	墓室东南部	长 21、通高 27		
48	细颈盘口壶	泥质灰陶	墓室东南部	口径 7.7、腹径 13.8、底径 6.3、高 24.9		北周
49	奏鼓骑马俑	泥质红陶	墓室东南部	长 20、通高 23.8	残	
50	B 型风帽俑	泥质红陶	墓室东南部	高 18、宽 5.5、厚 4.5		
51	Ba 型小冠俑	泥质红陶	墓室东南部	高 20.8、宽 4.5、厚 4		
52	Bb 型具装甲骑马俑	泥质红陶	墓室东南部	长 21、通高 28	残	
53	奏鼓骑马俑	泥质红陶	墓室东南部	长 21、通高 24.5	残	
54	Bb 型具装甲骑马俑	泥质红陶	墓室东南部	长 20、通高 28	残	
55	B 型笼冠俑	泥质红陶	墓室东南部	高 19.3、宽 4.5、厚 3.5		
56	Ab 型小冠俑	泥质红陶	墓室东南部	高 15.6、宽 4.5、厚 2.5	残	
57	笼冠骑马俑	泥质红陶	墓室东南部	长 21、通高 27	残	
58	B 型笼冠俑	泥质红陶	墓室中南部	高 19.2、宽 4.5、厚 3.5		

续附表六

编号	器物名称	质地	出土位置	尺寸/厘米	保存状况	备注
59	罐	泥质灰陶	墓室东南部	腹径14、底径8.2、高13.2	口残	
60	A型具装甲骑马俑	泥质灰陶	墓室东南部	长20.1、通高22	残	
61	马	泥质灰陶	墓室东南部	长20.7、高20	残	
62	A型具装甲骑马俑	泥质灰陶	墓室东南部	长20.5、通高21.5	残	
63	Ab型风帽俑	泥质灰陶	墓室东南部	高14.6、宽5、厚2.5	残	
64	A型具装甲骑马俑	泥质灰陶	墓室东南部	长20、通高22	残	
65	Bb型具装甲骑马俑	泥质红陶	墓室东南部	长21.5、通高28.5		
66	A型镇墓兽	泥质灰陶	墓室东南部	长18、高7.5、宽9.2		
67	牛	泥质灰陶	墓室东南部	长17.4、高15.3		
68	车	泥质灰陶	墓室东南部	车高20.4、宽18.6；顶棚长19；车轮直径12.6		
69	A型镇墓武士俑	泥质灰陶	墓室东南部	孔径1.5、高26.5、宽10.5、厚6.5		
70	A型镇墓武士俑	泥质灰陶	墓室东南部	孔径1.5、高26、宽10.5、厚5.5		
71	灶	泥质灰陶	墓室东南部	釜口径5.2；火墙宽12、火门宽3.6、高4.2；灶体长8.7、通高10.5		
72	A型笼冠俑	泥质灰陶	墓室东南部	高15、宽4.5、厚2.7		
73	Aa型风帽俑	泥质灰陶	墓室东南部	高14.5、宽4.5、厚2.5		
74	Ab型风帽俑	泥质灰陶	墓室东南部	高16、宽5、厚2.5		
75	Ab型小冠俑	泥质灰陶	墓室东南部	高14.6、宽4.5、厚2.5		
76	Aa型小冠俑	泥质灰陶	墓室东南部	高15.5、宽4.5、厚2.5		
77	Ab型小冠俑	泥质灰陶	墓室东南部	高15.5、宽4.5、厚2.5		
78	Ab型小冠俑	泥质灰陶	墓室东南部	高15.5、宽4.5、厚2.5		
79	Aa型小冠俑	泥质灰陶	墓室东南部	高14.4、宽4.5、厚2.5		
80	Ab型小冠俑	泥质灰陶	墓室东南部	高15、宽4.5、厚2.5		
81	A型具装甲骑马俑	泥质灰陶	墓室东南部	长20.5、通高21	残	
82	仓	泥质灰陶	墓室东南部	顶长8、宽6.5；底长7、宽5.2；窗高2.3、宽2.1；通高6.5		
83	Aa型小冠俑	泥质灰陶	墓室东南部	高14.7、宽4.5、厚2.5		
84	碗	泥质灰陶	墓室东南部	口径14.7、足径6、高7.6	残	隋
85	碗	泥质灰陶	墓室东南部	口径14.1、足径6.3、高7.5	残	隋
86	A型具装甲骑马俑	泥质灰陶	墓室东南部	长19.2、通高22	残	
87	水盂	青瓷	墓室北部	口径3、腹径4、底径1.5、高2.8		隋

续附表六

编号	器物名称	质地	出土位置	尺寸 / 厘米	保存状况	备注
88	A 型猪	泥质灰陶	墓室东南部	长 13、高 7.5		
89	B 型风帽俑	泥质红陶	墓室东南部	高 17.5、宽 5.5、厚 4.5	残	
90	B 型笼冠俑	泥质红陶	墓室东南部	高 19.3、宽 4.5、厚 3.5	残	
91	B 型笼冠俑	泥质红陶	墓室东南部	高 19.4、宽 4.5、厚 3.5	残	
92	B 型风帽俑	泥质红陶	墓室东南部	高 17.2、宽 5.5、厚 4.5		
93	B 型风帽俑	泥质红陶	墓室东南部	高 16、宽 5.5、厚 4.5		
94	灶	泥质灰陶	墓室东南部	釜口径 5.5；火墙宽 12.2；灶体长 8.4；通高 10.2		
95	Bb 型小冠俑	泥质红陶	墓室中南部	高 17、宽 4、厚 3		
96	Ba 型小冠俑	泥质红陶	墓室中南部	高 21.2、宽 4.5、厚 4.3	残	
97	Ba 型小冠俑	泥质红陶	墓室中南部	高 20.5、宽 4.5、厚 4	残	
98	井	泥质灰陶	墓室东南部	底径 6、口径 3.5、高 5.1		
99	仓	泥质灰陶	墓室东南部	顶长 8.7、宽 6.9；底长 8.1、宽 6；窗高 2.6、宽 1.8；通高 6		
100	胡人俑	泥质灰陶	墓室东南部	高 12.8、宽 4.5、厚 2.8		
101	Aa 型风帽俑	泥质灰陶	墓室东南部	高 14.2、宽 4.5、厚 2.5		
102	Aa 型风帽俑	泥质灰陶	墓室东南部	高 14.2、宽 4.5、厚 2.5	残	
103	Ab 型风帽俑	泥质灰陶	墓室东南部	高 14.5、宽 5、厚 2.5	残	
104	狗	泥质灰陶	墓室东南部	高 8.3、宽 3.2、厚 2.8		
105	镜	铜	墓室东南部	直径 10.6、纽径 2.2、缘厚 0.6		
106	Bb 型小冠俑	泥质红陶	墓室东南部	高 17、宽 4、厚 3	残	
107	B 型笼冠俑	泥质红陶	墓室东南部	高 19.5、宽 4.5、厚 3.5	残	
108	B 型笼冠俑	泥质红陶	墓室东南部	高 19.8、宽 4.5、厚 3.5	残	
109	B 型笼冠俑	泥质红陶	墓室东南部	高 19.4、宽 4.5、厚 3.5	残	
110	鸡	泥质灰陶	墓室东南部	长 9、高 4.8		
111	鸡	泥质灰陶	墓室东南部	长 8.7、高 5		
112	狗	泥质灰陶	墓室东南部	高 8、宽 4、厚 3.3		
113	羊	泥质灰陶	墓室东南部	长 11.8、高 5.8		
114	B 型猪	泥质灰陶	墓室东南部	长 10、宽 5.7		
115	Bb 型小冠俑	泥质红陶	墓室东南部	高 17.5、宽 4、厚 3	残	
116	Ba 型小冠俑	泥质红陶	墓室东南部	高 20.5、宽 4.5、厚 4	残	
117	Ba 型小冠俑	泥质红陶	墓室东南部	高 20.8、宽 4.5、厚 4	残	

续附表六

编号	器物名称	质地	出土位置	尺寸 / 厘米	保存状况	备注
118	Bb 型小冠俑	泥质红陶	墓室中南部	高 17.3、宽 4、厚 3	残	
119	B 型笼冠俑	泥质红陶	墓室中南部	高 19.5、宽 4.5、厚 3.5	残	
120	Bb 型小冠俑	泥质红陶	墓室中南部	高 15.6、宽 4、厚 3	残	
121	Ba 型小冠俑	泥质红陶	墓室中南部	高 20.5、宽 4.5、厚 4	残	
122	Aa 型小冠俑	泥质灰陶	墓室中南部	高 11.5、宽 4.5、厚 2.5	头残	
123	A 型笼冠俑	泥质灰陶	墓室中南部	高 15.2、宽 4.2、厚 2.8	残	
124	Aa 型风帽俑	泥质灰陶	墓室中南部	高 15、宽 4.5、厚 2.5	残	
125	A 型笼冠俑	泥质灰陶	墓室中南部	高 15、宽 4.5、厚 2.7	残	
126	Ab 型小冠俑	泥质灰陶	墓室中南部	高 12、宽 4.5、厚 2.5	头残	
127	Ab 型小冠俑	泥质灰陶	墓室中南部	高 11.2、宽 4.5、厚 2.5	头残	
128	Aa 型小冠俑	泥质灰陶	墓室中南部	高 15、宽 4.5、厚 2.5	残	
129	Aa 型小冠俑	泥质灰陶	墓室东南部	高 15、宽 4.5、厚 2.5	残	
130	Aa 型风帽俑	泥质灰陶	墓室东南部	高 14.5、宽 4.5、厚 2.5	残	
131	Aa 型小冠俑	泥质灰陶	墓室东南部	高 15、宽 4.5、厚 2.5	残	
132	Ab 型小冠俑	泥质灰陶	墓室东南部	高 12、宽 4.5、厚 2.5	头残	
133	Aa 型风帽俑	泥质灰陶	墓室东南部	高 15、宽 4.5、厚 2.5	残	
134	Ab 型小冠俑	泥质灰陶	墓室东南部	高 15、宽 4.5、厚 2.5	残	
135	Ab 型风帽俑	泥质灰陶	墓室东南部	高 12、宽 5、厚 2.5	头残	
136	踏碓俑	泥质灰陶	墓室东南部	俑高 12.4；碓架高 5.4、宽 7.7、长 11.4	残	
137	持箕俑	泥质灰陶	墓室东南部	高 8.6、宽 4.5、厚 3		
138	侍火俑	泥质灰陶	墓室东南部	高 9.8、宽 5、厚 3.2		
139	碗	泥质灰陶	墓室东南部	口径 15、足径 6.5、高 8	残	隋
140	钗	铜	墓室东南部	长 9.5~10.6	残	
141	"五铢"钱	铜	墓室东北部	钱径 2.1~2.2、穿孔 0.6~0.7	7 枚	隋
142	泥珠	泥塑	墓室西南部	直径 0.6~1	42 枚	隋
143	牛车组合	泥质灰陶		车通高 20.4、宽 18.6；顶棚长 19；轮径 12.6	含 67、68	北周

※　编号 143 为后加的整理号，不包括在出土器物的总数内，M4 出土物总数应为 142 件（组）。

附表七　　　　　　　　　　　　豆卢隽墓（M8）出土器物统计表

编号	器物名称	质地	出土位置	尺寸／厘米	保存状况	备注
1	风帽俑	泥质灰陶	甬道内	高 14.5、宽 4.5、厚 2.5	残	
2	笼冠俑	泥质灰陶	甬道内	高 11.8、宽 4、厚 2.5	无头	
3	笼冠俑	泥质灰陶	甬道内	高 15.2、宽 4、厚 2.5	残	
4	小冠袴褶俑	泥质灰陶	甬道内	高 15.2、宽 4.5、厚 2.5	残	
5	小冠袴褶俑	泥质灰陶	甬道内	高 14.6、宽 4.5、厚 2.5	残	
6	小冠袴褶俑	泥质灰陶	甬道内	高 15.5、宽 4.5、厚 2.5	残	
7	车轮	泥质灰陶	甬道内	直径 13.4	残	
8	小冠袴褶俑	泥质灰陶	甬道内	高 15.3、宽 4.5、厚度 3	残	
9	小冠袴褶俑	泥质灰陶	甬道内	高 15.2、宽 4.5、厚度 2.5	残	
10	风帽俑	泥质灰陶	甬道内	高 14.8、宽 4.5、厚 2.5	残	
11	小冠深衣俑	泥质灰陶	甬道内	高 16.2、宽 4.5、厚 2.5	残	
12	吹筹骑马俑	泥质灰陶	甬道内	长 16.5、通高 17.4	残	
13	仓	泥质灰陶	甬道内	屋檐长 7.5、宽 6； 仓体长 7、宽 5.4、高 5.6		
14	井	泥质灰陶	甬道内	井筒长 6、高 5		
15	具装甲骑马俑	泥质灰陶	甬道内	长 20.5、通高 24	残	
16	笼冠俑	泥质灰陶	甬道内	高 14.8、宽 4、厚 2.5	残	
17	风帽俑	泥质灰陶	甬道内	高 14.6、宽 4.5、厚 2.5	残	
18	高帽屋风帽俑	泥质灰陶	甬道内	高 16、宽 5、厚 2.5	残	
19	高帽屋风帽俑	泥质灰陶	甬道内	高 15.8、宽 5、厚 2.5	残	
20	小冠袴褶俑	泥质灰陶	甬道内	高 15.2、宽 4.5、厚 2.5	残	
21	具装甲骑马俑	泥质灰陶	甬道内	长 19.5、通高 22.2	残	
22	风帽俑	泥质灰陶	甬道内	高 14、宽 4.5、厚 2.5	残	
23	奏鼓骑马俑	泥质灰陶	甬道内	长 17.4、通高 19.5	残	
24	吹筹骑马俑	泥质灰陶	甬道内	长 16.8、通高 17.1	残	
25	奏鼓骑马俑	泥质灰陶	甬道内	长 16.5、通高 19.2	残	
26	具装甲骑马俑	泥质灰陶	甬道内	长 21、通高 18.5	残	
27	高帽屋风帽俑	泥质灰陶	甬道内	高 15.2、宽 5、厚 2.5		
28	小冠袴褶俑	泥质灰陶	甬道内	高 15.2、宽 4.5、厚 2.5		
29	车轮	泥质灰陶	甬道内	直径 14	残	
30	高帽屋风帽俑	泥质灰陶	甬道内	高 15.8、宽 5、厚 2.5		

续附表七

编号	器物名称	质地	出土位置	尺寸 / 厘米	保存状况	备注
31	高帽屋风帽俑	泥质灰陶	甬道内	高 16、宽 5、厚 2.5		
32	小冠袴褶俑	泥质灰陶	甬道内	高 15、宽 4.5、厚 2.5		
33	高帽屋风帽俑	泥质灰陶	甬道内	高 16、宽 5、厚 2.5		
34	奏鼓骑马俑	泥质灰陶	甬道内	长 18、通高 20.5	残	
35	驴	泥质灰陶	甬道内	长 14.5、高 8.5	残	
36	小冠袴褶俑	泥质灰陶	甬道内	高 14.8、宽 4.5、厚 2.5		
37	小冠深衣俑	泥质灰陶	甬道内	高 15.2、宽 4.5、厚 2.5		
38	奏鼓骑马俑	泥质灰陶	甬道内	长 18、通高 19	残	
39	具装甲骑马俑	泥质灰陶	甬道内	长 19.5、通高 21.6	残	
40	具装甲骑马俑	泥质灰陶	甬道内	长 20、通高 22	残	
41	牛	泥质灰陶	甬道内	长 19.2、高 16	残	
42	马	泥质灰陶	甬道内	长 20.7、高 20.2	残	
43	奏鼓骑马俑	泥质灰陶	甬道内	长 16.5、通高 19.2	残	
44	驴	泥质灰陶	前室中南部	长 12.6、高 9.3	残	
45	奏鼓骑马俑	泥质灰陶	前室中南部	长 18.3、通高 17	残	
46	奏鼓骑马俑	泥质灰陶	前室中南部	长 18.5、通高 19	残	
47	具装甲骑马俑	泥质灰陶	前室中南部	长 21、通高 22.5	残	
48	小冠袴褶俑	泥质灰陶	甬道内	高 15.2、宽 4.5、厚 2.5	残	
49	奏鼓骑马俑	泥质灰陶	甬道内	长 18、通高 21	残	
50	具装甲骑马俑	泥质灰陶	甬道内	长 20.5、通高 24	残	
51	具装甲骑马俑	泥质灰陶	甬道内	长 20、通高 21.5	残	
52	吹笛骑马俑	泥质灰陶	前室中南部	长 16.5、通高 18.3	残	
53	吹箫骑马俑	泥质灰陶	前室中南部	长 17.4、通高 18.5	残	
54	具装甲骑马俑	泥质灰陶	前室西南部	长 20、高 23	残	
55	仓	泥质灰陶	前室中南部	屋檐长 8.6、宽 6.8；仓体长 7.8、仓体宽 6、高 6.4		
56	小冠袴褶俑	泥质灰陶	前室南部	高 15.4、宽 4.5、厚 2.5		
57	具装甲骑马俑	泥质灰陶	前室西南部	长 20.5、通高 22.5	残	
58	双系深腹罐	泥质灰陶	前室西南部	罐口径 10、腹径 13.5、底径 7.5、高 18.7、耳宽 2、长 5、	残	
59	磨	泥质灰陶	甬道内	底径 8.8、高 5.7		
60	高帽屋风帽俑	泥质灰陶	甬道内	高 16.2、宽 5、厚 2.5	残	

续附表七

编号	器物名称	质地	出土位置	尺寸 / 厘米	保存状况	备注
61	小冠深衣俑	泥质灰陶	甬道内	高 14.8、宽 4.5、厚 2.5	残	
62	奏鼓骑马俑	泥质灰陶	前室中南部	长 17.5、通高 20	残	
63	吹笛骑马俑	泥质灰陶	前室中南部	长 16.5、通高 18	残	
64	奏鼓骑马俑	泥质灰陶	前室中南部	长 17.5、通高 19	残	
65	小冠袴褶俑	泥质灰陶	前室中南部	高 14.8、宽 4.5、厚 2.5		
66	骆驼	泥质灰陶	前室中南部	长 23.7、宽 10.5、高 21	残	
67	风帽俑	泥质灰陶	前室中南部	高 15、宽 4.5、厚 2.5		
68	胡人俑	泥质灰陶	前室中南部	高 12.8、宽 5、厚 3		
69	高帽屋风帽俑	泥质灰陶	前室中南部	高 16.2、宽 5、厚 2.5		
70	风帽俑	泥质灰陶	前室中南部	高 14.8、宽 4.5、厚 2.5		
71	小冠深衣俑	泥质灰陶	前室中南部	高 15、宽 4.5、厚 2.5		
72	笼冠俑	泥质灰陶	前室中南部	高 14.8、宽 4、厚 2.5		
73	镇墓兽	泥质灰陶	甬道内	长 18、宽 9.3、高 7.5		
74	小冠袴褶俑	泥质灰陶	前室中南部	高 15、宽 4.5、厚 2.5		
75	高帽屋风帽俑	泥质灰陶	甬道内	高 16.2、宽 5、厚 2.5		
76	小冠袴褶俑	泥质灰陶	甬道内	高 15.5、宽 4.5、厚 2.5		
77	牛	泥质灰陶	前室中南部	长 20.4、高 17		
78	车轮	泥质灰陶	甬道内	直径 14		
79	胡人俑	泥质灰陶	甬道内	高 13、宽 5、厚 3		
80	狗	泥质灰陶	前室中南部	高 7.5		
81	小冠深衣俑	泥质灰陶	甬道内	高 15、宽 4.5、厚 2.5		
82	踏碓俑	泥质灰陶	甬道内	俑高 16；碓架高 6.8、宽 8.8、长 12		
83	车	泥质灰陶	前室中南部	车长 14.5、宽 15、高 14.8		
84	灶	泥质灰陶	甬道内	挡火墙宽 12.6、高 10.2；灶面高 6、宽 7.5；釜口径 5.7、高 3	残	
85	狗	泥质灰陶	甬道内	高 7.8、宽 3	残	
86	奏鼓骑马俑	泥质灰陶	前室中南部	长 17.8、通高 20	残	
87	奏鼓骑马俑	泥质灰陶	前室中南部	长 17.5、通高 20	残	
88	小冠袴褶俑	泥质灰陶	甬道内	高 15、宽 4.5、厚 2.5		
89	羊	泥质灰陶	甬道内	长 10.8、高 6.4	残	
90	羊	泥质灰陶	甬道内	长 10.6、高 6.1	残	

续附表七

编号	器物名称	质地	出土位置	尺寸/厘米	保存状况	备注
91	鸡	泥质红陶	甬道内	长6.8、高4.4	残	
92	鸡	泥质红陶	甬道内	长7、高4.5	残	
93	驴	泥质灰陶	甬道内	长13.6、高9	残	
94	驴	泥质灰陶	甬道内	长13.5、高9.2	残	
95	镇墓武士俑	泥质灰陶	前室中南部	孔径1.5、高26.1、宽11.1、厚6	残	
96	镇墓武士俑	泥质灰陶	前室中南部	孔径1.5、高25.5、宽10.5、厚4.5	残	
97	奏鼓骑马俑	泥质灰陶	前室中南部	长18.5、通高19	残	
98	吹箫骑马俑	泥质灰陶	前室中南部	长16.8、通高18.3	残	
99	高帽屋风帽俑	泥质灰陶	前室中南部	高16、宽5、厚2.5		
100	镇墓兽	泥质灰陶	前室中南部		残片状	无法修复
101	小冠袴褶俑	泥质灰陶	甬道内	高15、宽4.5、厚2.5		
102	平云髻女立俑	泥质灰陶	甬道内	高14.8、宽4、厚2.5	残	
103	小冠深衣俑	泥质灰陶	甬道内	高15、宽4.5、厚2.5	残	
104	小冠袴褶俑	泥质灰陶	前室中南部	高15.3、宽4.5、厚2.5	残	
105	笼冠俑	泥质灰陶	前室中南部	高12、宽4、厚2.5	无头	
106	小冠袴褶俑	泥质灰陶	前室中南部	高15、宽4.5、厚2.5	残	
107	小冠袴褶俑	泥质灰陶	前室中南部	高15.2、宽4.5、厚2.5	残	
108	小冠深衣俑	泥质灰陶	前室中南部	高15、宽4.5、厚2.5	残	
109	"布泉"	铜	后室棺内	钱径2.5、穿径0.8		2枚
110	镜	铜	后室棺内	直径9.8	残	
111	棺环	铁	后室棺旁东西两侧	底板直径14、环外径12.5		1组4件
112	锁	铁	甬道内	长34.2、宽8、门环径10		
113	泡钉	铁	甬道内	盖径长5、钉长8~11		
114	墓志	青石	甬道内	盝顶顶面高34、阔34；底面高44、阔44；盝顶厚8；志石高44、阔44、厚7		
115	笼冠俑	泥质红陶	天井底北侧中部	高15.2、宽4、厚2.5		
116	四棱钉	铁	天井、甬道、前室填土内	头径1.8~2.5、长18.5~26		
117	牛车组合	灰陶		车舆长14.5、宽15、高14.8；轮径14		含29、41、78、83

※　编号117为后加的整理号，不包括在出土器物的总数内，M8出土物总数应为116件（组）。

附录一

北周豆卢永恩神道碑录文

《文苑英华》著录全文，但讹误较多，今以现存碑文校正之：

君讳恩，字永恩，昌黎徒河人。本姓慕容，燕文明帝皝之后。朝鲜微子之封，孤竹伯夷之国。汉有四城，秦为一俟，其保姓受氏，初存柳城之功。开国承家，始静辽阳之乱。自天市星妖，连津兵覆，尚书府君改姓豆卢，筮仕于魏。祖什伐，左将军，魏文成皇帝直寝。父苌，少以雄略知名，不幸早逝。周朝以公兄弟佐命，义存追远。保定二年有诏赠柱国大将军涪陵郡公。是知春雨润木，自叶流根。西伯行仁，唯存不没。公以山岳精灵，星辰秀异，器侔钟鼎，声感风云。猛虎震地，亡岁不惊。羝羊触藩，九龄能对。太祖文皇帝乘时拨乱，奄有霸业。颍川从我，旧爱无忘。舂陵故人，相知唯厚。普太二年，关西建义，授殄寇将军。奉迎大驾，赐封新兴县伯，邑五百户。开新安之阵，还移杨仆之关。解弘农之围，更入刘昆之郡。援枹并辔，并预前驱。大统三年，有沙苑之战。四年，有河桥之役。介胄虮虱，戎马生郊。公应变逾长，风飚更勇。隐若敌国，差强人意。授龙骧将军中散大夫。八年，授直寝右亲信都督，寻转大都督加通直常侍。十六年，授使持节车骑大将军，仪同三司。魏前元年，授骠骑大将军，开府仪同三司。邓骘以汉朝亲戚，始授中召。黄权以魏国功臣，初登上将。公频烦宠授，朝野为荣。三年，都督成州诸军事，成州刺史，寻加侍中。外总连帅，威振百城。内参常伯，荣高八舍。于时陇坻墨羌，时穿上谷。榆中群盗，或据渔阳。公卷甲星驰，长驱千骑。适乐凶徒望风草靡；瓜州豪杰束手归罪。后魏元年，改封龙支县侯。三年，朝廷使大交毅安武公，随突厥天□□吐谷浑国河鄯二州，属当路首。公领骑五千，以为戎防。南通丹粟，西望白兰，关塞无虞，公之勋也。周元年，授都督鄯州刺史。其年，改封沃野县开国公，增邑一千户。二年，授陇右总管府长史。武成元年，都督利涉文三州诸军事，利州刺史。文州杨□□者，氐夷酋长□□□之□年□□□朝廷□□□□□□□□□□□□二年，兵破文州阳阵蛮仍平卢水北。保定元年，被遣将兵，破巴州恒獌獠□。渡泸五月，诸葛亮有深入之兵。长坂九适，王遵有忠臣之路。霜雹不惊，水草无乏。天幸将军，斯之谓矣。其年，授司会，八法斯掌，九赋是均。事总岁成，功参日要。三年，还授陇右总管府长史。公屡弼英蕃，频相大府。北海人朝，仰以对问。东平谒帝，因而言礼。遂使马首怀燕，不无乐毅。蕃臣拟汉，或多田叔。兄楚国公，以参和挹让，庄赞乐推，建国开都，奄荒南服，求以先封武阳郡三千户，益公沃野之封。朝廷以兄弟相让，不无前史。推仁[分]邑，有诏许焉。增邑并前合四千七百户。既而六气相犯，五声相触。灵寿不终，游魂旦变。薨于官舍，春秋五十有八。诏赠少保，幽冀定相等五州诸军事，幽州刺史，谥曰敬公，礼也。天和元年二月六日，葬于咸阳之洪渎原。大夫墓树以柏，诸侯坟高于雉。呜呼哀哉！公资忠履孝，蕴义怀仁。直干百寻，澄波千顷。留心职事，爱玩图籍。官曹案牍，未尝烦委。戎马交驰，不妨余裕。兄弟公侯，国朝亲戚。宜春□有汤沐之威，濯龙天流水之讥。渭南千亩之竹，尚惧盈满，池阳二顷之田，常思止足。立身则十世可宥，遗子则一经而已。刺史贾逵之碑，既生金粟。将军卫青之墓，方留石麟。乃为铭曰：朝鲜建国，孤竹为君。地称高柳，山名密云。辽阳赵裂，武遂秦分。宝硅世胄，雕戈旧勋。名称宾实，言谓身文。挺此含章，降兹岐嶷。有犯无隐，王道正直。惟爱惟敬，永成悦色。枕藉礼闱，留连学殖。策参帷幄，功披荆棘。韩阵挥戈，齐城凭轼。豹策乃建，龙韬同启。校战岐阳，申威□陇坻，城垒画地，山林聚米。上马谕书，临戎习礼。贾复开营，廉公屈体。从容附会，占对造请。用此廉平，终兹宽猛。绿林兵息，黄池盗静。名［振］赤山，威高青岭。玄兽浮河，飞螟出境。灾气生陇，毒水浸泾。朝倾地镇，夜落台星。石坛承祀，丰碑颂灵。渭城高柏，昌陵下亭。须知地市□，［为读］山铭。

附录二

北周豆卢恩家族墓随葬陶器和铁器分析报告

黄建华[1]，夏寅[1]，马甜[1]，段毅[2]，黄永生[3]

（1.秦始皇帝陵博物院，2.陕西省考古研究院，3.咸阳市博物馆）

一、颜料样品偏光分析

（一）仪器和材料

Leica DMLSP 偏光显微镜，Leica Wild 体视显微镜，Meltmont™ 固封树脂，巴斯德滴管，直头和弯头钨针，异物镊子，载玻片，φ12 盖玻片，加热台，擦拭纸，无水乙醇，黑色油性笔。

（二）样品制备

（1）用丙酮擦拭载样面；

（2）用黑色油性笔在背面标出载样区域；

（3）借助体视显微镜，用洁净的钨针取样到载玻片的载样区域；

（4）根据样品的离散状况，滴加无水乙醇至样品边缘后，用钨针研匀样品至溶剂完全挥发；

（5）镊取盖玻片放至样品上，放于加热台上，加热至 90℃ ~100℃；

（6）在加热台上，吸取固封树脂沿盖玻片一侧缓慢完全渗满整个盖玻片。

（三）颜料样品偏光分析结果（表一）

表一　颜料样品偏光分析结果表

编号	样品	样品描述	分析结果	备注
A1	M8：100 镇墓兽，红色	该样品在单偏光下呈红色偏黄岩石状晶体，在正交偏光下呈火红色并带有橘黄色调，折射率很大，消光性强。	朱砂	
A2	M8：100 镇墓兽，红色	该样品在单偏光下呈红色偏黄岩石状晶体，在正交偏光下呈火红色并带有橘黄色调，折射率很大，消光性强。	朱砂	
A3	M8：100 镇墓兽，橘色	该样品在单偏光下呈橘黄色，边缘圆润，在正交偏光下呈蓝绿异常消光，折射率较大。	铅丹	见彩版六一，1、2
A4	M8：100 镇墓兽，橘色	该样品在单偏光下呈橘黄色，边缘圆润，在正交偏光下呈蓝绿异常消光，折射率较大。	铅丹	

续表一

编号	样品	样品描述	分析结果	备注
A5	M8：100 镇墓兽，黑色	该样品在单偏光下呈小黑色颗粒聚集状，在正交偏光下全消光。	炭	
A6	M8：100 镇墓兽，白色	该样品在单偏光下有两种白色晶体。 一种在单偏光下呈白色透明岩石状晶体，在正交偏光下消光性强，折射率小。 另一种在单偏光下呈较大颗粒白色透明岩石状晶体，在正交偏光下消光性弱，折射率小。	方解石 + 石英	
A7	M8：100 镇墓兽，橘色	该样品有红色和橘红色两种颗粒。 红色颗粒单偏光下呈红色偏黄岩石状晶体，在正交偏光下呈火红色并带有橘黄色调，折射率很大，消光性强。 橘红色颗粒在单偏光下呈橘黄色，边缘圆润，在正交偏光下呈蓝绿异常消光，折射率较大。	朱砂 + 铅丹	
B1	M8 配饰，白色	该样品在单偏光下有两种白色晶体。 一种在单偏光下呈小颗粒聚集晶体，在正交偏光下消光性弱，折射率小。 另一种在单偏光下呈较大颗粒白色透明岩石状晶体，在正交偏光下消光性弱，折射率小。	高岭土 + 石英	
B2	M8 配饰，红色	暗红色颗粒在单偏光下呈暗黄色，边缘圆润，在正交偏光下全消光，折射率大。	铁红	见彩版六一，3
C1	M9 配饰，红色	暗红色颗粒在单偏光下呈暗黄色，边缘圆润，在正交偏光下全消光，折射率大。	铁红	
C2	M9 配饰，白色	该样品在单偏光下呈较大颗粒白色透明岩石状晶体，在正交偏光下消光性弱，折射率小。	方解石	见彩版六一，4
C3	M9 配饰，红色	该样品有红色和白色两种颗粒。 暗红色颗粒在单偏光下呈暗黄色，边缘圆润，在正交偏光下全消光，折射率大。 白色在单偏光下呈较大颗粒白色透明岩石状晶体，在正交偏光下消光性弱，折射率小。	铁红 + 石英	

二、颜料样品拉曼分析

（一）仪器

Renishaw 公司生产的装有 Leica 显微镜的 inVia 拉曼光谱分析仪。采用氩离子激光器，激发光波长为 514nm，物镜放大倍数为 100 倍，信息采集时间为 10 秒，累加次数 10 次，功率为 5%。

（二）样品制备

挑一些颜料样品放在载玻片上滴加无水酒精研磨开后直接分析。

（三）颜料样品拉曼分析结果（表二、三）

表二　颜料样品分析结果

编号	样品编号	峰值 [a] 和相对强度 [b]	分析结果
A1	M8：100 镇墓兽，红色	253s，349w	朱砂
A2	M8：100 镇墓兽，红色	252s，283w，344w	朱砂
A3	M8：100 镇墓兽，橘色	139s，226w，476s，545vs，1076w	铅丹
A4	M8：100 镇墓兽，橘色	229w，389w，477s，546vs，1093w	铅丹
A5	M8：100 镇墓兽，黑色	1356s，1590s	炭
A6	M8：100 镇墓兽，白色	465s	石英
A7	M8：100 镇墓兽，橘色	138s，272w，473s，542vs，1078w	铅丹
B1	M8 配饰，白色	464s	石英
B2	M8 配饰，红色	147s，222s，291s，404s	铁红
C1	M9 配饰，红色	148s，220s，289s，401s，1313m	铁红
C2	M9 配饰，白色	465s	石英
C3	M9 配饰，红色	223m，291s，409m	铁红
C3	M9 配饰，白色	464s	石英

注：a 表示峰值单位为 cm^{-1}；b 表示：s 为强峰、m 为中等峰、w 为弱峰、v 为非常。

表三　标准样品拉曼结果 [1]

编号	标准样品名称	峰值 [a] 和相对强度 [b]
1	朱砂	253vs，284w，343m
2	铅丹	54w，65w，86vw，122vs，152w，225vw，313vw，391w，549s
3	铁红	118s，224s，245w，298m，409vs，610m，658w，1316vs
4	炭	1315w，1579vs
5	石英	130m，208m，262vw，354vw，398vw，466s

注：a 表示峰值单位为 cm^{-1}；b 表示：s 为强峰、m 为中等峰、w 为弱峰、v 为非常。

（四）颜料样品拉曼分析图谱（图一至图一三）

三、铁锈样品拉曼分析

（一）样品制备

挑一些铁锈样品放在载玻片上滴加无水酒精研磨开后直接分析。

---

[1] Burgio L, Clark R.J.H, Library of FT-Raman spectra of pigments, minerals,pigment media and varnishes, and supplement to existing library of Raman spectra of pigments with visible excitation. *Spectrochimica Acta Part A*. 57.7 (2001).pp 1491-1521.

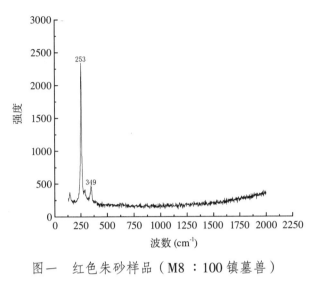

图一　红色朱砂样品（M8：100 镇墓兽）

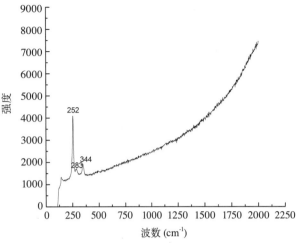

图二　红色朱砂样品（M8：100 镇墓兽）

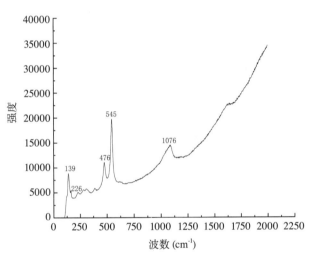

图三　橘色铅丹样品（M8：100 镇墓兽）

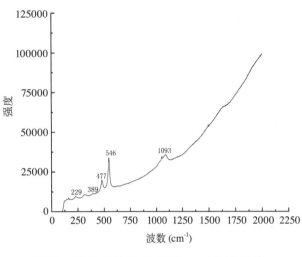

图四　橘色铅丹样品（M8：100 镇墓兽）

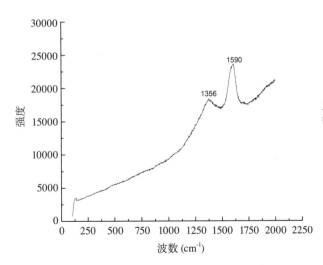

图五　黑色炭样品（M8：100 镇墓兽）

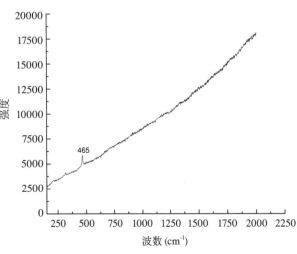

图六　白色石英样品（M8：100 镇墓兽）

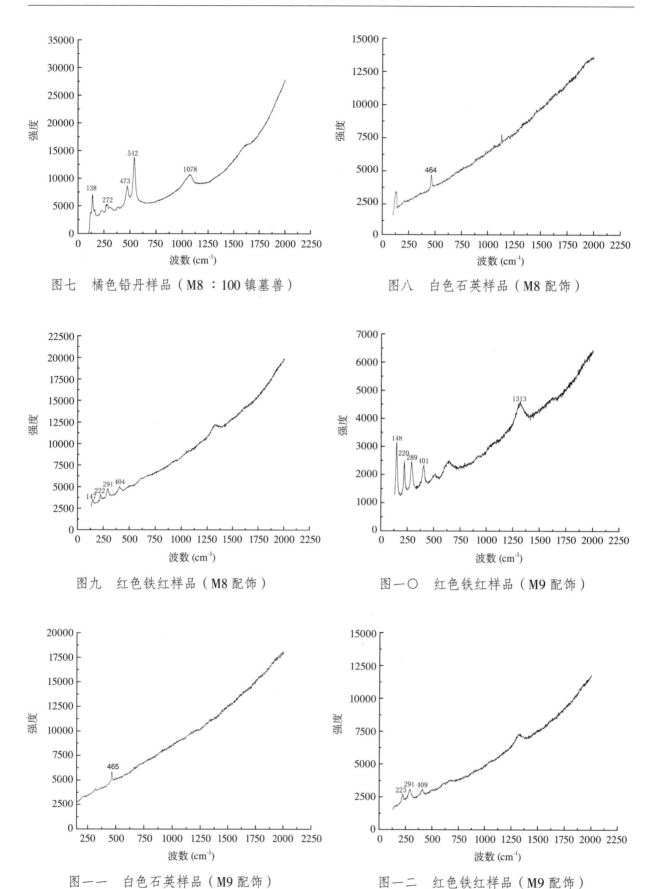

图七　橘色铅丹样品（M8∶100 镇墓兽）

图八　白色石英样品（M8 配饰）

图九　红色铁红样品（M8 配饰）

图一〇　红色铁红样品（M9 配饰）

图一一　白色石英样品（M9 配饰）

图一二　红色铁红样品（M9 配饰）

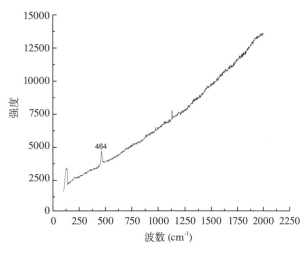

图一三　白色石英样品（M9 配饰）

（二）铁锈样品分析结果（表四、五）

表四　铁锈样品分析结果

编号	样品	峰值[a] 和相对强度[b]	分析结果
D1	M9：130 棺环，铁锈	249vs，295s，383s，523m，656m，1298s	纤铁矿
D2	M9：135 棺钉，铁锈	248s，374m，519m，1312m	纤铁矿
D3	M9：131 泡钉，铁锈	249vs，295s，383s，523m，656m，1298s	纤铁矿
D4	M8：111 棺环，铁锈	248vs，297w，397s，463w，1321w	纤铁矿
D5	M8：113 泡钉，铁锈	241m，296s，396vs，474w，546s，677m，1292m	针铁矿
D5	M8：113 泡钉，铁锈	217w，248vs，296m，382m，520m，644m，1304s	纤铁矿
D6	M8：116 棺环，白色黏附物	280m，1084s	方解石
D6	M8：116 棺环，白色黏附物	464vs	石英

注：a 表示峰值单位为 cm[-1]；b 表示：s 为强峰、m 为中等峰、w 为弱峰、v 为非常。

表五　标准样品拉曼结果[1]

编号	标准样品名称	峰值[a] 和相对强度[b]
1	纤铁矿	214vw，247vs，295w，304w，374s
2	方解石	153w，280m，712m，1086s，1438w
3	石英	130m，208m，262vw，354vw，398vw，466s

注：a 表示峰值单位为 cm[-1]；b 表示：s 为强峰、m 为中等峰、w 为弱峰、v 为非常。

（三）铁锈样品拉曼分析图谱（图一四至图二一）

---

[1] Burgio L, Clark R.J.H, Library of FT-Raman spectra of pigments, minerals, pigment media and varnishes, and supplement to existing library of Raman spectra of pigments with visible excitation. *Spectrochimica Acta Part A*. 57.7 (2001).pp 1491-1521.

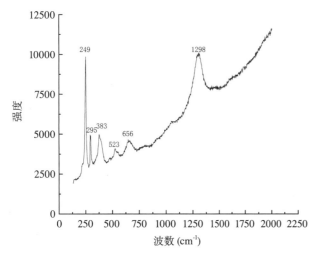

图一四　样品 M9：130 棺环铁锈纤铁矿

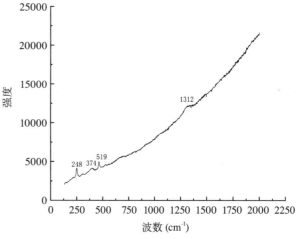

图一五　样品 M9：135 棺钉铁锈纤铁矿

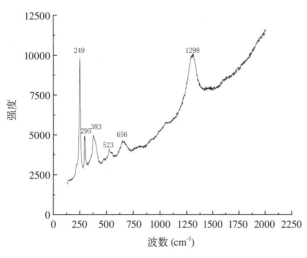

图一六　样品 M9：131 泡钉铁锈纤铁矿

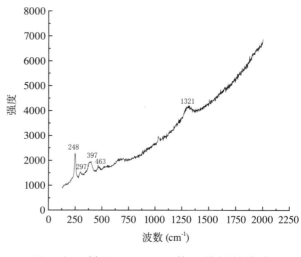

图一七　样品 M8：111 棺环铁锈纤铁矿

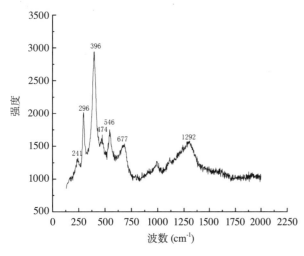

图一八　样品 M8：113 泡钉铁锈针铁矿

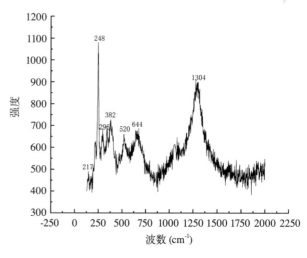

图一九　样品 M8：113 泡钉铁锈纤铁矿

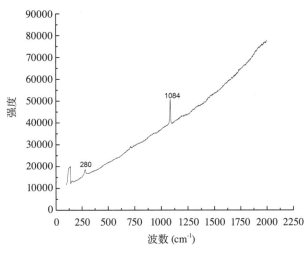

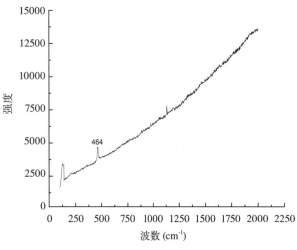

图二○　样品 M8：116 棺钉白色黏附物方解石　　　图二一　样品 M8：116 棺钉白色黏附物石英

四、镇墓兽彩陶偏光薄片岩相分析

（一）仪器和材料

设备：偏光显微镜（Leica DMLSP 用于观察），偏光显微镜（巴拓用于制样），打磨机（Struers Dap-v），切割机（Micro Gut3），薄片精密切割磨制系统（Buehler PretroThin），真空浸泽仪（德国 ATM Brilliant210），吹风机，加热器，紫外灯。

材料：载玻片，盖玻片（24mm+50mm），二氧化硅磨料（600Grit、Carborrvndvm Powder），环氧树脂套装（Buehler Epo Thin，重量比 2.5：0.9 或 MetPrep REDF111061，体积比 4：1），紫外固化胶（NORLAND OPTICAL ADHESIVE UItraviolet Curing），玻璃板，钻石笔，护目镜，一次性水杯，压舌板，橡皮泥，托盘，锡纸，巴斯德滴管，镊子，无水乙醇。

（二）样品制备

经过选样、切割、黏合、切片、打磨、抛光和封盖，制作好薄片。

（三）彩陶偏光薄片岩相分析结果（表六）

表六　陶胎样品各组分分布分析结果

样品	基质	颗粒物	孔隙	饼状图
镇墓兽	67.7%	24.7%	7.7%	颗粒物　孔隙　基质

从比例来分析，这个样品孔隙相对来说比较低，颗粒物的含量在 24.7%，基质含量在 67.7%。

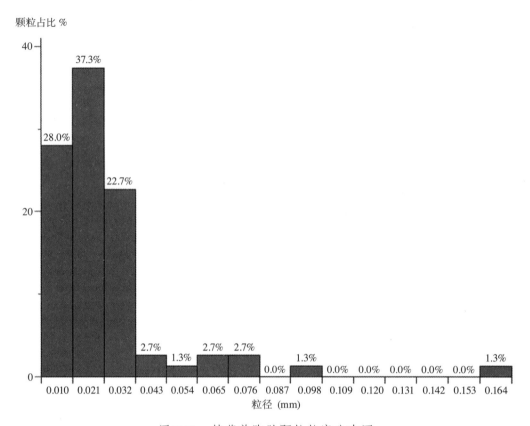

图二二　镇墓兽陶胎颗粒粒度分布图

镇墓兽彩陶的粒径范围主要集中在 0.01~0.164 毫米之间，形成单峰粒度分布组成。

从样品来看，属于单峰粒度分布，大部分颗粒粒径都在 0.1 毫米之下，属于细颗粒（图二二）。

五、结论

1. 豆卢隽墓（M8）样品上红色为朱砂、铅丹和铁红，黑色为炭，白色为高岭土。

2. 豆卢昊墓（M9）样品上红色为铁红，白色为石英。

3. 铁锈上的白色黏附物为方解石和石英。

4. 锈蚀物的主要物相为磁铁矿（Fe_3O_4）、赤铁矿（Fe_2O_3）、针铁矿（α-FeOOH）和纤铁矿（γ-FeOOH）等。其中 Fe_3O_4 是一种较为稳定的腐蚀产物，尖晶石型晶体结构和较高晶格结合能使其具有较好的稳定性。Fe_2O_3 具有三方结构，也是一种较为稳定的腐蚀产物，在铁器表面上能形成一薄层氧化膜与外界隔断，阻止铁器继续氧化。α-FeOOH 具有正方或斜方结构，形态呈针状，是一种较稳定相。γ-FeOOH 又称活性铁锈酸，为立方晶格，晶格常数约为 0.83nm，活性很大，不能形成附着力强和致密的保护膜。活泼 γ-FeOOH 会向稳定 α-FeOOH 转变，或向稳定 Fe_3O_4 转变，其转化速度与湿度和污染程度有关。由于水分和氧气的进一步渗入，新的 γ-FeOOH 会不断生成，因而锈层厚度会不断增加。这些锈蚀物的稳定性由高到低依次为 $Fe_3O_4 > Fe_2O_3 > \alpha\text{-}FeOOH > \gamma\text{-}FeOOH$。故豆卢隽墓（M8）和豆卢昊墓（M9）铁锈成分主要为纤铁矿，还有些针铁矿。纤铁矿为有害锈，针铁矿相对较稳定，属于无害锈。

5. 镇墓兽彩陶偏光薄片岩相分析显示，样品孔隙相对来说比较低，颗粒的含量在 24.7%，基质含量在 67.7%。样品属于单峰粒度分布，说明该陶质没有人为添加夹杂物，且大部分颗粒粒径都在 0.1 毫米之下，属于细颗粒。

附录三

北周豆卢昊颅骨鉴定报告

赵东月

（西北大学文化遗产学院）

颅骨保存不完整，面颅完全缺损，颅基底部右侧靠近右颞骨处破损，左右颧弓缺损，可见额骨残部、左右顶骨、两侧颞骨，其中左侧颞骨保存较完整，右侧颞骨破损。枕骨较为完整，左侧靠近枕骨大孔处有一直径约4厘米的不规则破损。

（1）性别：颅骨骨壁较厚，左右顶骨顶结节膨隆不明显，乳突较大，枕外隆突明显，枕外嵴明显，颞线明显，应为男性。

（2）年龄：根据骨骼保存状况，通过骨缝愈合程度来估计年龄。

基底缝：已经愈合，年龄 > 25 岁；

颅内缝：冠状缝前囟段与复杂段已经愈合（24~38），翼区段未愈合（26~41），矢状缝已经愈合（22~35），人字缝人字点段正在愈合（26~42），星点段未愈合（26~47）；

颅外缝：冠状缝（24~41）、矢状缝正在愈合（22~35），人字缝、枕乳缝、顶乳缝、蝶顶缝、蝶颞缝未愈合。

综上，由于颅缝判断年龄有一定误差，该个体可能在 25~41 岁之间。

（3）病理：额骨、左右顶骨有多孔性骨肥厚，枕骨有多孔性症状。疑似遭遇过贫血。

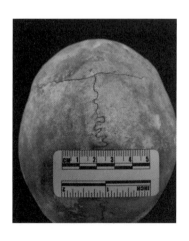

另外，可见该个体左右顶骨脑膜沟较深，额骨左右两侧蛛网膜压迹明显。脑颅形状特点鲜明，矢状嵴发达，顶结节不明显，两侧形如陡坡，颞线位置较高。颅面可观察项目不多，

颅顶缝前囟段为微波型，顶段为锯齿型，顶孔段为微波型，后段为锯齿型；乳突中等；枕外隆突显著；翼区左侧为翼上骨型；顶孔左右全。右侧人字缝小骨。

由于缺损较为严重，常用于颅面形态和古人种类型分析的测量项目大多缺失，可测量项目主要有：

颅宽：147 毫米

耳点间宽：131 毫米

顶矢状弧：128 毫米

枕矢状弧：143 毫米

顶矢状弦：111.43 毫米

枕矢状弦：109.38 毫米

颅横弧：345 毫米

颧骨高 L：52.41 毫米

枕骨大孔长：37.5 毫米

枕骨大孔宽：34.28 毫米

枕骨最大宽：132.23 毫米

外耳门上缘点间宽：132.21 毫米。

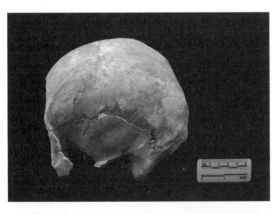
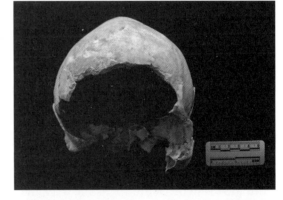
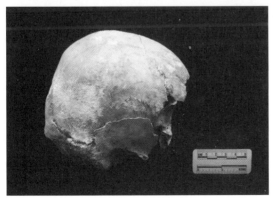
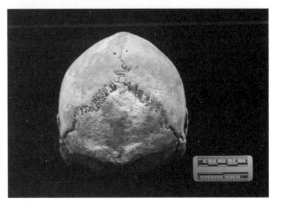

英文提要

The Doulu En family cemetery is located in Weicheng District about 2 kilometers northwest of Xianyang International Airport (Shaanxi Province, China). As a part of the reserve land for the Xianyang International Airport, it was once the farmland of Nanzhuliu Village, Beidu Town, Weicheng District of Xianyang City. The excavation of the cemetery started on Nov. 19, 2019 and ended on April 30, 2020.

With their original surname Murong, the Doulu family used to be a branch of the Eastern Xianbei minority who founded a state during the Wei-Jin Dynasties in today's Jinzhou, Liaoning Province and established a series of Yan states as it grew strong during the Sixteen Kingdoms period. With many of its family members married into the royal family of the Northern Dynasty, the Doulu family became powerful during the Sui and Tang dynasties, which was also based on the credit won in the war by the two brothers of Doulu Ning and Doulu En in the Northen Zhou Dynasty, who took part in almost all the important battles against the Eastern Wei. The family thrived for more than 700 years from the 3th century AD to the 10th century AD.

The cemetery consists of two parts, the enclosing ditch and the tombs. The enclosed area is of a rectangle shape, 152 m long from north to south and 135 m wide from east to west, covering an area of 2 hectares. The protruding part of the southern enclosing ditch faces the entrance of the cemetery. The ditch itself has a maximum width of 4.4 m on the top and a maximum depth of 3.2 m.

With the tomb of Doulu En as the axis, there are three tombs on each side in the cemetery. That of his third son Doulu Hao is on the northwest ward from his tomb whilst that of Doulu Zheng and his wife is on the northeast ward of his tomb. On the northeast ward of Doulu Hao's tomb is the tomb of Doulu Hao's eldest son, Doulu Juan. According to the epitaph, Doulu Hao was 5 years older than Doulu Zheng. Based on the spatial distribution of the tombs in the cemetery, the tomb of Doulu En serves as the trunk of a tree with others' branching out on the sides.

The excavation of Doulu En family cemetery is important due to it's the first fully revealed high-level aristocrats' cemetery of the Northern Zhou Dynasty. After the burial of Doulu En in the 1st year of the Tianhe Era of the Northern Zhou Dynasty (566AD), the cemetery serves as the permanent rest place of Doulu Hao, Yifu Jingzhi, and Doulu Juan who were buried on a same date in November, the 6th year of the Jiande Era of the Northern Zhou Dynasty (577 AD), and Doulu

Zheng was the last one to be buried in the cemetery in the 9th year of the Kaihuang Era of the Sui Dynasty (589AD). The cemetery was in use for long period of 23 years. It is made clear by the Ming-Dynasty incense burner found during the excavation that the ritual offering and worshipping activities at the cemetery lasted till the Tang Dynasty and even as late as the Ming Dynasty.

The majority of the burial objects are ceremonial pottery figurines including tomb-guarding warriors, horse-riding warriors, drum-beating figurines and musician figurines on the horse back, figurines with a 风 -shaped hat or a small crown and trumpet-shaped trousers, and labor figurines. Among the burial objects for daily life and ox-draught carts, the most attractive item is the pottery camel from Doulu Zheng's tomb. The sack on the back of the camel was impressed with a group of figures with exotic styles. These images are amongst the most intact ones that have been discovered to date and are considered to be representative of the God of Wine, Dionysus, in ancient Greek. This object is invaluable material evidence for the cultural exchange between the Northern Zhou Dynasty and the West. Besides, the excavation of the base and head of the famous stele of Doulu En reunited with its body part after a hundred years since its first discovery. Though there are many cemeteries with enclosing ditch that have been excavated on the Xianyang yuan loess tableland, rarely is there such a Northern Zhou Dynasty cemetery like the Doulu En family cemetery where so many family members were buried together and arranged by the seniority order. The excavation of the Doulu En family cemetery is of great value for the research of Northern Zhou Dynasty cemeteries.

(Translated by Yuyao Duan)

后　记

　　豆卢恩家族墓地的田野发掘工作历时约六个月，期间得到陕西省考古研究院领导和同事们的大力支持和悉心关注，王小蒙副院长亲临现场指导了相关发掘资料的采集，墓葬壁画布局撰写正是这种指导工作的收获之一。发掘过程中也得到西咸新区空港新城土地储备中心、空港新城文物局和咸阳市渭城区北杜文物管理所的鼎力支持。

　　豆卢恩家族墓地及其所属项目的古墓葬发掘领队由段毅担任，参加发掘工作的有王小雷、贺朋波、王小兵、郭翠云、杨飞娟、孙雅玲，现场测绘由荆州博物馆肖玉军、谢章伟等同行义务给予了帮助，墓园及墓葬单体正摄影采集与制作由赵勇完成，文物修复工作由王小雷、贺朋波完成，墓志拓片工作由王胜利完成，器物绘图由天穹公司数字采样绘制，豆卢恩墓出土壁画保护揭取工作由我院文物保护室宋俊荣负责完成。《北周豆卢昊颅骨鉴定报告》由西北大学文化遗产学院赵东月完成，《北周豆卢恩家族墓随葬陶器和铁器分析报告》由秦始皇兵马俑博物院黄建华等完成。

　　报告全文由段毅执笔，雷升龙、王嘉辉、孙雅玲等先后对部分器物线图作了修改，图片拍摄由刘晓东、黄永生、郭翠云、段毅负责，郭翠云参与部分整理工作，最后由杨飞娟担任报告文字的整体录入工作，英文翻译由段宇遥完成。期间刘呆运、李明先生给予了很多帮助和有益的建议，对报告的编写帮助颇多。

　　报告的完成是大家共同努力的结果，在此，对为报告结集出版付出努力的全体人员深表谢忱！

编者

2022.3.25

彩版

北

豆卢昊墓
M9

豆卢隽墓
M8

豆卢整与
乙弗静志合葬墓
M4

豆卢恩墓
M3

0   30 米

彩版一　豆卢恩家族墓园正射影像

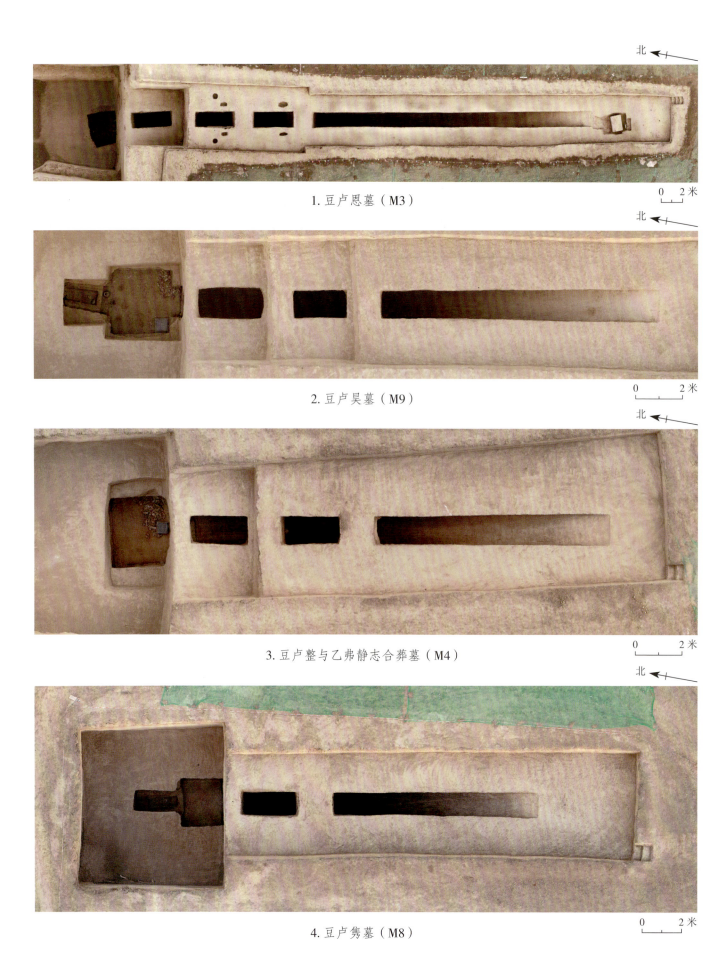

1. 豆卢恩墓（M3）

2. 豆卢昊墓（M9）

3. 豆卢整与乙弗静志合葬墓（M4）

4. 豆卢隽墓（M8）

彩版二　豆卢恩家族墓园墓葬正射影像

1. 碑首（K3：1）

2. 碑趺（K2：1）

彩版三　豆卢恩碑碑首、碑趺出土现场

彩版四　豆卢恩墓（M3）东壁仪卫图

北

彩版五　豆卢昊墓（M9）墓室正射影像

1. 后室南部陶瓷罐出土现场（南—北）

2. 前室东南部彩绘陶俑出土现场（北—南）

彩版六　豆卢昊墓（M9）发掘现场

1. 墓志出土现场（北—南）

2. 玉组佩出土现场（南—北）

彩版七　豆卢昊墓（M9）墓志和玉组佩出土现场

彩版八 豆卢鼙与乙弗静志合葬墓（M4）墓室正射影像

1.墓室东南角彩绘陶俑出土现场之一（北—南）

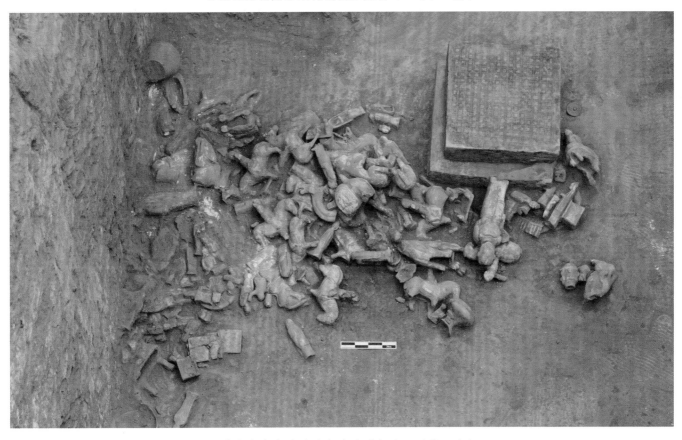

2.墓室东南角彩绘陶俑出土现场之二（北—南）

彩版九　豆卢整与乙弗静志合葬墓（M4）发掘现场

1. 彩绘陶驮囊骆驼俑出土现场（北—南）

2. 墓志出土现场（南—北）

彩版一〇　豆卢整与乙弗静志合葬墓（M4）发掘现场

北

0   1 米

彩版一一　豆卢隽墓（M8）墓室正射影像

1. 前室（北—南）

2. 彩绘陶俑出土现场
（俯视）

彩版一二　豆卢隽墓（M8）发掘现场

（南—北）

彩版一三　豆卢隽墓（M8）后室

1. M4：69

2. M4：70

3. M4：18

4. M9：39

彩版一四　陶镇墓武士俑

1. M8：95

2. M8：96

3. M4：20

彩版一五　陶镇墓武士俑

1. M9：68

2. M9：83

3. M4：79

4. M4：83

5. M4：128

6. M8：11

彩版一六　陶小冠俑

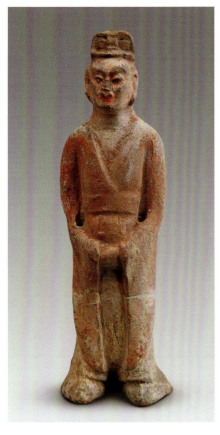

1. M8：103

2. M4：13

3. M4：28

4. M8：61

彩版一七　陶小冠俑

1. M4：120

2. M4：96

彩版一八　陶小冠俑

1. 小冠俑（M4：11）　　　　2. 小冠俑（M4：40）　　　　3. 小冠袴褶俑（M9：28）

4. 小冠袴褶俑（M9：76）

彩版一九　陶小冠俑和陶小冠袴褶俑

1. M9：62　　　　　　　　　　2. M9：100　　　　　　　　　3. M4：56

4. M4：75　　　　　　　　　　5. M4：134　　　　　　　　　6. M8：5

彩版二〇　陶小冠袴褶俑

1. 小冠袴褶俑（M8：65）　　　　　2. 小冠袴褶俑（M8：36）　　　　　3. 风帽俑（M9：30）

4. 风帽俑（M3：2）

彩版二一　陶小冠袴褶俑和陶风帽俑

1. M4：73

2. M4：101

3. M4：102

4. M9：107

彩版二二　陶风帽俑

1. 风帽俑（M8：17）　　　　　2. 风帽俑（M8：22）　　　　　3. 风帽俑（M8：67）

4. 高帽屋风帽俑（M9：2）　　　5. 高帽屋风帽俑（M9：9）　　　6. 高帽屋风帽俑（M4：74）

彩版二三　陶风帽俑和陶高帽屋风帽俑

1. M4：63

2. M8：27

3. M8：30

4. M8：31

彩版二四　陶高帽屋风帽俑

1. 风帽俑（M4：41）

2. 笼冠俑（M9：71）

3. 笼冠俑（M9：72）

4. 风帽俑（M4：34）

彩版二五　陶风帽俑和陶笼冠俑

1. M4：72

2. M4：123

3. M4：125

4. M8：16

彩版二六　陶笼冠俑

1. M4：58

2. M4：119

3. M4：107

彩版二七　陶笼冠俑

1. 笼冠俑（M8：3）

2. 笼冠俑（M8：72）

3. 大冠俑（M4：26）

4. 大冠俑（M4：27）

彩版二八　陶笼冠俑和陶大冠俑

1. M9：115

2. M8：102

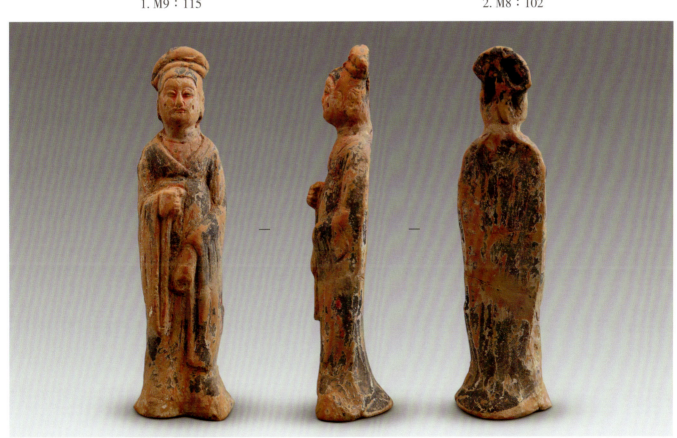

3. M9：106

彩版二九　陶平云髻女立俑

1. M9：11

2. M4：100

3. M8：68

4. M8：79

彩版三〇　陶胡人俑

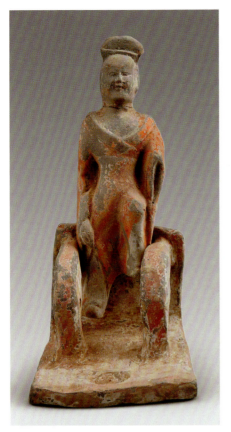

1. 踏碓俑（M9：108）

2. 踏碓俑（M4：136）

3. 踏碓俑（M8：82）

4. 持箕俑（M4：137）

5. 侍火俑（M4：138）

6. 骑马俑（M3：3）

彩版三一　陶劳作俑和陶骑马俑

1. M9：34

2. M9：4

3. M8：52

4. M8：63

彩版三二　陶吹笛骑马俑

1. M9：48

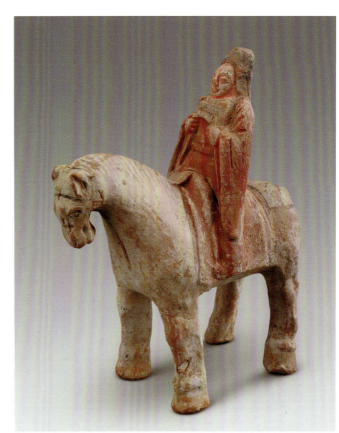

2. M9：33

3. M8：53

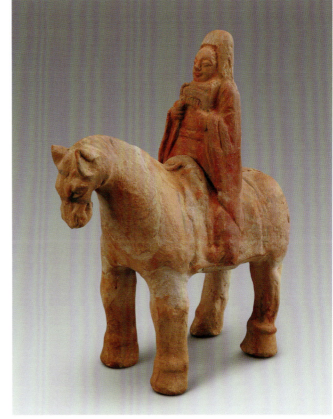

4. M8：98

彩版三三　陶吹箫骑马俑

1. M9：65

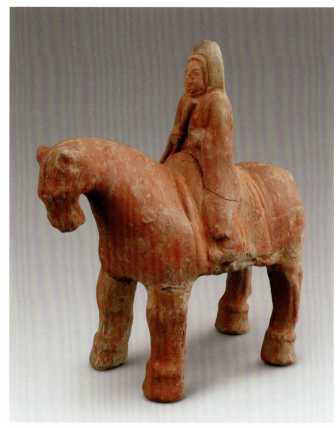

2. M9：56

3. M8：24

4. M8：12

彩版三四　陶吹箫骑马俑

1. M9：58

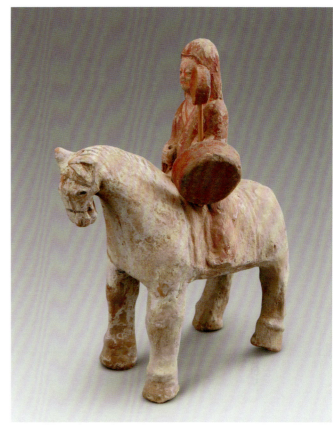

2. M9：54

3. M8：25

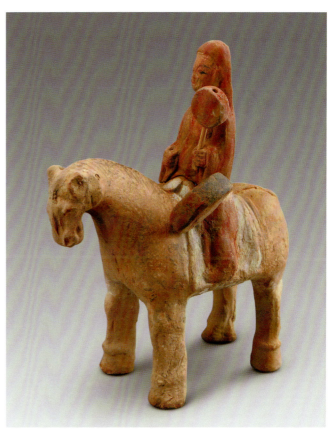

4. M8：43

彩版三五　陶奏鼓骑马俑

1. M4：22

2. M4：49

3. M4：24

4. M4：29

彩版三六　陶奏鼓骑马俑

1. M9 : 14

2. M9 : 26

3. M9 : 38

4. M4 : 60

彩版三七　陶具装甲骑马俑

1. M4：25

2. M4：86

3. M4：10

4. M4：19

彩版三八　陶具装甲骑马俑

1. 具装甲骑马俑（M8：39）

2. 具装甲骑马俑（M8：21）

3. 笼冠骑马俑（M4：46）

4. 笼冠骑马俑（M4：57）

彩版三九　陶具装甲骑马俑和陶笼冠骑马俑

1. M9：3

2. M9：66

3. M8：73

4. M4：66

5. M4：23

6. M4：35

彩版四〇　陶镇墓兽

1. 骆驼（M9：75）

2. 骆驼（M8：66）

3. 马（M9：97）

4. 马（M4：61）

5. 马（M8：42）

6. 牛（M9：52）

彩版四二　陶骆驼（M4：33）

1. 牛（M9：67）

2. 牛（M8：77）

3. 驴（M9：69）

4. 驴（M9：70）

5. 驴（M8：93）

6. 驴（M8：44）

彩版四三　陶塑家畜

1. 羊（M9∶92）

2. 羊（M9∶89）

3. 羊（M8∶89）

4. 羊（M4∶113）

5. 羊（M8∶90）

6. 猪（M9∶13）

7. 猪（M9∶57）

8. 猪（M4∶88）

1. 猪（M4：114）

6. 鸡（M9：88）

2. 狗（M8：80）

3. 狗（M9：118）

7. 鸡（M4：110）

8. 鸡（M4：111）

4. 狗（M4：112）

5. 狗（M4：104）

9. 鸡（M8：91）

10. 鸡（M8：92）

彩版四五　陶塑家畜家禽

1. 仓（M9：42）　　　　2. 仓（M9：45）　　　　3. 井（M9：73）

4. 仓（M4：99）　　　　5. 仓（M4：16）　　　　6. 井（M4：98）

7. 仓（M8：13）　　　　8. 仓（M8：55）　　　　9. 井（M8：14）

10. 磨（M9：79）　　　　11. 磨（M9：95）　　　　12. 磨（M8：59）

彩版四六　陶质生活模型明器

1. 灶（M9：44）

2. 灶（M4：71）

3. 灶（M4：94）

4. 房（M4：17）

5. 灶（M8：84）

6. 车轮（M9：124）

彩版四八　陶牛车组合（M9：136）

彩版四九 陶牛车组合（M4：143）

彩版五〇　陶牛车组合（M8：117）

1. 重领陶罐（M9：126）

4. 青瓷水盂（M4：87）

2. 陶辟雍砚（M9：128）

5. 陶罐（M4：59）

3. 六系青瓷盘口罐（M9：125）

6. 陶碗（M4：84）

彩版五一　陶瓷生活用器

1. 陶碗（M4：85）   2. 陶碗（M4：139）

3. 泥串珠（M4：142）

彩版五二　陶生活用器

1. 细颈盘口壶（M9：127）

2. 广口粗颈壶（M4：1）

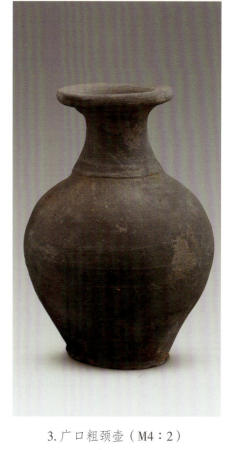

3. 广口粗颈壶（M4：2）

4. 粗颈盘口壶（M4：21）

5. 细颈盘口壶（M4：48）

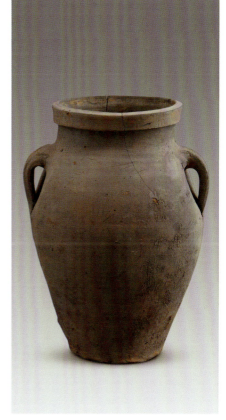

6. 双系深腹罐（M8：58）

彩版五三　陶生活用器

1. 锁（M9：1）

2. 锁（M8：112）

3. 棺环（M9：130）

4. 四棱钉（M9：135）

5. 泡钉（M9：131）

6. 棺环（M8：111）

7. 四棱钉（M8：116）

8. 泡钉（M8：113）

1. 泡钉（M9：134）

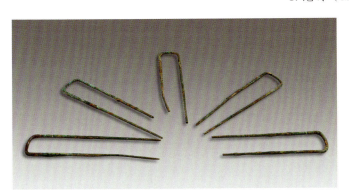

2. 钗（M4：140）

4. 挂件（M9：132）

3. "五铢"钱（M4：141）

5. "布泉"钱（M8：109）

彩版五六　玉组佩（M9：133）

1. 玛瑙珠（M3∶4）

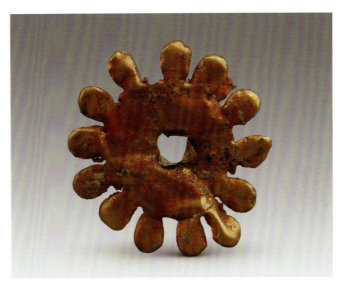

2. 鎏金葵形铜饰（M3∶5）

3. 铜镜（M9∶129）

4. 铜镜（M4∶7）

5. 铜镜（M4∶105）

6. 铜镜（M8∶110）

彩版五七　饰品和铜镜

1. 碑首正面（K3∶1）

2. 碑趺（K2∶1）

彩版五八　豆卢恩碑碑首和碑趺

1. 豆卢昊墓志（M9：81）

2. 豆卢整墓志（M4：8）

彩版五九　青石墓志

1. 乙弗静志墓志（M4∶9）

2. 豆卢隽墓志（M8∶114）

彩版六〇　青石墓志

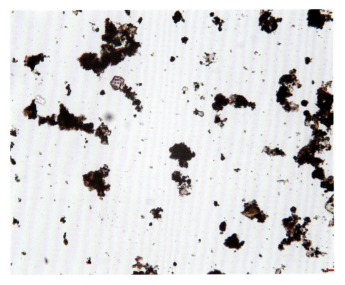

1. M8：100镇墓兽橘色样品（单偏光）

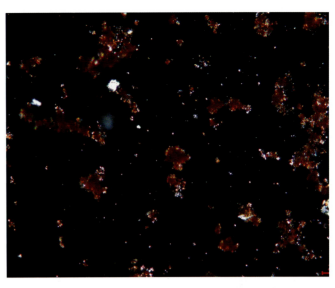

2. M8：100镇墓兽橘色样品（正交偏光）

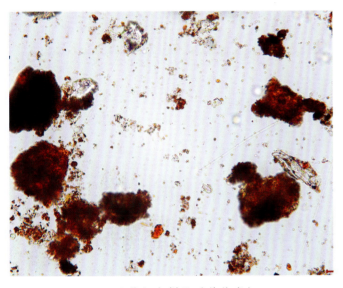

3. M8配饰红色样品（单偏光）

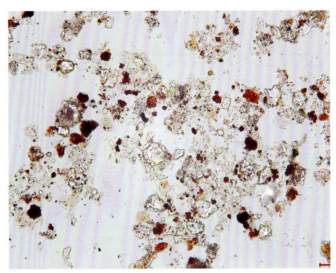

4. M9配饰白色样品（单偏光）

彩版六一　颜料样品偏光分析照片